10,50

Droit constitutionnel

AF853615

Dans la même collection

Michel Clapié, *Institutions européennes.*
Jean-Pierre Clavier, François-Xavier Lucas, *Droit commercial.*
Rafael Encinas de Munagorri, Gilles Lhuilier, *Introduction au droit.*
Frédéric Rouvillois, *Droit constitutionnel. 2. La Ve République* (deuxième édition).
Bertrand Seiller, *Droit administratif.* 1. *Les sources et le juge* (deuxième édition).
Bertrand Seiller, *Droit administratif.* 2. *L'action administrative.*
Sylvain Soleil, *Introduction historique aux institutions.*
Jean-Louis Thireau, *Introduction historique au droit* (deuxième édition).

Frédéric Rouvillois

Droit constitutionnel

1. Fondements et pratiques

2e édition

ChampsUNIVERSITÉ
Flammarion

Remerciements

En tête de cet ouvrage, je tiens à remercier, pour leurs conseils et leur précieux soutien, mon épouse, Anne Paynot-Rouvillois, et mes amis, Hélène Fiamma, Antoine Durup de Baleine, et les professeurs Boutin, de la Mardière et Laquièze.

Nouvelle édition, 2005.

ISBN : 2-08-083054-6

TABLE DES ABRÉVIATIONS

AIJC	*Annuaire international de justice constitutionnelle.*
al.	alinéa.
ADP	*Archives de philosophie du droit.*
art.	article.
CD	Chambre des députés.
CE	Conseil d'État.
concl.	conclusions.
D.	*Dalloz.*
DC	Décision du Conseil constitutionnel portant déclaration de conformité (art. 54 et 61 Constitution du 4 octobre 1958).
déb.	débats.
doc.	documents.
DPS	*Documents pour servir à l'histoire de l'élaboration de la Constitution du 4 octobre 1958.*
JO	*Journal officiel de la République française.*
JOANC	*Journal officiel, Assemblée nationale constituante.*
R.	*Recueil Lebon.*
RDP	*Revue du droit public et de la science politique.*
Rec.	*Recueil des décisions du Conseil constitutionnel.*
RFDA	*Revue française de droit administratif.*

RFDC	*Revue française de droit constitutionnel.*
RFSP	*Revue française de science politique.*
RHFD	*Revue d'histoire des facultés de droit.*
RIDC	*Revue internationale de droit comparé.*
RPP	*Revue politique et parlementaire.*
S.	*Recueil Sirey.*

INTRODUCTION

« Il m'est indifférent, déclarait naguère un observateur avisé, que le droit constitutionnel possède ou non une dignité supérieure à celle de tel ou tel droit. En revanche, *je ne crois pas que le droit constitutionnel soit un droit comme les autres* : il me paraît s'en distinguer essentiellement pour des raisons qui tiennent à son contenu[1] » – et corrélativement, à la place qu'il occupe par rapport aux autres « branches du droit ».

Son contenu? Certes, notait cet observateur, « aucune matière n'est *a priori* exclue du droit constitutionnel » au sens formel, et donc, « tout pourra s'y rencontrer » : n'importe quelle prescription pourrait figurer dans le texte dénommé constitution. De même, toujours sur un plan formel, « il n'existe pas de matière *nécessairement* constitutionnelle », qui ne saurait être absente de ce texte. En revanche, précise-t-il encore – et tel est le point crucial –, « *l'existence d'un droit matériellement constitutionnel est la condition nécessaire à l'existence du droit* ».

Reprenons le fil du raisonnement. Au sens matériel, on le verra plus loin, le droit constitutionnel est celui qui détermine l'organisation et le fonctionnement des pouvoirs publics. Tel est, à cet égard, son contenu spécifique, comme celui du droit civil est de régler les rapports privés, et celui du droit pénal, de sanctionner les atteintes aux autres normes valides. L'existence de

1. J.-M. Denquin, « Approches philosophiques du droit constitutionnel », *Droits*, n° 32, 2000, p. 35.

l'État implique celle d'un droit particulier, qui énonce ses règles d'organisation. Or, le droit positif dans son ensemble, *y compris constitutionnel*, implique la présence d'un État – ou, du moins, d'un pouvoir institutionnalisé, susceptible de l'édicter et de le sanctionner. C'est par là que le droit constitutionnel conditionne, à travers son objet propre, tout le *reste* du droit, et, au moins indirectement, qu'il le détermine. Ce sont en effet les normes constitutionnelles qui vont définir la *manière* dont seront créées les autres règles juridiques (lois, règlements, décisions de justice, contrats, traités internationaux), mais aussi, dans une certaine mesure, leur *contenu* (le droit constitutionnel pouvant établir certains principes, comme ceux qui figurent dans le Préambule de la Constitution de 1946 ou dans les dix premiers amendements de la Constitution américaine de 1787, que les auteurs des autres normes devront respecter sous peine d'annulation). C'est d'ailleurs ce qui permet de qualifier les règles « infra-constitutionnelles » d'« inférieures »...

Toutefois, la position dominante du droit constitutionnel n'implique pas qu'il soit (à cette seule différence près) un droit comme les autres, ainsi que tentent de l'affirmer ceux qui y voient un droit « premier », mais aussi, et par là même, « un droit quelconque ». En effet, et parallèlement, ce qui distingue radicalement le droit constitutionnel vient de ce que, par définition, il règle un phénomène dont il procède directement (et dont dépend son application), l'État lui-même, sans qu'il existe aucune instance supérieure (à l'État) qui soit susceptible, le cas échéant, de sanctionner les atteintes dont il pourrait être victime. C'est ainsi que la suprématie du droit constitutionnel entraîne son irréductible singularité. Et notamment, le fait qu'il n'a, au fond, jamais véritablement de sanction. Car même lorsque la constitution prévoit une juridiction suprême ou un organe spécifique chargé de veiller à sa protection, rien, ou du moins, rien de juridique, n'empêchera ce gardien de négliger ses fonctions, voire de transgresser lui-même la constitution qui l'a instauré : « Dans toute constitution, reconnaissait Esmein au début du XXe siècle, on arrive fatalement à un certain point où le respect de la loi a pour unique garantie la conscience des autorités chargées de l'appliquer [1]. » Il n'y a pas de gardien pour surveiller le gardien, il n'est personne au-dessus de lui – et s'il en allait autrement, on ne ferait que déplacer le problème.

D'où ce fait, paradoxal mais indéfiniment vérifié, que le droit constitutionnel, en raison même de sa suprématie, s'avère plus fragile, et plus instable, que les règles « inférieures » dont il détermine la création.

Cette situation a même conduit certains à en déduire qu'il ne serait pas du « vrai » droit – ses prescriptions n'étant pas, ou mal, sanctionnées, alors que la règle de droit se caractériserait exclusivement par le fait que l'obligation qu'elle énonce est assortie d'une sanction juridique. En réalité, ce raisonnement est spécieux. D'abord, certaines des règles du droit constitutionnel sont effectivement sanctionnées ; d'autres, la plupart peut-être, seraient au moins *sanctionnables*, et si elles ne sont pas sanctionnées en fait, ce n'est que pour des raisons extérieures au droit, d'ordre politique ou conjoncturel. Enfin, cette conclusion contestable oublie qu'il est parfois délicat de distinguer entre la *transgression* de la règle et sa *transformation*, qui peut se réaliser par des moyens non prévus par le texte constitutionnel – mais qui relèvent inévitablement des organes suprêmes de l'État. Au fond, ce que révèle la situation, ce n'est pas que cet ensemble de règles est étranger à l'ordre juridique, mais qu'il constitue, *du fait de sa situation suprême*, un droit très particulier, un droit *impur*, profondément et

1. A. Esmein, « Note de jurisprudence parlementaire », *RPP*, t. XXIII, 1901, p. 314.

constamment imprégné par des considérations extra-juridiques – ce qui, il faut s'y arrêter maintenant, éclaire bon nombre de ses caractères spécifiques. Le droit constitutionnel est à la fois récent et très ancien ; il est engagé, marqué par les idéologies et les enjeux politiques ; il est sensible aux faits, et donc extrêmement mouvant.

I. Un droit récent, mais très ancien

Ce qui est ancien, c'est le droit constitutionnel en tant qu'ensemble de normes organisant les pouvoirs publics, mais aussi en tant que discipline vouée à l'étude de cet ensemble.

Le pouvoir politique, dès qu'il dépasse un niveau embryonnaire, celui du simple rapport de forces, se soumet en effet à des règles d'organisation et de fonctionnement que l'on peut qualifier de « constitutionnelles ». Ainsi, toute société, même peu développée, possède une forme de « constitution » ; et celle-ci, lorsqu'elle a atteint un certain degré minimal de complexité et de stabilité, peut faire l'objet d'une description, et d'une étude. À ce propos, on peut évoquer la codification entreprise par Aristote, au IVe siècle avant Jésus-Christ, qui fit rassembler par ses élèves cent cinquante-huit constitutions contemporaines, dont celle d'Athènes, qu'il commenta lui-même [1]. Ainsi, le premier ouvrage de « droit constitutionnel » est-il pratiquement contemporain de l'émergence de la Cité grecque, ancêtre de l'État moderne, et des règles qui vont la structurer. Au Moyen Âge, de même, la renaissance de l'État autour

1. Aristote, *Constitution d'Athènes*, trad. G. Matthieu, Les Belles Lettres, 1996.

du XIIIe siècle coïncide avec un essor de la théorie politique et constitutionnelle, qui va tout à la fois accompagner, justifier et favoriser cette renaissance [1]. Il se produit ainsi comme un va-et-vient fructueux entre le phénomène (l'apparition de l'État, et donc du droit organisant cet État), et l'étude ou la réflexion qu'il suscite.

En revanche, si l'on considère sa *dénomination*, le droit « constitutionnel » apparaît assez récent. Si le mot « constitution » est ancien, les adjectifs correspondant plus précisément au sens actuel (constitutionnel, anti-constitutionnel, inconstitutionnel) ne se répandent en France qu'au cours de la décennie qui précède la Révolution, sous l'influence de la pratique anglaise et de la crise américaine. C'est la Révolution française qui, sur ce point, apparaît comme le moment décisif, avec la rédaction, en 1791, de la première constitution écrite formellement désignée sous ce terme, élaborée par une Assemblée nationale qui s'est qualifiée de « constituante ». Dès le 26 septembre 1791, l'Assemblée ordonne d'ailleurs aux facultés de droit d'enseigner « la Constitution française ». Mais l'ouragan révolutionnaire, qui emportera bientôt les facultés et la Constitution elle-même, empêchera la mise en œuvre de ce programme, et c'est finalement à Ferrare, dans la « République cispadane » créée sous l'impulsion des armées victorieuses de Bonaparte, qu'est créée, en 1797, la première chaire de « droit constitutionnel ». En France, cependant, Bonaparte, accédant au pouvoir après le 18 brumaire, se garde bien de faire de même : au sein des facultés restaurées, il prescrit l'enseignement du « droit public français », mais pas celui du « droit constitutionnel ». Sans doute faut-il y voir l'envers de sa propre pratique constitutionnelle : il est difficile de faire étudier comme du

---

1. Voir J. Krynen, *L'Empire du roi*, Gallimard, Bibliothèque des histoires, 1993, p. 69, 88 sq.

droit véritable une Constitution que l'on modifie (1802, 1804) et que l'on viole si allégrement – sous peine de discréditer, par contrecoup, tout le reste de l'œuvre juridique et institutionnelle.

Sous la Restauration, on retrouve une même méfiance, mais pour une autre raison : le texte qui, en 1814, organise les institutions du royaume n'est pas désigné comme « constitution », avec ce que cela implique alors de références révolutionnaires et de reconnaissance de la souveraineté du peuple, il est qualifié de « charte », une charte d'ailleurs « octroyée » par le monarque, et qui reprend la forme des anciennes ordonnances royales. L'évolution libérale du régime se traduit certes, en 1819, par la création d'une éphémère chaire de droit constitutionnel, mais celle-ci sera supprimée en 1822 à l'initiative d'un gouvernement ultra-royaliste. Et ce n'est que sous la monarchie de Juillet (Charte constitutionnelle du 14 août 1830) que le droit constitutionnel acquiert véritablement droit de cité, sous l'impulsion du ministre de l'Instruction publique, Guizot, qui obtient en 1834 la création d'une chaire à la faculté de droit de Paris au bénéfice du publiciste libéral Pellegrino Rossi. « L'objet et la forme de l'enseignement du droit constitutionnel, explique alors Guizot dans le rapport qu'il présente au roi Louis-Philippe, est déterminé par le titre même : c'est l'exposition de la Charte et des garanties individuelles comme des institutions politiques qu'elle consacre [1] » – la charte étant ainsi considérée comme « une loi écrite, reconnue, qui peut et doit être expliquée, commentée, aussi bien que la loi civile ou toute autre partie de notre législation ». En même temps, l'adjectif « constitutionnel » fait son entrée officielle dans le *Dictionnaire de l'Académie française*. La chute de la monarchie de Juillet en 1848 et

1. Cité *in* H. d'Ideville, *Le Comte Pellegrino Rossi*, Calmann-Lévy, 1887, p. 69.

son remplacement par la IIe République ne remettront pas cet enseignement en cause. En revanche, le retour à l'Empire en 1852 entraînera sa disparition, et ce n'est que sous la IIIe République que le terme ainsi que la discipline seront définitivement consacrés (1889). Depuis, cette matière n'a plus cessé d'être enseignée dans les facultés de droit.

II. Un droit engagé

On l'a déjà entrevu, le droit constitutionnel (en tant que discipline), de même que l'objet qu'il étudie (les règles constitutionnelles organisant l'État et son fonctionnement), sont immergés dans « de l'idéologie ». Plus précisément, le droit constitutionnel semble, depuis le XVIIIe siècle, avoir partie liée avec la pensée libérale – un lien qui se manifeste en particulier à travers ce qu'on appelle le « constitutionnalisme ». Pour cette doctrine, il n'existe en effet de « véritable constitution que libérale », consacrant « les principes suprapositifs, les Droits de l'Homme et la séparation des pouvoirs, destinés à fixer des bornes aux pouvoirs »[1]. C'est l'idée que l'on retrouve par exemple dans le terme de « monarchie constitutionnelle », utilisé comme synonyme de monarchie parlementaire[2], ou dans le titre du principal journal libéral de la Restauration, *Le Constitutionnel*. Au XIXe siècle, du reste, les régimes libéraux voient dans l'enseignement du « droit constitutionnel » un moyen de légitimation

1. O. Beaud, « Constitutionnalisme », *in* P. Raynaud et S. Rials, *Dictionnaire de philosophie politique*, PUF, 1996, p. 117.

2. Ou encore dans celui donné par le publiciste Édouard Laboulaye au recueil des textes de Benjamin Constant, *Cours de politique constitutionnelle* (Guillaumin, 1861).

de tout premier ordre : Pellegrino Rossi, nommé par Guizot, aura ainsi à cœur de démontrer dans son cours que le système représentatif tel qu'il fonctionne sous la monarchie de Juillet, « avec ses savants ressorts et ses mouvements complexes », est « le chef-d'œuvre du gouvernement »[1].

D'où une tendance à limiter l'étude à ce que le constitutionnalisme désigne comme étant effectivement du *droit constitutionnel* : les règles relatives aux pouvoirs publics et à la garantie des droits dans les régimes libéraux. Une tendance qui trouve son expression achevée dans les ouvrages d'Esmein, le grand publiciste républicain des débuts de la IIIe, expliquant qu'il a voulu étudier parmi les constitutions « celles-là seulement qui ont la liberté politique pour objet direct[2] ».

Cette perspective « engagée », qui est celle du constitutionnalisme libéral, implique certes une vision exagérément restrictive de ce qu'est une constitution – et donc, par conséquent, du droit constitutionnel comme discipline. Elle feint d'ignorer que tout État, même despotique, est soumis à une « constitution » au sens matériel, et peut donc intéresser ceux qui étudient le « droit constitutionnel ». Toutefois, cette perspective confirme l'inévitable imprégnation idéologique de la matière. Même lorsqu'il prétend avoir une démarche objective ou scientifique, le constitutionnaliste demeure engagé ; et lorsqu'il croit considérer son objet d'étude de manière neutre, cette attitude même présuppose un choix, un engagement, ainsi, du reste, que certaines conséquences – cette « neutralité » ayant pour effet, voulu ou non, de légitimer l'objet sur lequel elle porte.

---

1. Mignet, cité *in* H. d'Ideville, *Le Comte Pellegrino Rossi*, *op. cit.*, p. 79.

2. A. Esmein, *Éléments de droit constitutionnel français et comparé*, Librairie du Recueil Sirey, 1906, 4e éd., p. X.

Parallèlement, la constitution elle-même, son contenu, sa structure, sa logique interne et jusqu'à sa forme, écrite ou non, apparaissent directement déterminés par l'idéologie de ses auteurs. À cet égard aussi, il existe donc une spécificité du droit constitutionnel par rapport aux autres branches du droit. Non que le droit civil ou le droit administratif échappent totalement à cette dimension : mais ils ne sont jamais aussi profondément marqués par l'idéologie que le droit constitutionnel, qui n'est au fond, à beaucoup d'égards, que la formulation juridique, plus ou moins transparente, de certaines options politiques et idéologiques.

Sur le plan de la méthode d'étude, on sera donc obligé de prendre en compte cette singularité – et ainsi de recourir, pour éclairer la matière, à l'histoire des idées et des doctrines politiques. Au-delà, il s'avérera parfois indispensable de prendre en compte les éléments irrationnels qui peuvent irriguer et nourrir ce droit. *A priori*, en effet, le texte constitutionnel obéit en général aux critères courants de la rationalité (non-contradiction, etc.). Mais la constitution, on le verra, ne se limite pas, loin s'en faut, au texte lui-même : elle dépend aussi des arrière-plans qui ont déterminé sa création, sa mise en pratique ou ses altérations. Des arrière-plans qui, eux, échappent bien souvent à la raison ou à la logique, pour relever de l'affectif, du passionnel, voire du mythe…

III. Un droit mouvant

Mais le droit constitutionnel dépend aussi très directement de faits qui lui sont extérieurs : de son environnement social, politique, économique, international, culturel ou intellectuel (par exemple, ce qu'on appelle aujourd'hui « la dépolitisation »). Là encore, il s'agit d'une particularité de ce droit, qui apparaît surtout par comparaison. Un certain nombre de règles du droit familial, notait Léo Hamon, peuvent être expliquées en faisant abstraction des mœurs : « Après tout, le droit de la famille, de 1804 à 1900 [est], pour l'essentiel, demeuré le même. On ne peut, par contre [...] expliquer la structure du droit constitutionnel sans faire intervenir à tout moment des réalités extra-juridiques, parce que celles-ci fournissent au droit constitutionnel à la fois ses cadres et ses personnages[1]. » Ce droit, en définitive, paraît « à peu près incompréhensible si on ne sort pas de la pyramide des règles juridiques pour aller se promener au grand air des faits ». Or, ces faits se modifient en permanence : d'où l'instabilité caractéristique du droit constitutionnel, sur deux plans superposés.

Cette instabilité frappe d'abord, du moins en France, les constitutions elles-mêmes. Malgré la valeur éminente et la quasi-sacralité qui leur est parfois attribuée, pas moins de seize constitutions se sont succédé depuis celle du 3 septembre 1791 – à quoi on doit ajouter, pour faire bonne mesure, une vingtaine de « régimes de fait ». La première, prévue pour durer éternellement, ne resta en vigueur qu'une dizaine de mois, bientôt emportée par la tourmente révolutionnaire qu'elle n'était point parvenue à juguler. Depuis, c'est une succession rapide et chaotique, où certains auteurs ont, sans grand succès d'ailleurs, tenté de discerner un certain ordre, une certaine forme de régularité (voir *Cycles constitutionnels*, p. 306).

Mais l'instabilité apparaît également au sein même de ce cadre instable. Ceux qui sont régis par la constitution, les organes supérieurs de l'État, les gouvernants, les partis, sont aussi ceux qui la fabriquent, qui

1. L. Hamon, *Cours de droit constitutionnel*, Les Cours de droit, 1968-1969, p. 18.

la révisent, qui l'interprètent et qui l'appliquent. Le plus souvent, ils ne sont gênés en cela par aucune barrière efficace ; et lorsqu'une telle barrière existe (par exemple, une juridiction constitutionnelle contrôlant la conformité des lois à la norme suprême), il est généralement possible de la contourner en révisant la constitution. À ce propos, il faut noter toutefois que la mutabilité d'une constitution peut être pour elle un avantage considérable, précisément dans la mesure où elle peut ainsi s'adapter à l'évolution multiforme de l'environnement où elle se situe : « Le régime qui dure, écrivait Louis Trotabas, est le régime souple, capable de suivre les mouvements qui peuvent journellement se marquer de la conscience politique d'un peuple[1]. »

Ce dernier caractère suggère du reste une approche de la matière. Car si les applications sont innombrables et changeantes, les principes qu'elles mettent en œuvre apparaissent au contraire relativement stables, limités et déterminés. On les regroupera autour de trois grands thèmes, en progressant du général au particulier : l'État (première partie), le pouvoir (deuxième partie), la démocratie (troisième partie) – le dernier conduisant logiquement à l'étude de la Ve République, qui fait l'objet d'un second volume. Et sur chacun de ces trois thèmes, on essaiera, en permanence, de confronter la théorie et la règle aux expériences qu'elles ont suscitées : en tentant de rester fidèle à l'avertissement de Léon Duguit qui soulignait, à la fin du XIXe siècle, que « l'étude du droit public isolée de l'histoire et des faits est vaine et artificielle[2] ».

---

1. L. Trotabas, *Constitution et gouvernement de la France*, A. Colin, 1930, p. 38.
2. L. Duguit, *RDP*, t. XII, 1899, p. 526.

PREMIÈRE PARTIE

L'ÉTAT

La difficulté du droit constitutionnel tient moins à sa technicité, qu'au poids considérable de l'histoire et de l'idéologie, qu'attestent les interminables controverses suscitées par chaque problème, chaque principe, chaque notion. L'étude de l'État – par quoi il faut débuter l'examen du droit constitutionnel – illustre parfaitement ces difficultés d'approche. *A priori*, chacun croit spontanément comprendre ce que ce mot veut dire, sans trop se demander ce qu'il signifie au fond, ni ce qu'en pensent les autres, ni même pourquoi on lui donne un tel sens. C'est donc à ce problème qu'il faut s'attaquer pour commencer, en s'interrogeant d'abord sur la notion d'État (chapitre I), avant de se pencher sur l'organisation de celui-ci (chapitre II), puis sur ses fonctions (chapitre III).

Chapitre I

LA NOTION D'ÉTAT

Plutôt que de se demander ce qu'est l'État, il serait plus exact de s'interroger sur la signification prêtée à ce mot, ou mieux encore, sur celle que l'on *choisit de lui conférer*[1] : car il n'existe pas d'*essence*, évidente ou objective, de l'État. Quelle en est la définition la plus pertinente, c'est-à-dire la plus susceptible d'appréhender, et d'éclairer, la réalité politique et juridique ? S'il est indispensable de prendre ces précautions, c'est bien sûr parce qu'il a été proposé de nombreuses définitions contradictoires du mot « État ».

Selon une approche classique, l'État serait « une communauté nationale, particularisée par son passé et par une certaine unité », comportant « nécessairement certains caractères politiques et juridiques qui la rendent différente des autres communautés infra-étatiques ou supra-étatiques », et notamment le fait que l'organe dirigeant de l'État « dispose au nom de ce dernier du monopole de l'édiction des règles de droit et de l'emploi de la force publique[2] ».

Dans cette perspective, l'État se définit par la fusion de deux éléments : un pouvoir, et une population (qui pourra, selon les cas, être appelée peuple, nation ou société). Cette définition renvoie en particulier à la conception, révolutionnaire, de « l'État-nation », qui présuppose une identité de l'un et de l'autre : la nation étant conçue comme une réalité sociologique, historique et culturelle, c'est par l'État qu'elle acquiert une consistance politique, l'État n'étant, à l'inverse, que le mode juridique d'existence de cette nation. Son origine, on la trouve chez Rousseau, dans l'un des passages les plus célèbres du *Contrat social* : « Cette personne publique, qui se forme ainsi par l'union de toutes les autres [personnes particulières] prend

---

1. En l'occurrence, note N. Bobbio, tout « dépend uniquement de la définition du terme État : selon qu'on en donne une signification plus large ou plus étroite. Le choix d'une définition dépend de critères d'opportunité, et non de vérité » (*L'État et la Démocratie internationale*, Bruxelles, Complexe, 1998, p. 206).

2. Définition citée *in* P. Pactet, *Institutions politiques et droit constitutionnel*, Masson, 12e éd., 1993, p. 42-43.

maintenant [le nom] de *République* ou de *Corps politique*, lequel est appelé par ses membres *État* quand il est passif, *Souverain* quand il est actif, *Puissance* en le comparant à ses semblables. À l'égard des associés, ils prennent collectivement le nom de *peuple*, et s'appellent en particulier *Citoyens*, comme participant à l'autorité souveraine » (livre I, chap. VI).

Cependant, si classique soit-elle, cette définition s'avère discutable, dans son principe comme dans ses conséquences.

Dans son principe, d'abord, elle se fonde sur une thèse philosophiquement féconde, le contractualisme, en vertu duquel tout lien juridique, tout pouvoir légitime résulterait, à l'origine, de l'accord formel des individus, décidant de passer entre eux un contrat (social) afin de sortir de l'état de nature. D'où, suivant cette perspective, une coïncidence nécessaire entre le pouvoir – c'est-à-dire l'État, issu du contrat, et donc des volontés individuelles –, son objet, et son titulaire (les individus qui ont créé ce pouvoir, et sur lesquels il s'exerce). La confusion entre l'État et la nation, ou le peuple, résulte ainsi d'un postulat philosophique dont le moins que l'on puisse dire est qu'il est contestable, et contesté.

Par ailleurs, cette définition aboutit à des impasses, en particulier sur un plan politique. Si l'État coïncide avec la société tout entière, s'il en est la « personnification juridique », comment admettre qu'il puisse exister, au sein même de cet État, d'autres « personnes morales », regroupant certains fragments de cette population ? Comment alors ne pas décider, à l'instar des jacobins, de supprimer tous ces « corps intermédiaires », perçus comme usurpant des pouvoirs qui ne sauraient appartenir qu'aux citoyens ou à l'État ? Comment enfin concevoir que de nombreux États se dissocient complètement du fait national, en regroupant sous une même autorité une pluralité de communautés nationales distinctes ? Au fond, une telle conception apparaît étroitement liée à une vision unitaire de la nation, héritée de Rousseau, de l'individualisme radical et de la philosophie du contrat social : à l'idée qu'il ne saurait exister aucun intermédiaire entre le pouvoir et les individus, entre l'État et la nation, dès lors que ceux-ci constituent les deux faces d'une seule et même réalité. Or, cette épure logique entraîne à son tour un certain nombre de conséquences critiquables : tous les grands totalitarismes du XXe siècle ont mis en avant cette idée d'une correspondance absolue entre la nation (ou le peuple) et l'État. Celui-ci, observait le juriste et philosophe G. del Vecchio à propos de l'Italie fasciste, « doit réaliser intégralement l'unité morale, politique et économique de la nation. L'État, c'est la nation personnifiée[1] ». Pour les systèmes totalitaires, « les deux termes sont *identiques*, aucun espace ne les sépare[2] ».

Selon une approche plus récente, l'État se définirait par sa coïncidence avec le *droit*. « L'État, affirme ainsi le juriste autrichien Hans Kelsen, est un ordre juridique[3] », c'est-à-dire, l'ensemble (hiérarchisé et dominé par la constitution) des règles applicables sur un territoire et à une population donnée, ces deux éléments étant eux-mêmes définis par des règles de droit. « État et droit coïncident, écrit encore Kelsen, l'État étant identique à l'ordre juridique – que ce soit l'ordre juridique total ou un ordre juridique partiel – dont, comme sujet de droit, comme personne, il n'est que la personnification. » Ce qui le distingue des autres groupes sociaux, qui ne sont eux-mêmes que des systèmes de règles, c'est avant tout « qu'il est un *ordre de*

1. Cité *in* L. Le Fur, « La nation et l'État », in *Encyclopédie française*, t. X, *L'État*, 1935, n° 10-10, p. 10.

2. H. Lagardelle, « Le fascisme », in *Encyclopédie française*, t. X, *L'État*, 1935, n° 10-84, p. 7.

3. H. Kelsen, *Théorie pure du droit*, trad. C. Eisenmann, Dalloz, 1962, p. 378.

contrainte [...] Ce que l'ordre étatique a de particulier, c'est qu'il *institue la contrainte* »[1]. Quant à l'organe de l'État (ce qu'on pourrait appeler la « machine-État »), il ne s'agit, selon Kelsen, que d'une fiction, d'une construction juridique attribuant à certains individus un certain pouvoir, en vertu de certaines règles : « Mais en vérité, l'État, personne agissante, n'a rien d'une réalité[2] » : il n'a aucune existence empirique, il n'existe pas en dehors du droit, qui lui impute les volontés individuelles de ses organes.

Intellectuellement séduisante, cette définition kelsénienne a eu un certain succès – parce qu'elle permet de passer facilement de cet État qui se confond avec le droit à un État dominé ou subordonné au droit, un « État de droit », contraint par ses propres principes à respecter la constitution ou les droits individuels. Cette définition fait en effet disparaître, derrière le droit, les phénomènes habituellement reprochés à l'État, la violence, la force, la « raison d'État ». Mais c'est aussi pour cela, pour son caractère « exclusivement idéaliste[3] », que cette définition a été vivement critiquée. L'État de Kelsen, objectait ainsi Carl Schmitt, « n'est plus que norme et procédure[4] », si bien que s'en trouve évacué l'essentiel : les « êtres réels », d'abord, qui « disparaissent, n'étant tous représentés que par des ordonnancements de règles[5] »; puis la politique, c'est-à-dire la possibilité de prendre, lorsque la situation l'exige, des *décisions* concernant la Cité en dehors, sinon à l'encontre, de toute habilitation juridique, de toute prévision par des règles de

1. H. Kelsen, « Aperçu d'une théorie générale de l'État », *RDP*, 1926, p. 572 et 576.
2. H. Kelsen, *Théorie pure du droit*, *op. cit.*, p. 385.
3. M. Hauriou, *Précis de droit constitutionnel*, Sirey, 2e éd., 1929, p. 9.
4. Carl Schmitt, *Théorie de la constitution*, PUF, Léviathan, 1993, p. 263.
5. M. Hauriou, *Précis de droit constitutionnel*, *op. cit.*, p. 9.

compétence préexistantes. Si l'on considère le principe politique fondamental, qui est d'assurer le salut public, l'essentiel est en effet de pouvoir prendre une décision, d'être en mesure de trancher une question. Or, on ne saurait prendre cette décision ultime, qui caractérise le politique, si l'on n'a pas la possibilité de s'affranchir, le cas échéant, des règles et du droit, lorsqu'ils font obstacle à ce qu'elle soit prise ; mais on ne saurait la prendre en l'absence d'une instance de décision. Et c'est ainsi qu'on en revient à l'organe, dont on ne peut faire l'économie, et qui demeure inassimilable à une simple fiction juridique.

Comme celle qui conclut à l'État-nation, la conception normativiste ou kelsénienne de l'État relève au fond d'une certaine idéologie. D'une part, elle renvoie à une vision radicalement démocratique, qui rêve de parvenir à une complète dépersonnalisation de l'État : Kelsen note à ce propos que « l'idée démocratique implique l'absence de chefs [1] ». Ici, le premier rôle du droit est de se substituer à la personne humaine. D'autre part, cette conception kelsénienne de l'État semble correspondre à une configuration politique bien particulière, caractérisée par l'absence de crise majeure. Historiquement, on observe en effet que, plus la situation est tranquille, plus les pouvoirs peuvent être conformes aux normes qui les organisent, plus les organes perdent leur relief, et plus l'État peut effectivement se dépersonnaliser. Malheureusement, une telle situation, même si elle est durable, n'est jamais définitive, et la possibilité d'une crise, et donc d'une distorsion entre le droit et les exigences du politique, doit ainsi être intégrée dans la définition de l'État.

La définition proposée ici, dont on essaiera dans les développements qui suivent de démontrer la perti-

1. H. Kelsen, *La Démocratie, sa nature, sa valeur*, trad. C. Eisenmann, Sirey, 1932, p. 11 et 90.

nence, tente d'intégrer, à côté de l'aspect juridique, le facteur humain, et part du postulat d'une absence d'identité entre le pouvoir et son objet, comme entre l'État et le droit. On parlera donc d'État pour désigner l'appareil de direction d'une société donnée (« les gouvernants »), en tant qu'il est doté d'un pouvoir très particulier, un pouvoir *souverain*, qui s'exerce sur une certaine population, située dans un certain cadre territorial.

L'avantage d'une telle définition, c'est, en premier lieu, qu'elle coïncide avec la conception initiale du phénomène État, telle qu'elle apparaît par exemple dans l'ouvrage qui va populariser ce terme, *Le Prince*, de Machiavel (1513) : « Tous les *États*, toutes les seigneuries qui eurent et ont commandement sur les hommes furent et sont ou Républiques, ou Principautés[1]. » Machiavel évoque ainsi, simultanément, mais en les distinguant, le pouvoir politique, et ce sur quoi il s'exerce. Le second intérêt de cette définition, c'est qu'elle prend en compte la double dimension de l'État, à la fois phénomène juridique et réalité sociale. « Pour se faire une idée exacte de l'État, notait au début du siècle le publiciste allemand G. Jellinek, il est nécessaire de la faire reposer sur une doctrine générale », et d'abord, sur une *définition*, « qui comprenne tous les points de vue auxquels on peut l'envisager »[2]. Enfin, cette définition est aussi celle qui correspond le mieux au droit positif. C'est en effet ce sens-là qu'emploient les rédacteurs de la Constitution de 1958, lorsqu'ils distinguent la nation, conçue comme la *finalité* suprême, de l'État, considéré, lui, comme un *moyen*, comme l'instrument de la prospérité, de la grandeur et de l'existence de la première :

---

1. N. Machiavel, *Œuvres complètes*, éd. E. Barincou, Gallimard, Bibliothèque de la Pléiade, 1952, p. 290.
2. G. Jellinek, *Introduction à la doctrine de l'État,* trad. G. Fardis, Fontemoing, 1904, p. 15.

la nation française, proclame ainsi le général de Gaulle le 4 septembre 1958, en présentant le projet de Constitution, « refleurira ou périra, suivant que l'État aura ou n'aura pas assez de force, de constance, de prestige, pour la conduire là où elle doit aller [1] ».

L'État est le fonctionnaire de la société, et non la société elle-même : il est un appareil, doté d'un certain pouvoir (section I), qui s'exerce sur un certain objet (section II).

Section I

Un certain type de pouvoir

« République est un droit gouvernement de plusieurs ménages et de ce qui leur est commun avec puissance souveraine [2]. » C'est par ces mots que Jean Bodin débute l'ouvrage qui, en 1576, marque le point de départ, dans la pensée politique française, de la réflexion sur l'État. Et c'est encore par là qu'il faut commencer, dans la mesure où cette affirmation met en relief ce qui demeure, aujourd'hui encore, le noyau dur de la définition de l'État : le pouvoir souverain dont il dispose. « Le véritable critérium, confirmait ainsi Maurice Hauriou, est en effet le suivant : on est en présence d'un État lorsque la formation envisagée possède, en propre, les principaux droits régaliens dont l'ensemble constitue la souveraineté intérieure comme Puissance publique ; ces principaux droits sont ceux de législation (constitutionnelle et ordi-

---

1. Ch. de Gaulle, Discours du 4 septembre 1958, in *DPS*, La Documentation française, 1987, t. III, p. 601.

2. J. Bodin, *Les Six Livres de la République*, livre I, chap. I, éd. G. Mairet, Le Livre de Poche, 1993, p. 57.

naire), de justice et de contrainte[1]. » On peut, bien sûr, contester une telle approche[2]. Mais si l'on y renonce, on aboutit à un certain nombre de conséquences inadmissibles : d'une part, sur un plan théorique, l'État n'a plus de critère de définition précis permettant de les distinguer d'autres phénomènes sociaux ; d'autre part, il n'a plus de justification pratique : pour assurer la fonction sociale qui est la sienne (arbitrage, direction et régulation), il doit posséder un tel pouvoir ; lorsqu'il n'en dispose plus, c'est en général qu'il est remplacé par un autre, qui l'exerce à sa place. Mais quel est ce pouvoir, singulier, qui caractérise l'État ?

Sous-section 1

Un pouvoir souverain

Pour commencer, il faut souligner un point capital : l'État, dans une société donnée, n'a pas *tout* le pouvoir : en droit, il n'a le monopole que du pouvoir ultime et de la force de coercition qui l'accompagne.

A. La notion de souveraineté

On ne saurait en effet parler d'« État » dès lors qu'*il y a du pouvoir*, puisque en fait, on peut dire qu'il y en a partout : dans la famille, où le Code civil évoque une « autorité parentale » (art. 371 et suiv.) exercée en commun par les parents et aboutissant à l'élaboration

1. M. Hauriou, *Précis de droit constitutionnel*, *op. cit.*, p. 121.
2. Par exemple, G. Burdeau, *Traité de science politique*, t. II, *L'État*, LGDJ, 1949, p. 314 : « La notion de souveraineté est trop imprécise et trop discutée pour intervenir dans un débat où sa signification exclusivement juridique ne lui permet pas d'être une pierre de touche infaillible. »

de « règles » particulières (art. 372-1) ; dans les associations, les syndicats, les entreprises, et même dans des groupes non appréhendés par le droit. À cet égard, l'une des rares certitudes de la sociologie est qu'il existe du pouvoir, des hiérarchies, des normes et des sanctions dans n'importe quel groupe humain. Pour autant, il n'y a pas d'*État* à chacun de ces niveaux : du moins, il serait impropre d'utiliser ce terme, même si certains ont pu être tentés de le faire, comme le juriste Guy Coquille au XVIIe siècle, qui parlait de la famille comme d'« un petit royaume [1] » ; ou comme certains sociologues du début du XXe siècle, évoquant un « droit constitutionnel des entreprises [2] ». L'usage est impropre : l'État n'est pas une famille ou une entreprise en plus grand, pas plus que la famille ou l'entreprise ne sont des États en plus petit, dans la mesure où il existe, entre les pouvoirs dont ils disposent, une différence de *nature*.

Ce qui caractérise l'État, c'est en effet qu'il possède *seul*, à l'intérieur du groupe social déterminé sur lequel il s'exerce, un pouvoir *inconditionné*, radicalement supérieur, et donc absolument différent de tous les autres : le pouvoir *souverain*.

Jean Bodin, définissant l'État, précisait que la puissance dont il dispose se singularise par le fait qu'elle est indivisible, « absolue et perpétuelle ». Entre ce pouvoir suprême et les autres, non souverains, la différence est *qualitative*, et non pas simplement *quantitative*. Cela signifie qu'il n'a pas seulement *plus de pouvoir* (s'exerçant sur un plus grand nombre d'objets, avec des moyens plus importants), mais une autre sorte de pouvoir, caractérisé par le fait qu'il n'a personne au-dessus de lui, qu'il ne doit donc obéir qu'à sa propre

---

1. Cité par J. Cornette, *in* H. Méchoulan, *L'État baroque*, Vrin, 1985, p. 29.

2. G. Gurvitch, *Le Temps présent et l'idée du droit social*, Vrin, 1932, p. 69.

loi, à sa propre volonté, à l'exclusion de toute autre. « Il faut, écrit encore Bodin, que ceux [...] qui sont souverains ne soient aucunement sujets au commandement d'autrui, et qu'ils puissent donner loi aux sujets, et casser ou anéantir les lois inutiles, pour en faire d'autres »[1]. Le souverain, expliquera au début du XXe siècle le publiciste Carré de Malberg, est celui qui « a le pouvoir de vouloir de façon absolument libre[2] ».

Pour illustrer cette différence radicale, on pourrait noter par exemple que Bill Gates, président et fondateur de Microsoft, l'homme le plus riche du monde, possède quantitativement *plus* de moyens, d'argent, et donc, en un sens, plus de pouvoir que bien des États siégeant à l'ONU. Pour autant, il n'est pas souverain, et ne saurait décider librement de la loi qui doit lui être appliquée, ni imposer une décision quelconque à l'un de ses employés, ni *a fortiori* utiliser la force à leur encontre, à moins qu'une loi ne lui en ait donné le pouvoir : ce que pourrait faire, en revanche, le moindre État souverain, si petit et si pauvre soit-il. Exemple parallèle : un État qui ne s'occupe que de très peu de choses, État minimum ou État gendarme, n'est pas moins un État qu'un État providence, interventionniste ou même totalitaire, qui s'occupe de tout et de chacun – dans la mesure où il n'est pas *moins souverain*.

B. Les caractères de la souveraineté

La souveraineté, écrivait au début du XVIIe siècle le publiciste Charles Loyseau dans son *Traité des seigneuries* (chap. II, n° 8), « consiste en puissance absolue, c'est-

---

1. J. Bodin, *Les Six Livres de la République*, *op. cit.*, livre Ier, chap. VIII, p. 111 et 120.
2. R. Carré de Malberg, *Contribution à la théorie générale de l'État*, Sirey, t. I, p. 87.

à-dire entière et parfaite en tout point, et par conséquent elle est sans degré de supériorité car celui qui a un supérieur ne peut être suprême et souverain [...]. Et comme la Couronne ne peut être si son cercle n'est pas entier, la souveraineté n'est point si quelque chose y fait défaut. » Ses caractères sont logiquement impliqués par sa définition : la souveraineté est un pouvoir suprême, donc inaliénable et indivisible.

Un pouvoir suprême : le souverain ne doit obéir à aucune autre volonté que la sienne, car, précise Bodin, la souveraineté « sous conditions n'est pas proprement souveraineté, ni puissance absolue[1] ». En revanche, tous les *autres pouvoirs*, dans l'ordre qu'il domine, c'est-à-dire, à l'intérieur des frontières de l'État, lui sont soumis et lui doivent obéissance (sous peine de sanctions juridiques, prononcées par des juges qui représentent l'État, eux-mêmes appuyés par la « force publique » détenue par le souverain). Toujours selon Loyseau, tous, « sans exception de personnes ou choses aucunes, [...] parce que ce qui en serait excepté ne serait plus de l'État ». À ce propos, on affirme classiquement que ce qui caractérise l'État, c'est qu'il détient, *en tant que souverain*, le monopole de la force légale, ou de ce que Max Weber appelait la « violence légitime ». Ce qui signifie que nul autre que lui ne saurait employer la force contre quiconque, sans son accord exprès, sous peine de sanction pénale. C'est ainsi qu'au XVIIe siècle l'essor de la souveraineté de l'État royal s'est traduit de façon très significative par la prohibition du *duel*, assimilé à un crime de lèse-majesté : une usurpation, impardonnable et punie de mort, du pouvoir de l'État[2]. L'extrême importance de l'enjeu symbolique explique ici la violence des sanc-

---

1. J. Bodin, *Les Six Livres de la République*, *op. cit.*, livre I, chap. VIII, p. 119.

2. En particulier, par l'édit de février 1626. La remise en cause d'une habitude aussi profondément ancrée dans les mœurs s'avérant très difficile, un édit de février 1723 entreprend d'encadrer

tions, et la constance de la monarchie absolue à réprimer cette pratique. À l'heure actuelle, ce monopole étatique de la violence ne connaît qu'une seule limite, la « légitime défense » : il s'agit alors d'une autorisation *implicitement* accordée par l'État à un individu de se défendre, dans certaines limites et sous certaines conditions strictement énoncées, lorsque la force publique fait défaut, c'est-à-dire lorsque l'État s'avère lui-même matériellement incapable d'assurer la première de ses fonctions, le maintien de l'ordre public.

La souveraineté est un pouvoir indivisible, dans la mesure où ne saurait exister, sans contradiction logique, une souveraineté partielle (ce qui reviendrait à être absolument supérieur, tout en ne l'étant pas tout à fait) ou partagée (avec un autre, qui serait *également* « le plus élevé »). Dans ce cas, il n'y a pas coexistence de deux souverains dans un même État, mais soit une situation d'incertitude (la question du titulaire effectif de la souveraineté n'étant pas encore tranchée), soit une apparence trompeuse, soit deux États distincts...

La souveraineté est, enfin, un pouvoir perpétuel et inaliénable. Elle ne saurait être cédée par l'État qui la détient sans que celui-ci renonce par là même à sa qualité d'État, ni sans qu'elle-même perde sa nature de pouvoir souverain : l'un ne va pas sans l'autre.

Sous-section 2

Un pouvoir spécifique

« L'État et la souveraineté prise *in concreto* sont synonymes. » La souveraineté étant ainsi définie, on peut en

---

institutionnellement le duel et, ainsi, au moins symboliquement, de « déprivatiser » cette violence, de la réintégrer dans l'État. Ne seront condamnés à mort que les duellistes qui n'auront pas prévenu de leur duel les « juges du point d'honneur », prétendant ainsi se faire justice à eux-mêmes, en dehors de toute habilitation étatique.

déduire que, dès qu'elle existe, on se trouve en présence d'un État, et qu'à l'inverse il n'y a plus d'État sitôt qu'elle disparaît. « La souveraineté, écrivait encore Loyseau, est du tout inséparable de l'État, duquel si elle était ôtée, ce ne serait plus l'État, car enfin la souveraineté est la forme qui donne l'être à l'État [1]. »

A. Pas de souveraineté sans État

À cet égard, il faut rappeler que ni le terme « État », ni le phénomène très particulier qu'il désigne, un pouvoir institutionnalisé, susceptible de casser la loi mais aussi de l'énoncer et de la faire respecter, n'ont toujours existé.

De manière générale, ont très longtemps prédominé des systèmes pré-étatiques, organisés par des normes coutumières issues de la pratique du groupe social, et où les détenteurs de l'autorité, même lorsqu'ils étaient chargés de mettre en œuvre la coutume, n'avaient en principe aucune possibilité de la réviser, de l'abroger ni, *a fortiori*, d'établir des règles nouvelles. S'il est difficile de ne pas reconnaître aux cités grecques ou à certains systèmes institutionnels antiques la qualité d'États, il est plus difficile encore d'employer le terme à propos de ces systèmes primitifs.

En France, le phénomène étatique paraît du reste historiquement datable, et relativement récent. Avec l'effondrement institutionnel qui suit de près l'ambitieuse tentative de restauration carolingienne, au IXe siècle, l'État disparaît pour ne ressusciter, parallèlement à la réaffirmation d'un sentiment national, que vers le début du XIIIe siècle, renaissance manifestée par la réapparition d'un pouvoir législatif, monétaire, fiscal et militaire. Quant au mot « État », il est sinon

1. Cité *in* B. Basdevant-Gaudemet, *Aux origines de l'État moderne, Charles Loyseau*, Économica, 1977, p. 119.

« inventé », du moins popularisé au XVIe siècle, au moment où s'écroulent les derniers vestiges significatifs du pouvoir féodal, et en même temps qu'apparaît le terme, mais aussi une définition systématique de la *souveraineté*. La naissance de la souveraineté, comme réalité politique et comme concept, est donc contemporaine de celle de l'État : pas de souveraineté sans État, qui l'assume et qui l'exerce. Mais réciproquement, pas d'État sans souveraineté.

B. Pas d'État sans souveraineté

Dès que la souveraineté disparaît, on ne peut plus réellement parler d'État. À ce propos, il faut distinguer entre les deux versants de cette souveraineté, la souveraineté interne, qui s'exerce sur les sujets de l'État, à l'intérieur des frontières, et la souveraineté externe, qui s'exerce vers l'extérieur, et se manifeste par l'indépendance vis-à-vis des *autres États*. Complémentaires, sinon indissociables, l'une et l'autre s'avèrent indispensables à l'existence de l'État.

1. *La souveraineté interne*

La souveraineté interne, d'abord, dans la mesure où un système institutionnel qui n'est plus capable d'imposer ses décisions à ses propres sujets ne mérite plus, à partir d'un certain niveau d'impuissance, le nom d'État : c'est le cas de l'Empire romain finissant, de la monarchie carolingienne du Xe siècle, au moment de l'explosion de la féodalité, ou encore de l'Empire allemand au Moyen Âge, alors que « les droits acquis de n'importe quel ordre ou vassal pouvaient bloquer toute action politique[1] ».

1. C. Schmitt, *Théorie de la constitution*, *op. cit.*, p. 268.

Cette souveraineté interne doit toutefois être considérée globalement : il faut que les commandements de l'État, ses lois et ses ordres, soient respectés « en gros ». Le simple fait qu'une personne, ou même un quartier, une ville ou une province désobéissent ponctuellement, sans que l'État parvienne à leur imposer le respect de telle règle particulière, ni à sanctionner leur conduite, ne suffit à remettre en cause sa souveraineté, et donc son caractère d'État. Il en irait autrement si cette situation de fait devenait générale et permanente, si elle devenait *normale*... En ce cas, celui qui détiendrait alors le pouvoir qui lui échappe devrait lui-même être considéré comme un État [1].

2. *La souveraineté externe*

Si la souveraineté interne est indispensable à l'existence de l'État, il n'en va pas autrement de sa souveraineté externe – malgré ce qu'écrit Maurice Hauriou, pour qui « il n'est pas nécessaire que l'exercice de ces droits [de souveraineté] ne soit soumis à aucune restriction quant à leur étendue, ni à aucune autorisation de tutelle de la part d'un autre État [2] ». Le problème, c'est qu'en admettant un tel élargissement de la définition on peut, certes, faire rentrer dans la catégorie État diverses formes politiques intermédiaires, États sous tutelle, sous protectorat, colonisés ou fédérés, mais que l'on doit aussi y intégrer certaines collectivités décentralisées, qui correspondent alors au critère de détermination, et que plus rien ne permet de distinguer des États au sens propre.

---

1. Sur le phénomène de la rébellion colombienne (FARC), qui contrôle depuis de nombreuses années un territoire démilitarisé de 43 000 km^2, voir H. Gourdon, « Violence, politique et armée en Amérique latine », *Pouvoirs*, n° 98, 2001, p. 122 sq.

2. M. Hauriou, *Précis de droit constitutionnel*, *op. cit.*, p. 121.

Car la souveraineté de l'État ne se divise pas, et son indépendance, par rapport aux autres puissances, n'est que le corollaire de cette souveraineté. Précisons : l'indépendance dont il s'agit est *juridique* et *politique*, non pas économique ou financière ; sur ce plan, tout État moderne est étroitement dépendant des autres, et on ne saurait à cet égard parler d'une souveraineté économique.

Lorsque la souveraineté externe fait objectivement défaut, on ne saurait donc parler d'État, quelles que soient les apparences. On peut évoquer à ce propos la Constitution de Chypre des 15 et 16 août 1960, dont l'article 1er déclarait qu'il s'agissait d'une « république indépendante et souveraine ». En réalité, par un « Traité de garantie », signé avec le Royaume-Uni, la Grèce et la Turquie, et annexé à sa Constitution, certains actes essentiels de la politique internationale (comme l'union avec un autre État) lui étaient formellement interdits ; de même, la révision des dispositions fondamentales de la Constitution n'était possible qu'avec l'accord des puissances garantes... La conclusion s'impose d'elle-même : malgré la proclamation de l'article 1er, Chypre n'était ni un État indépendant, ni, par conséquent, un État véritable. Dans les faits, cette absence de souveraineté externe se traduira rapidement par une incapacité totale à assurer sa souveraineté interne : les deux versants de la souveraineté ne paraissent pas dissociables.

Le problème que pose cette notion de souveraineté externe vient de ce que tout accord international, créant une obligation pour l'État signataire, conduit, en un sens, à réduire sa liberté, et donc à limiter sa souveraineté. Si l'on s'en tient aux thèses de Jean Bodin, il s'agit d'un faux problème : la seule limite légitime qu'il admette à la souveraineté résulte en effet des contrats passés par le souverain, qui, s'il n'est pas tenu de respecter sa propre loi, est obligé en revanche, comme n'importe quel particulier, de respecter les conventions qu'il a faites, sauf si elles s'avèrent injustes et déraisonnables. Le souverain peut dès lors, dans une certaine mesure, consentir à limiter sa liberté. Toute la question dépend ici de l'étendue de cette limitation, et par conséquent de la remise en cause de la souveraineté qu'elle entraîne.

Tel est du reste le problème, très actuel, que pose la constitution progressive de l'Union européenne – notamment au regard de l'existence de l'État français. Au départ, la construction européenne ne présente aucune difficulté de cet ordre. Le traité de Rome, signé par la France et par cinq autres États le 25 mars 1957, est essentiellement économique. Pas question de remettre en cause l'indépendance des États qui composent cet ensemble, qui s'apparente à une confédération. C'est la raison pour laquelle de Gaulle, d'abord hostile, ne dénoncera pas le traité après son retour au pouvoir, en juin 1958. Pour être tout à fait tranquille, il fait cependant adopter par les Six, en janvier 1966, le « Compromis de Luxembourg », qui offre à chaque État la possibilité de refuser une décision adoptée par les autres lorsque des intérêts vitaux sont en jeu. En outre, le Conseil constitutionnel, gardien du principe selon lequel « la souveraineté nationale appartient au peuple » français (art. 3 de la Constitution de 1958), veille à empêcher tout débordement. À cet effet, il précise que les accords internationaux ne doivent pas porter atteinte « aux conditions essentielles d'exercice de la souveraineté » nationale (70-34 DC, 16 juin 1970) ; et il souligne que l'État peut, par ses conventions internationales, consentir à des « limitations », mais non à des « transferts de souveraineté » (76-71 DC, 30 décembre 1976). Le souverain peut consentir à se limiter, mais non point renoncer à une partie de lui-même, son pouvoir étant indivisible et inaliénable.

Les vrais problèmes commencent en 1992, avec le traité signé à Maastricht le 5 février. Celui-ci entraîne en effet des altérations considérables de la souveraineté, comme le reconnaît du reste le Conseil constitutionnel dans sa décision du 9 avril 1992 (92-308-DC). La Constitution ayant été révisée le 25 juin 1992 afin de permettre ces entorses, il n'y a plus, en principe, de problème juridique. Subsistent en revanche de graves problèmes de fond : jusqu'où un État peut-il transférer ses compétences sans perdre sa qualité d'État ? A-t-il le pouvoir de renoncer à son pouvoir souverain, c'est-à-dire au principe même de son existence ? Relancée en 1997 par le traité d'Amsterdam, puis par le passage à une monnaie unique et par l'adoption d'un projet de Constitution européenne, cette question est au cœur de la controverse contemporaine[1]. Elle montre à quel point la réflexion sur les fondements de l'État est déterminante pour éclairer sa pratique.

Section II

Un certain objet

L'État, comme la souveraineté, n'est pas une réalité abstraite. Il n'existe que dès lors qu'il s'exerce sur un certain objet : un territoire, sur lequel vit une population.

Sous-section 1

Un territoire

En quoi le territoire est-il à ce point indispensable à l'État ? « C'est que le territoire, affirme le publiciste

1. Mais aussi des approches les plus critiques, comme celle de J. Chevallier (*L'État post-moderne*, LGDJ, 2003), qui envisage essentiellement la « reconfiguration » des États contemporains à partir de l'expérience européenne.

Albert de Lapradelle, est, pour l'État, non seulement un élément de force, mais l'indispensable moyen d'accomplir sa mission [...] : un cadre de compétence, et une base d'action[1]. »

A. Un cadre de compétence

Le territoire, en premier lieu, situe l'État dans l'espace par rapport à ses voisins, et délimite la sphère de ses compétences (par rapport à ses sujets, à ceux qui lui sont soumis). Il apparaît ainsi comme le support géographique de la souveraineté, interne et externe.

Historiquement, la notion moderne de « frontière » apparaît, en même temps que la cartographie moderne, au moment précis où l'on formule par ailleurs les notions d'État et de souveraineté. La cartographie va ainsi permettre de prendre la mesure de l'espace où s'exerce le pouvoir de l'État, et d'en déterminer exactement les limites : en 1525, c'est le roi François Ier qui ordonne à l'humaniste Oronce Fine de dresser la première « carte gallicane ».

À l'inverse, la souveraineté ne trouve plus à s'exercer lorsque le territoire vient à faire défaut : par suite, on peut considérer alors que l'État disparaît. Celui-ci n'existe que tant que « son » territoire, l'espace sur lequel il exerce son pouvoir, n'a pas été entièrement conquis, ou annexé, par une puissance étrangère. Le problème s'est posé à d'assez nombreuses reprises au XXe siècle, dans le cas des pays occupés ou colonisés : durant la Seconde Guerre mondiale, par exemple, on s'est demandé si les « gouvernements en exil » devaient être considérés comme des États à part entière. La réponse la plus plausible à cet égard, notamment pour le gouvernement de la France libre, c'est qu'ils ne sont

---

1. A. de Lapradelle, « Le territoire », in *Encyclopédie française*, t. X, 1935, n° 10-10-12.

devenus, ou redevenus, des États qu'à partir du moment où leur autorité a pu s'exercer non seulement sur des individus isolés, mais également sur des territoires. C'est ce que reconnaît implicitement le général de Gaulle, dans le discours du 23 septembre 1941 où il annonce la création du Comité national français, lorsqu'il évoque l'autorité que « nous détenons en notre qualité de gérants provisoires du patrimoine national » : la souveraineté va de pair avec l'objet sur lequel elle s'exerce. À l'inverse, cette remarque conduit à s'interroger sur la nature des gouvernements d'occupation, et en particulier, sur celle de l'« État français » du maréchal Pétain – dont on peut se demander, du moins après novembre 1942, s'il est autre chose qu'une apparence d'État, dans la mesure où l'ensemble de son territoire se trouve contrôlé par l'occupant.

B. Une base d'action

Mais le territoire est également indispensable en ce qu'il fixe les sujets sur lesquels va porter l'action de l'État. À ce propos, on peut considérer que le territoire est une condition matériellement et psychologiquement nécessaire à l'existence de la nation : et de là, un ressort symbolique essentiel au bon fonctionnement de l'État. Un État se trouve en effet confronté à de graves difficultés lorsque a disparu le sentiment national, ou du moins le sentiment d'une solidarité spécifique, liée à l'enracinement territorial : dépolitisation, désobéissance civile, nomadisme, émigration massive, etc. S'il se généralisait, le mot d'ordre voltairien, « ma patrie, c'est là où je suis bien », entraînerait une « ingouvernabilité » qui risquerait, à terme, de remettre en cause l'existence même de l'État – à travers sa souveraineté interne, qui implique sa capacité à établir des règles qui seront généralement respectées.

Parallèlement, le territoire apparaît aussi comme la condition (matérielle) de l'indépendance de l'État. Il existe en effet un rapport entre l'étendue de l'État, sa puissance, et son indépendance : il est très difficile de remettre en cause celle d'un « empire continental », comme la Russie, l'Inde ou la Chine, du fait de la force d'inertie inhérente à sa dimension. À l'inverse, l'indépendance des « micro-États », Monaco, Andorre, Saint-Marin, Lichtenstein, semble toujours relative et menacée : et dans la mesure où leur souveraineté externe apparaît foncièrement fragile, leur nature d'État s'avère finalement assez incertaine.

Sous-section 2

Une population

Le terme de population est ici choisi à dessein, pour désigner un ensemble relativement limité, et suffisamment homogène.

A. Un ensemble relativement limité

« On ne peut parler d'État que lorsqu'un ensemble limité d'hommes est soumis à un ordre juridique déterminé à l'exclusion de tout autre [1]. » Un ensemble limité, c'est-à-dire, *délimité*, comme on l'a vu, par le territoire qu'il occupe de manière suffisamment stable, et par certains caractères juridiques.

À cet égard, il faut noter toutefois le caractère relatif d'une telle limitation. En effet, le pouvoir d'État ne s'exerce pas seulement sur les *citoyens* (ni au sens moderne d'individus participant à l'exercice du pou-

---

1. G. Burdeau, F. Hamon et M. Troper, *Droit constitutionnel*, LGDJ, 1999, 26e éd., p. 26.

voir politique, ni même au sens ancien de personnes appartenant à la Cité). Il ne porte pas seulement sur le *peuple* (défini comme un ensemble juridiquement déterminé), mais, plus largement, sur la *population*, y compris étrangère, qui réside sur son territoire (un étranger se rendant coupable d'un délit sera ainsi passible des sanctions pénales applicables sur le territoire où le délit a été commis). En fait, la limitation de la population importe surtout dans la mesure où elle va conditionner son *homogénéité*.

B. Un ensemble suffisamment homogène

En France, il existe en effet, en vertu d'une tradition très forte et très ancienne, un lien entre souveraineté et nationalité : le titulaire de la souveraineté, c'est la nation, ou du moins, sous l'Ancien Régime, une personne appartenant à la nation sur laquelle il va exercer son pouvoir [1].

Toutefois, le lien n'est pas toujours aussi étroit : et l'on rencontre fréquemment des systèmes où il n'y aucune coïncidence entre le « fait national » et le phénomène étatique. À ce propos, on peut distinguer trois hypothèses. Dans la première, qui correspond au cas français, le groupe sur lequel s'exerce le pouvoir d'État constitue une « nation », définie comme un tout homogène doté de caractéristiques bien déterminées. Dans une seconde hypothèse, ce pouvoir ne s'exerce que sur un fragment d'un ensemble national plus large, soumis par ailleurs à d'autres États. Dans une troisième hypothèse, enfin, le pouvoir étatique s'exerce sur plusieurs « nations » ou fragments de nations : c'est l'hypothèse de l'État multinational.

---

1. « L'on ne doit pas avoir roy d'étrange nation », déclare Nicole Oresme au XIVe siècle.

Ces différentes hypothèses emportent des conséquences pratiques importantes. Moins un groupe est cohérent, homogène et solidaire, plus le pouvoir souverain qui le prend pour objet aura de difficultés à s'exercer, et plus l'État sera fragilisé.

Quand une pluralité de groupes nationaux se trouve réunie sous un même État, cette situation entraîne presque inévitablement une adaptation de la forme de l'État à son objet : c'est-à-dire, on le verra plus loin, une « fédéralisation » de l'État, qui apparaît alors comme le moyen d'assurer aux différents groupes qu'il rassemble une certaine reconnaissance institutionnelle, voire une certaine autonomie. Cependant, une telle fédéralisation s'avère toujours fragile, et elle n'est souvent qu'une étape dans un processus d'autonomisation croissante des composantes. Les seuls systèmes fédéraux stables sont ceux qui réunissent des composantes démographiques relativement homogènes, ayant le sentiment de constituer une seule et même nation (RFA, États-Unis, Suisse). Dans ce cas, c'est d'ailleurs la tendance à l'unité de l'État qui finit généralement par s'imposer.

Il arrive, certes, que différentes « nations » forment, non pas une fédération, mais un État unitaire. Tel était le cas visé par la Constitution tchécoslovaque du 9 mai 1948, dont l'article 2 alinéa 1er disposait que « la République tchécoslovaque est l'État commun de deux nations slaves, jouissant de droits égaux, les Tchèques et les Slovaques », formant, à elles deux, « le peuple, [qui] constitue la source unique de tout pouvoir dans l'État » (art. 1er, al. 2). Mais une telle combinaison contraint à se livrer à de périlleuses acrobaties juridiques afin de garantir à chacune des « nations » une représentation politique équitable et une fraction du pouvoir – sans lesquelles elles pourraient être tentées de faire sécession [1]. Contorsions qui

1. Article 8 de la Constitution tchécoslovaque : « en Slovaquie, les pouvoirs de l'État et leur exercice sont confiés aux organes

ne suppriment d'ailleurs pas la cause du problème : c'est pourquoi de telles constructions politiques se terminent, plus ou moins rapidement, par l'éclatement en une pluralité d'États souverains (c'est le cas de la République tchécoslovaque), ou par l'impossibilité de les faire fonctionner de façon durable et satisfaisante (Chypre, Liban...).

L'homogénéité de la population s'avère pratiquement indispensable au bon fonctionnement de l'État : de là une tendance irréductible à revenir à une situation où le pouvoir étatique s'exerce sur une nation, ou du moins, sur un groupe social à peu près cohérent. Ce fait historique trouve d'ailleurs une expression « séduisante et dangereuse[1] » dans le fameux « principe des nationalités », affirmé depuis le XIXe siècle, en vertu duquel chaque nation aurait un droit naturel à former un État indépendant. Au XXe siècle, ce principe a été prolongé, après la Seconde Guerre mondiale, par le « droit des peuples à disposer d'eux-mêmes », qui a fondé la légitimité de la décolonisation – et qui, de nos jours, continue de constituer l'arrière-plan d'un certain nombre de revendications indépendantistes, du Kosovo au Sahara occidental ou à la Corse...

---

nationaux slovaques, qui représentent le caractère propre de la nation slovaque ». Autre exemple frappant, l'article 1er de la Constitution de Chypre des 15 et 16 août 1960, instituant une « république indépendante et souveraine, de régime présidentiel, dont le président est grec et le vice-président turc, respectivement élus par la communauté grecque et la communauté turque de Chypre » (cité *in* P. Mamopoulos, « La Constitution de Chypre », *Politique*, avril 1962, p. 177).

1. G. Vedel, *Cours de droit constitutionnel,* Les Cours de droit, 1957-1958, p. 431.

Chapitre II
L'ORGANISATION DE L'ÉTAT

Le problème de l'organisation de l'État renvoie à trois questions, qu'il faudra évoquer successivement : celle de la forme du pouvoir, c'est-à-dire, de ce qu'on appelle l'institutionnalisation de l'État (section I) ; celle de la forme du gouvernement, de cet organe institutionnalisé qui va exercer le pouvoir dans l'État (section II) ; enfin, en dernier lieu, la question de la forme de l'État, autrement dit, du caractère unitaire ou composé de ce dernier (section III).

Section I
La forme du pouvoir

L'exigence d'une « institutionnalisation » paraît étroitement liée à l'idée, mais aussi à la pratique (ou aux conditions de réalisation concrète) de la souveraineté. « L'État, souligne Georges Burdeau, c'est le pouvoir institutionnalisé », c'est-à-dire juridiquement détaché de ceux qui l'exercent, l'institutionnalisation étant définie comme « l'opération juridique par laquelle le Pouvoir politique est transféré de la personne des gouvernants à une entité abstraite : l'État. L'effet juridique de cette opération, c'est la création de l'État comme support du Pouvoir indépendant de la personne des gouvernants »[1].

---

1. G. Burdeau, *Traité de science politique*, t. II, LGDJ, 1949, p. 149 et 188.

C'est par ce biais que l'État va acquérir une « personnalité morale » propre, qui le distingue des gouvernants et lui permet ainsi d'exercer effectivement le pouvoir suprême qui est le sien. À l'inverse, en effet, dans un système où le pouvoir politique n'est pas (encore) institutionnalisé, il est censé appartenir, comme une chose quelconque, comme un patrimoine privé, au chef ou au roi. Or, dans ce cas de figure, la réalisation concrète de la souveraineté se heurte à un certain nombre de difficultés presque insurmontables. D'abord, la souveraineté apparaît instable, discontinue, dans la mesure où elle est inévitablement confrontée au problème de la mort de son titulaire. Que devient-elle alors ? Disparaît-elle ? Peut-elle être cédée, morcelée ? En fait, la souveraineté ne se conçoit que permanente, et elle implique donc la perpétuité de son titulaire – qui ne saurait être ainsi une simple personne physique. Sous l'Ancien Régime, c'est ce que les légistes mettent en relief à travers le célèbre cri : « Le roi est mort, vive le roi ! » : disparu, le roi continue de vivre dans la personne de son héritier, et au-delà, à travers la « Couronne ». Le pouvoir, dans ce contexte, n'appartient pas au roi, qui l'exerce seulement en tant que « successeur à la Couronne en vertu de la loi et coutume générale de France [1]. » C'est ainsi que l'on imagine le moyen de faire échapper le pouvoir de l'État au *temps*, pour lui conférer la continuité indispensable (et inhérente) à sa suprématie.

Mais, parallèlement, l'institutionnalisation paraît aussi nécessaire à la légitimation du pouvoir : et donc, à l'obéissance qu'il est en mesure d'attendre des sujets, laquelle est indispensable à son exercice (sur cette notion, voir *infra*, p. 185 sq.). En effet, sauf cas de figure relativement exceptionnel (la légitimité « charismatique » de « l'homme providentiel »), on n'obéira

1. P. de Lhommeau, *Maximes générales du droit français* [1614], M. Babin, 1665, p. 13.

volontiers à un individu que s'il fonde son pouvoir sur des principes, des idées, et en fin de compte sur des institutions. « L'institutionnalisation du pouvoir, remarque à ce propos G. Vedel, c'est le dépassement par les gouvernants de la simple autorité de fait[1] » – à laquelle on n'a aucune *raison* d'obéir, sinon la force et la crainte –, et donc, la possibilité de faire accepter leur projet politique par les gouvernés, sans le consentement desquels il n'a aucune chance d'aboutir.

Cette institutionnalisation, par laquelle « le pouvoir est dissocié des individus qui en assument passagèrement la charge pour être attribué à une entité permanente à laquelle sont désormais imputés [...] tous les actes accomplis par les agents en exercice du pouvoir[2] », se produit en France vers le milieu du XIIe siècle. À l'époque, « théologiens et juristes vont travailler à démontrer qu'il existe bel et bien une abstraction qui attire à elle la puissance mise en œuvre par les rois qui se succèdent[3] ». Une abstraction que symbolise le concept de couronne, qui cesse alors « de désigner uniquement l'emblème du pouvoir suprême, pour exprimer [...] un transfert de la puissance dans l'immuable, dans l'intemporel[4] ».

Toutefois, ce n'est réellement qu'au XVe siècle que cette notion de couronne va commencer d'occuper une place importante dans la doctrine de l'État monarchique : ce qui, historiquement, signifie que l'institutionnalisation du pouvoir ne s'est trouvée pleinement assumée, comprise et admise, qu'au moment où, par ailleurs, l'on a pris conscience de la spécificité du pouvoir souverain, et où l'on a commencé à utiliser le terme « État » pour désigner un système institutionnel correspondant à la signification moderne du mot.

---

1. G. Vedel, *Cours de Droit constitutionnel*, *op. cit.*, p. 429.
2. G. Burdeau, *Traité de science politique*, *op. cit.*, t. II, p. 212.
3. S. Soleil, *Introduction historique aux institutions*, Flammarion, Champs-Université, 2002, p. 123.
4. J. Krynen, *L'Empire du roi*, *op. cit.*, p. 126.

Section II

La forme du gouvernement

Après avoir évoqué la question de l'institutionnalisation du pouvoir, il faut s'arrêter à celle de la forme de l'institution titulaire de ce pouvoir.

Sous-section 1

Des formes variables

Les formes du souverain, mais aussi les classifications auxquelles ont donné lieu les différents « régimes politiques », sont extrêmement diversifiées.

A. La classification quantitative

La classification la plus célèbre et, en un sens, la plus importante, dérive de celle proposée au IVe siècle avant notre ère par Aristote dans la *Politique*. Elle prend en considération le nombre des titulaires de la souveraineté, qui peut en effet appartenir soit à *un seul*, soit à *une pluralité*, soit à *tous*. Aristote combine du reste cette approche quantitative à une approche « qualitative », qui envisage la *finalité* que se propose chacun de ces régimes – qui pourra viser ce qui constitue le but naturel du politique, le *bien commun*, et Aristote parlera alors de régime « pur »; ou n'agir que dans l'intérêt privé des titulaires du pouvoir, au détriment des autres – et il sera alors qualifié de régime « corrompu ». Le gouvernement d'un seul sera donc appelé royauté, ou monarchie, lorsqu'il tend à assurer le bien commun, mais tyrannie quand il n'agit qu'à son profit. Le gouvernement d'une pluralité est qualifié d'*aristocratie* – étymologiquement, le gouvernement des meilleurs – dans le premier cas, et d'*oligarchie* dans le second. Enfin, le gouvernement de tous est désigné du nom de *politie* lorsqu'il se conforme à sa fin légitime, mais appelé *démocratie* ou *démagogie* lorsque la majorité du peuple gouverne au détriment des « riches », ou encore de la minorité.

Bien d'autres classifications ont été proposées depuis. Certaines apparaissent surtout comme des versions simplifiées de celles d'Aristote : ainsi, la distinction de Machiavel entre républiques et principautés [1], que, de nos jours, certains reprennent en se bornant à opposer la démocratie à l'antidémocratie [2] – catégorie où ils font figurer nombre de régimes qui déclarent pourtant être d'authentiques démocraties. Certaines autres classifications mettent en avant des éléments différents, pour aboutir finalement à un résultat analogue. C'est ainsi que Maurice Duverger distingue entre les gouvernements *autocratiques*, qui « ont pour caractère commun de faire échapper le choix de leurs membres à toute action des gouvernés » – parmi lesquels les gouvernements tirés au sort, qui dans l'Antiquité grecque étaient considérés comme les seuls pleinement conformes à la démocratie ; les gouvernements *démocratiques*, auxquels il intègre les régimes socialistes de l'Europe de l'Est ; et les gouvernements mixtes, dont « les membres sont choisis par des méthodes intermédiaires entre celles de la démocratie et celles de l'autocratie » et qui, au fond, se ramènent toujours à des oligarchies... [3].

---

1. N. Machiavel, *op. cit.*, p. 290.

2. D. Turpin, *Droit constitutionnel*, PUF, Premier cycle, 1994, p. 171.

3. M. Duverger, *Manuel de droit constitutionnel*, PUF, 5e éd., 1948, p. 34 et 42.

B. La question du gouvernement mixte

Une catégorisation strictement quantitative présente à cet égard d'indéniables avantages, et d'abord, ceux de la clarté et de la simplicité. Pourtant, on peut lui reprocher de ne pas rendre compte de la réalité du pouvoir. En effet, si l'on considère le fonctionnement concret des États, anciens et modernes, on est amené à reconnaître que nombre d'entre eux constituent en fait des combinaisons, variables, des différents régimes distingués par Aristote.

Rares sont les systèmes politiques où le pouvoir souverain appartient et est exercé dans sa totalité soit par un seul, soit par une aristocratie, soit par le peuple dans sa totalité. Le plus souvent, chacun des trois intervenants joue un certain rôle – la seule différence véritable tenant à l'importance, plus ou moins décisive, du rôle qu'il tient. Ce partage correspond du reste à ce qui apparaît comme la structure normale de la décision politique : celle-ci étant généralement prise, en fin de compte, par une volonté unique, après consultation d'un petit groupe techniquement compétent, et avec l'assentiment de la plupart – assentiment au pouvoir qui décide, puis à la décision qu'il prend, qui conditionne l'efficacité, et donc, en définitive, la validité de celle-ci.

Sous le nom de « régime mixte », cette forme « normale » de gouvernement a d'ailleurs été longtemps considérée comme la plus satisfaisante de toutes. « Non seulement la raison, mais encore l'expérience, nous apprennent que la forme du gouvernement la plus parfaite est celle qui est composée des trois : monarchie, aristocratie, démocratie [1] » écrit l'historien grec Polybe (201-120 av. J.-C.) ; il voit dans la constitution romaine de son temps la confirmation de ce

1. Cité *in* M. Prélot, *Histoire des idées politiques*, Dalloz, 1959, p. 112.

constat. Plus près de nous, cette approche a été reprise par la pensée libérale, séduite par le modèle du parlementarisme britannique : c'est ainsi que Necker affirmait que la souveraineté, dans un pays libre, « ne peut jamais exister d'une manière simple [...]. On a dit aux Princes que telle était la nature du pouvoir suprême, et le despotisme a paru. On a tenu le même discours au peuple français, et un mélange d'anarchie et de tyrannie est devenu le résultat de cette doctrine[1]. »

En un sens, on pourrait presque dire qu'il n'y a *que* des « régimes mixtes ». Mais d'un autre côté, et aussi bien en fait qu'en droit, il n'est pas absurde d'affirmer que de tels régimes n'existent pas, et ne sauraient exister. C'est ce que démontre Jean Bodin à la fin du XVIe siècle, en constatant que dans tous les systèmes politiques qu'il examine, le pouvoir de *décider* en dernier ressort appartient *toujours* à l'un des trois éléments, et à *lui seul*. Le partage n'est jamais qu'une apparence, qui ne résiste pas à la pratique, spécialement en cas de conflit entre ces composantes : « Il est impossible de composer une République [c'est-à-dire un État] mêlée des trois. [...] Il ne s'en est jamais trouvée, et il ne se peut faire ni même imaginer, attendu que les marques de la souveraineté sont indivisibles[2]. » La souveraineté appartient en réalité à « celui qui aura puissance à donner loi à tous, c'est-à-dire commander ou défendre ce qu'il voudra sans qu'on en puisse appeler, ni même s'opposer à ses commandements » : et celui-ci sera toujours soit le prince, soit un petit groupe, soit le peuple tout entier.

C'est d'ailleurs ce que proclament, aux XVIIe et XVIIIe siècles, les théoriciens de la monarchie, qui déclarent que celle-ci est « pure », malgré le rôle signi-

---

1. Necker, *De la Révolution française*, Paris, Drisonnier, an V, t. IV, p. 212.

2. J. Bodin, *Les Six Livres de la République*, *op. cit.*, p. 193-194.

ficatif qu'y jouent les parlements et les états généraux : « Nous avons un roi, c'est-à-dire que nous sommes soumis à la volonté d'un seul [...]. Le pouvoir qui en résulte ne doit pas être despotique, mais il ne peut être partagé [1]. »

À l'inverse, c'est également ce que répètent ceux qui reprochent à la Ve République, fondée en 1958, d'être, suivant l'expression même de ses principaux artisans, le général de Gaulle et Michel Debré, une « monarchie républicaine » (voir *Droit constitutionnel. La Ve République*, p. 106-110), ou une république en voie de monarchisation. Car la « mixité » est souvent perçue de manière très négative : dans une perspective démocratique orthodoxe, plus un État est effectivement fidèle aux principes de la démocratie, plus il se rapproche de sa forme pure, et plus il est satisfaisant, et conforme à ce qu'il doit être. Or, une démocratie « mixte », ou mélangée avec « autre chose », est par définition « moins démocratique » qu'une démocratie intégrale. Elle apparaîtra ainsi comme une régression, un amoindrissement, un compromis avec le mal...

Sous-section 2

La forme du gouvernement et l'existence de l'État

De très nombreuses constitutions prennent soin de préciser la forme du gouvernement – ce qui suffit à confirmer l'intérêt juridique du problème. C'est ainsi, très symboliquement, que la Constitution de 1958 commence, dans son article 1er, par proclamer que « la France est une république indivisible, laïque, démocratique et sociale », et qu'elle s'achève en disposant,

1. Guyot, cité *in* F. Olivier-Martin, *Précis d'histoire du droit français*, Dalloz, 1932, p. 230.

dans l'article 89 alinéa 5, que « la forme républicaine du gouvernement ne peut faire l'objet d'une révision ». Même si le chef de l'État y joue en principe un rôle de premier plan, cette république n'a, en droit, rien de monarchique. C'est le peuple qui demeure le seul souverain (art. 3), sans aucun partage avec quiconque – même si, en fait, on peut s'interroger sur la consistance effective de ce pouvoir (voir *Droit constitutionnel. La Ve République*, p. 98-105).

La forme du gouvernement – démocratique ou non – conserve ainsi une importance décisive sur le plan du droit constitutionnel. Une importance capitale, également, sur le plan de la légitimité du pouvoir d'État, et sur celui du bon fonctionnement des institutions. À l'origine, la démarche d'Aristote, distinguant entre les différentes formes de gouvernement, avait une ambition moins scientifique que proprement philosophique : elle visait à déterminer quel serait, dans tel cas particulier, le « meilleur gouvernement », c'est-à-dire le plus capable d'assurer de façon probable et durable la fin propre de l'État, le bien commun. Et tel fut du reste, jusqu'à nos jours, le principal souci de la philosophie politique et de la réflexion constitutionnelle.

En revanche, la forme du gouvernement est sans influence sur l'existence même de l'État. Dès lors que la souveraineté existe et se trouve assurée par un organe quelconque – ce qui n'exclut que l'hypothèse de l'anarchie, où le pouvoir politique, n'étant à personne, n'a aucune réalité –, dès que le pouvoir est « institué », on peut parler d'un État [1]. Peu importe, ensuite, *à qui* appartient la souveraineté. Un régime aristocratique, comme la Venise médiévale, constitue

1. La difficulté consiste parfois à *situer* précisément le lieu du pouvoir, qui n'est pas toujours là où le prétend la constitution. C'était le cas en particulier des États totalitaires du XXe siècle, l'État nazi, par exemple, ou encore l'État soviétique, où le pouvoir, qui

un État au même titre que les États-Unis contemporains. Peu importe aussi la manière dont sera exercée le pouvoir (de façon libérale, autoritaire ou totalitaire, honnête ou corrompue), ou l'étendue de son intervention sur la société. Bon ou mauvais, faible ou puissant, il s'agira toujours d'un État.

Section III

La forme de l'État

Plus décisive est la question de la structure, ou encore de la forme de l'État. À cet égard, on peut noter pour commencer que les États se répartissent en deux catégories : les États unitaires, et les États composés ou fédératifs. Deux catégories, et deux seulement : les multiples variantes que l'on rencontre en droit positif s'avèrent au fond toujours susceptibles de rentrer dans l'une ou dans l'autre.

Sous-section 1

L'État unitaire

« Au regard de la technique constitutionnelle, observait Georges Burdeau, cette forme d'État présente l'avantage de la simplicité, et c'est bien pourquoi, chez les publicistes, l'État unitaire est le prototype de

---

selon la Constitution de 1936 appartenait « aux travailleurs de la ville et de la campagne représentés par les soviets des députés des travailleurs » (art. 3), était en réalité entièrement entre les mains des organes dirigeants du parti communiste, lesquels n'étaient même pas évoqués par la constitution.

l'État [1]. » Mais cet auteur le considérait déjà, il y a un demi-siècle, comme un prototype menacé, dont il jugeait le déclin possible, et d'ailleurs souhaitable. L'évolution contemporaine lui a partiellement donné raison.

A. Un prototype ?

L'État unitaire est « celui qui, sur son territoire et pour la population qui y vit, ne comporte qu'une seule organisation politique et juridique [...] dotée, et elle seule, de la plénitude de sa souveraineté [2] ». Comme le précise un auteur, il s'agit d'un État où « la loi est la même pour tous. La volonté politique s'y exprime d'une seule et même voix. Elle s'impose à tous : individus ou groupes ou collectivités politiques [3] ». Ces éléments de définition suscitent un certain nombre de questions, car cet État unitaire est susceptible d'être organisé suivant des modalités distinctes : il pourra être centralisé, ou décentralisé.

1. *L'État centralisé*

L'État est dit centralisé lorsque le gouvernement central dispose de façon exclusive de l'autorité politique, au détriment des collectivités locales. Le pouvoir est alors monopolisé par le centre, et « partout où s'exerce la puissance publique, c'est au nom de l'État et sous son autorité [4]. »

Au cours de l'histoire, cette appropriation a été justifiée tantôt par des raisons pratiques (au moment de

---

1. G. Burdeau, *Traité de science politique, op. cit.*, t. II, p. 316.
2. P. Pactet, *Institutions politiques..., op. cit.*, 12e éd., p. 48.
3. F. Delpérée, *Le Droit constitutionnel de la Belgique*, Bruxelles, Bruylant, 2000, p. 370.
4. G. Burdeau, *Traité de science politique, op. cit.*, t. II, p. 320.

la naissance d'un État souverain, il importe souvent de réduire, voire de supprimer les pouvoirs concurrents, perçus comme des facteurs de division), tantôt par des raisons idéologiques. C'est ainsi que, sous la Révolution française, le centralisme jacobin se réclame de Rousseau pour affirmer qu'il n'y a, en démocratie, qu'un souverain, le peuple, composé de l'ensemble des citoyens, que ce souverain n'a qu'une même « volonté générale », et qu'il ne doit donc exister qu'un seul et unique centre de pouvoir. Ce qui implique que les « corps intermédiaires », provinces, communes, corporations, n'ont aucun titre à exercer la moindre parcelle d'un pouvoir politique, qui serait alors forcément usurpé. Ils ne sauraient avoir, tout au plus, qu'une utilité administrative, dans le cadre de ce que l'on appellera bientôt la « déconcentration ».

En effet, même strictement centralisé, le pouvoir doit être déconcentré. La déconcentration consiste à remettre à des agents locaux de l'État « un pouvoir d'utiliser spontanément des prérogatives de puissance publique en prenant des décisions et en les faisant exécuter[1] ». Un pouvoir centralisé et concentré prendrait lui-même, directement, toutes les décisions, même locales et individuelles, pour l'ensemble du territoire : décisions qui n'auraient plus alors qu'à être *exécutées* par les agents locaux. Mais cela n'est possible, à la rigueur, que lorsque le pays compte au plus quelques milliers d'habitants, et que l'État s'occupe de peu de choses. Cela ne l'est plus dès lors que les fonctions assurées ou la population se développent. Dans ce cas, l'État centralisé est forcé de laisser une certaine marge d'initiative à ses représentants locaux, qui agiront alors en son nom, mais d'une manière plus efficace, parce que plus proche des réalités et des questions locales. La déconcentration apparaît ainsi techniquement indispensable à la centralisation.

1. G. Burdeau, *Traité de science politique, op. cit.*, p. 326.

En France, elle est traditionnellement incarnée par le préfet, représentant de l'État, qui, dans le département, gère lui-même tout ce qui intéresse l'administration centrale. À travers lui, c'est l'État qui intervient : comme l'écrivait Odilon Barrot au XIXe siècle, « c'est toujours le même marteau qui frappe, mais on en a raccourci le manche ».

2. *L'État décentralisé*

Tout autre est le schéma de la décentralisation, puisque, dans ce cas, ce ne sera plus « le même marteau »[1]. Une activité est décentralisée « si c'est une multitude d'organes non centraux qui en ont la maîtrise, c'est-à-dire [qui] décident en fin de compte quelles normes seront édictées, chacun pour une fraction distincte de la collectivité[2] » : en son nom, et non plus au nom de l'État.

La décentralisation territoriale, contrairement à la déconcentration, ne se situe donc plus dans le cadre de l'État – personne morale. Elle implique l'existence, à côté de celui-ci, de collectivités territoriales également dotées de la personnalité morale, et bénéficiant par rapport à lui d'une relative autonomie.

Tel est en France, depuis les lois du 2 mars et du 22 juillet 1982, le cas des différentes collectivités territoriales, départements, communes, et un peu plus tardivement, régions. Sans entrer dans le détail, on peut noter que les organes élus de ces collectivités, conseil municipal et maire dans la commune, conseil général et président du Conseil général dans le département, Conseil régional et président du Conseil régio-

---

1. Sur cette controverse, C. Boutin et F. Rouvillois (dir.), *Décentraliser en France*, F.-X. de Guibert, 2003.

2. C. Eisenmann, *Centralisation et décentralisation*, LGDJ, 1948, p. 16.

nal dans la région, disposent, pour les questions qui les concernent, de larges pouvoirs de décision, ainsi que d'une certaine autonomie financière. À cet égard, on a remarqué à juste titre que, contrairement à la déconcentration, la décentralisation n'est pas seulement technique ou administrative, mais proprement *politique*. Elle vise certes à améliorer le fonctionnement pratique de la machine institutionnelle, mais aussi et surtout à rendre des pouvoirs à la base : à instaurer, au niveau local où elle apparaît particulièrement utile et légitime – dans la mesure où elle concerne réellement les citoyens –, une démocratie véritable.

Toutefois, cette autonomie qui caractérise la décentralisation est forcément relative et limitée. « La décentralisation, observait Georges Burdeau, est un régime de liberté surveillée [1]. » Elle se situe en effet, on ne saurait l'oublier, dans le cadre de l'État unitaire. Or, celui-ci ne peut admettre le développement en son sein de petits « États dans l'État », libres de leurs décisions, de leurs mouvements, de leurs relations internationales, et susceptibles le cas échéant de s'opposer à l'intérêt général de l'ensemble. Il est donc inévitable que l'État central se réserve un droit de regard, plus ou moins rigoureux, que l'on qualifie juridiquement de *tutelle*, sur les décisions prises par les collectivités décentralisées.

C'est à ce niveau que vont apparaître les variations les plus notables, la décentralisation étant susceptible de degrés et de gradations – suivant l'intensité du contrôle exercé par l'État.

Si les décisions de la collectivité locale ne sont « exécutoires » qu'après avoir été approuvées expressément par l'autorité centrale, cette dernière en demeure, juridiquement, le coauteur. La décentralisation paraît alors très réduite. Elle l'est un peu moins lorsque

1. G. Burdeau, *Traité de science politique, op. cit.*, t. II, p. 352.

l'État ne dispose plus que d'un droit de veto : c'est-à-dire, de la possibilité de bloquer la décision lorsqu'elle lui semble inopportune, puisque dans ce cas, celle-ci sera applicable sauf intervention expresse de l'État.

La décentralisation apparaît en revanche assez poussée lorsque l'autorité centrale ne conserve que la possibilité de contester, devant une juridiction, la légalité des décisions de la collectivité locale. Tel est le cas en France depuis les lois de 1982 : le préfet, s'il n'est pas d'accord avec les choix d'un conseil municipal ou général, n'a plus comme auparavant la possibilité de bloquer la décision. Il doit, pour ce faire, s'adresser au tribunal administratif compétent, qui jugera si, oui ou non, la décision contestée était légale : si elle l'est, elle sera applicable, quoi qu'en pense le représentant de l'État.

Au-delà encore, on rencontre un cas qui tend à devenir de plus en plus fréquent, où la décentralisation atteint un degré extrême – au point qu'on en vient à se demander s'il s'agit toujours de décentralisation, et si l'on se situe encore dans le cadre classique de l'État unitaire. C'est à ce propos que l'on peut s'interroger sur le déclin annoncé de ce modèle.

B. Un prototype menacé

1. *La question de l'« État régional »*

Ce qu'on appelle désormais communément l'« État régional » manifeste en effet une décentralisation poussée à son paroxysme, et suscite une certaine perplexité : s'agit-il d'un État unitaire, ou d'une forme nouvelle d'État, d'une forme transitoire, assimilable à une quasi-fédération ?

Le « régionalisme politique [1] » avait connu un premier essai avec la formule inaugurée par la Constitution

1. G. Burdeau, *Traité de science politique, op. cit.*, t. II, p. 346.

de la République espagnole du 7 décembre 1931. Le principe en était affirmé dès l'article 1er : « la République constitue un État intégral compatible avec l'autonomie des communes et des régions ». Dans ce cadre, en vertu de l'article 16, la compétence législative de *droit commun* était dévolue aux régions autonomes, l'État central n'ayant plus qu'une compétence d'attribution, pour les matières énumérées dans l'article 14. Ces règles législatives, établies le cas échéant par les régions autonomes, n'étaient elles-mêmes subordonnées qu'à des lois spéciales, adoptées par le parlement (les *Cortès*) à la majorité des deux tiers, fixant en cas de nécessité les principes auxquels les normes régionales devaient se conformer. Si l'on considère le contexte, et le fait que ces dispositions furent adoptées sous la pression des indépendantistes catalans (qui, le 15 avril 1931, avaient proclamé la République catalane au cri, un peu ambigu, de « Vive la Catalogne indépendante dans l'Espagne libre et républicaine [1] »), on est tenté de parler ici d'un quasi-fédéralisme.

Mais la Constitution espagnole, née d'une révolution, ne survivra que durant quelques années houleuses. Elle n'a jamais véritablement représenté un modèle, et c'est à partir de la Constitution italienne du 27 décembre 1947 que l'« État régional » a pu être conceptualisé : celle-ci dispose en effet dans son article 5 que « la République, une et indivisible, reconnaît et favorise les autonomies locales ; réalise dans les services qui dépendent de l'État la plus ample décentralisation administrative ; adapte les principes et les méthodes de sa législation aux nécessités de l'autonomie et de la décentralisation ». Ainsi, tout en conservant formellement le principe d'un État unitaire, la Constitution de 1947 promeut les autonomies

1. Cité *in* L. Boissier et B. Mirkine-Guetzévitch, *Annuaire interparlementaire,* Delagrave, 1932, p. 312.

locales, reconnaissant aux (dix-neuf) régions le caractère d'« organismes autonomes ayant des pouvoirs particuliers et des fonctions particulières selon les principes fixés dans la Constitution » (art. 115). Dans certaines matières énumérées par le texte constitutionnel, et « dans les limites des principes fondamentaux fixés par les lois de l'État », les régions établissent en particulier des règles « législatives », « à condition que ces mêmes règles ne soient pas en opposition avec l'intérêt national et avec celui d'autres régions ». Selon l'article 134, c'est à la Cour constitutionnelle qu'il appartient de se prononcer le cas échéant « sur les controverses relatives à la légitimité constitutionnelle des lois – et des actes ayant force de loi – de l'État et des régions ». Enfin, l'article 116 distingue cinq régions « auxquelles sont attribuées des formes et des conditions particulières d'autonomie selon des statuts spéciaux adoptés par des lois constitutionnelles ».

Cette orientation, désormais admise et favorisée par la Cour constitutionnelle italienne, s'est même récemment accentuée, en dehors de toute révision, par une loi du 15 mars 1997, qui attribue des fonctions et des pouvoirs (notamment financiers) encore accrus aux différentes régions, ainsi qu'aux autres collectivités locales – certains allant jusqu'à parler à ce propos d'un « fédéralisme administratif ».

Depuis quelques décennies, cette tendance s'est répandue dans toute l'Europe, en particulier dans la Constitution espagnole[1] du 27 décembre 1978, ou dans le cadre britannique, avec la dévolution des pouvoirs en Écosse et au pays de Galles en 1997, puis avec le nouveau statut de l'Irlande du Nord en 1998.

1. Dont l'article 2, d'une part, rappelle que la constitution est fondée sur « l'unité indissoluble de la nation espagnole, patrie commune et indivisible de tous les Espagnols », et d'autre part, « reconnaît et garantit le droit à l'autonomie des nationalités et des régions ».

Quant à la France, elle semble, depuis la Loi constitutionnelle du 28 mars 2003 « relative à l'organisation décentralisée de la République », qui consacre le principe de l'« expérimentation » institutionnelle, sur le point de se laisser tenter.

2. *Un quasi-fédéralisme ?*

Pour autant, cette tendance implique-t-elle une remise en cause fondamentale de l'État unitaire ?

Il semble certes n'y avoir qu'un pas entre la « région autonome », de type italien ou espagnol, et l'État fédéré. Les régions autonomes ne disposent pas formellement du pouvoir constituant, mais elles participent directement à l'élaboration de leur propre statut. Elles n'ont qu'une participation limitée à l'exercice du pouvoir étatique, mais il n'en va pas autrement, au fond, dans la plupart des systèmes fédéraux. Par ailleurs, ces collectivités bénéficient d'une réelle autonomie (en matière financière : les régions italiennes couvrent jusqu'à 70 % de leurs dépenses par des ressources fiscales propres), ainsi que d'un véritable pouvoir législatif. À beaucoup d'égards, on a le sentiment d'être en présence d'une catégorie transitoire, d'un quasi-fédéralisme qui, d'un certain point de vue, semble remettre en cause la division binaire classique entre l'État unitaire et l'État composé.

Pourtant, on peut considérer à l'inverse que tant que le pas n'est pas franchi, on demeure somme toute dans le cadre de l'État unitaire – un État unitaire ultra-décentralisé, certes, mais qui pour autant n'a pas encore perdu sa nature propre. Et que, au contraire, dès que ce pas a été franchi, on se trouve dans un système fédéral – hypothèse d'autant plus défendable que cette dernière forme, on va le voir maintenant, se caractérise à beaucoup d'égards par son ambiguïté.

Sous-section 2

L'État composé

Avant d'évoquer plus précisément l'État composé, qui de nos jours se confond à peu près avec l'État fédéral, il faut s'arrêter brièvement sur deux points : la question de la confédération, et celle des « unions d'États ».

Malgré sa dénomination, la *confédération* ne constitue pas, en principe, un État composé, mais un ensemble d'États, qui conservent leur nature et leur souveraineté, et dont, par suite, « les relations restent d'ordre international, parce qu'il n'est créé aucun organisme politique qui soit un super État[1] » par-dessus ces différentes composantes.

Ce mode de relations, assez courant dans l'Antiquité, est précisément celui qu'adoptent, en 1778, les treize États américains qui viennent de proclamer leur indépendance, et qui, comme tels, se montrent jaloux de leur souveraineté fraîchement acquise. Mais cette organisation « confédérale » ne durera que peu de temps, s'avérant bientôt insuffisante et inefficace : c'est pour y mettre bon ordre que la Constitution de 1787 établira un système fédéral. C'est également ainsi que s'organisent les cantons suisses, du XIVe siècle à 1848, date à laquelle la « Confédération suisse » va adopter, elle aussi, une Constitution fédérale.

Même si elle se situe dans l'ordre international, la confédération instaure entre ses membres une relation relativement étroite, qui se manifeste par la création d'organes communs, réunissant des représentants des différents États. Ces organes, permanents ou siégeant périodiquement, sont chargés de traiter des affaires communes expressément prévues par le traité créant

1. M. Hauriou, *Droit constitutionnel*, *op. cit.*, p. 128.

la confédération ; cependant, ils ne peuvent en principe prendre de décisions qu'*à l'unanimité* (chaque État membre conservant ainsi un droit de *veto*), et ils ne forment donc pas un nouvel État souverain, distinct des confédérés – lesquels peuvent à tout instant sortir de la confédération. Cette dernière apparaît ainsi comme une structure assez incertaine, et plutôt fragile. Il s'agit souvent d'une forme de transition, préalable à un retour à l'indépendance complète des États membres ou, au contraire, à l'accession à une structure fédérale. Telle est du reste la question posée par l'évolution actuelle de l'Union européenne, initialement confédérale, mais qui, de plus en plus vite, tend à se rapprocher du modèle fédéral.

Si la confédération n'est pas un État composé, appartiennent en revanche à cette catégorie les « unions d'État » : unions « personnelles », quand deux États sont unis par la personne de leur monarque (comme l'Angleterre et le royaume de Hanovre de 1714 à 1837), ou unions « réelles », lorsque deux États sont réunis non seulement par le même chef, mais par un gouvernement et un appareil étatique partiellement communs (par exemple, l'union entre l'empire d'Autriche et le royaume de Hongrie de 1865 à 1918). Mais ces États composés constituent des formes archaïques, désormais à peu près disparues. De nos jours, les fédérations restent le seul exemple significatif d'État composé. Un exemple qui suscite d'ailleurs d'innombrables difficultés, tant pratiques que théoriques.

A. Modalités d'organisation

Par définition, un système fédéral apparaît plus complexe qu'un État unitaire, dans la mesure où il *associe* des collectivités étatiques distinctes, qui vont former en quelque sorte le premier étage de la fédération, avant de leur superposer un second étage : l'État fédéral, situé au-dessus des États fédérés. C'est ainsi que les États-Unis comptent cinquante États fédérés, réunis dans et dominés par un État fédéral.

La fédération se caractérise toujours par cette *superposition* d'ordres juridiques et institutionnels : ceux des différents États fédérés, et celui de l'État fédéral, qui recouvre l'ensemble du territoire et s'impose à la population des différents États fédérés. La particularité du système vient de ce que chacun des États fédérés demeure en théorie un véritable État, avec sa constitution propre, son organisation politique, sa capitale, son drapeau, et même sa nationalité spécifique, chaque citoyen bénéficiant ainsi d'une double nationalité, celle de l'État fédéré où il réside, et celle de la fédération. La seule différence, mais elle est essentielle, entre un État fédéré et un État unitaire « classique », vient de ce que le premier ne dispose pas de la plénitude de la souveraineté, qui se trouve divisée, ou répartie, entre lui et la fédération.

En l'occurrence, la question cruciale est donc celle des rapports entre les deux étages, entre les États fédérés et la fédération, et naturellement, celle de leur *équilibre*. Il faut en effet, pour que le système fédéral soit efficace et viable, que les institutions de la fédération puissent prendre un certain nombre de décisions importantes sans être constamment entravées par l'opposition d'un ou de plusieurs États fédérés. Telle fut même la raison pour laquelle les treize premiers États américains renoncèrent à une organisation confédérale pour adopter, en 1787, un système fédéral. Mais à l'inverse, il faut également que les États fédérés conservent un certain pouvoir, et un droit de contrôle sur l'État fédéral – sans quoi celui-ci prendrait inévitablement le dessus : il ne s'agirait plus d'une véritable fédération, mais d'un nouvel État unitaire.

Pour parvenir à perpétuer cet équilibre, les constitutions fédérales proposent d'ordinaire deux séries de moyens cumulatifs : l'organisation de la répartition des compétences entre la fédération et les États fédérés ; et la possibilité, garantie à ces derniers, de participer à l'exercice du pouvoir fédéral.

1. *La répartition des compétences*

En général, la constitution fédérale réserve à la fédération un certain nombre de matières limitativement énumérées, qui concernent l'intérêt de l'ensemble des composantes. Inversement, les États fédérés conservent une compétence de principe. L'article 3 de la Constitution fédérale suisse du 18 avril 1999, par exemple, dispose que les cantons « sont souverains en tant que leur souveraineté n'est pas limitée par la Constitution fédérale ». Ce qui signifie qu'ils demeurent en général compétents pour leurs affaires particulières et parfois même pour établir leurs propres constitutions. C'est ainsi que les États américains, et plus encore les cantons helvétiques, peuvent présenter entre eux des différences institutionnelles très significatives [1]. Toutefois, cette autonomie constitutionnelle n'existe pas toujours (ainsi, en RFA ou en Autriche), et elle ne se conçoit que relative : les États fédérés américains ne sauraient être des monarchies, et les constitutions cantonales suisses ont l'obligation d'être écrites, démocratiques, acceptées par référendum et révisables sur initiative populaire. Pour le reste, il peut exister certaines compétences partagées entre les États fédérés et la fédération, selon une clé de répartition variable énoncée dans la constitution fédérale.

Cette question des compétences respectives attribuées aux deux étages est évidemment d'une grande

---

1. A. Auer, G. Malinverni et M. Hottelier, *Droit constitutionnel suisse*, Berne, Stæmpfli, 2000, t. I, p. 60.

importance. D'où la nécessité d'un contrôle strict de cette répartition, et donc, la présence indispensable d'un organe juridictionnel, souvent appelé Cour suprême, chargé d'assurer ce contrôle et de sanctionner les atteintes à la répartition prévue par la constitution – qu'elles soient le fait de la fédération ou des États fédérés.

2. *La participation au pouvoir*

Le second moyen d'assurer l'équilibre entre les deux étages du système consiste à permettre aux États fédérés de participer à l'exercice du pouvoir fédéral, *législatif* et, bien sûr, *constituant*.

En ce qui concerne le premier, on constate que, dans les États fédéraux, il existe en principe, à côté d'une assemblée parlementaire qui représente l'ensemble de la population de la fédération, une seconde chambre, chargée de représenter les États fédérés : le fédéralisme implique normalement le bicamérisme. C'est ainsi qu'aux États-Unis les États fédérés sont représentés sur un pied d'égalité (quel que soit par ailleurs leur poids démographique) au sein du Sénat fédéral : chacun des cinquante États américains y envoie deux sénateurs. En Suisse, la première Constitution fédérale, en 1848, s'inspirait déjà du modèle américain. À l'heure actuelle, la Constitution de 1999 prévoit, à côté d'un *Conseil national* composé, comme son nom l'indique, de 200 représentants du peuple élus par le corps électoral fédéral, un *Conseil des États*, où siègent quarante-six députés des cantons désignés par les corps électoraux cantonaux [1] – ces deux conseils constituant à eux deux l'*Assemblée fédérale*. À cet égard, on peut observer qu'en Suisse, les

1. Soit deux par canton, sauf pour certains petits cantons, qui n'ont qu'un seul représentant (art. 150 al. 2).

règles relatives à l'éligibilité, au mode d'élection et même à la durée du mandat relèvent du droit cantonal, et sont donc variables.

Les deux chambres, celle qui représente le peuple de la fédération et celle qui représente les États fédérés, auront, suivant les cas, des attributions équivalentes, ou non. En Suisse, leurs pouvoirs sont strictement identiques, ce qui implique qu'aucune d'elles ne peut imposer sa volonté à l'autre. Si l'on prévoit bien, comme en France, une « procédure d'élimination des divergences », également baptisée « navette » (voir *Droit constitutionnel. La Ve République*, p. 241), l'absence d'accord à l'issue de cette procédure se traduira par l'abandon de l'ensemble du projet : aucune des deux chambres n'aura le dernier mot. Cependant, il arrive aussi que les chambres disposent d'attributions inégales, inégalité qui peut profiter à l'assemblée représentant la fédération (c'est le cas en Allemagne fédérale, avec le Bundestag), ou à l'inverse, à celle qui représente les États, comme aux États-Unis, où le Sénat dispose d'un pouvoir et d'un prestige incontestablement supérieurs à ceux de la Chambre des représentants.

Associés à l'exercice du pouvoir législatif, les États fédérés le sont également à celui du pouvoir constituant. Cette participation apparaît d'ailleurs encore plus indispensable que la précédente, dès lors que c'est la constitution fédérale qui organise les rapports et répartit les compétences entre les deux niveaux[1]. Cette importance cruciale, puisque en dépend l'existence même du système fédératif, se manifeste notamment à travers la procédure de révision de la constitution fédérale. Dans de nombreux systèmes fédéraux, cette révision implique en effet la participa-

1. Elle est en effet « le seul fondement juridique et la seule garantie de la forme juridique de l'État », note G. Burdeau, *Traité de science politique*, *op. cit.*, t. II, p. 413.

tion directe des États membres, soit au niveau de l'initiative (aux États-Unis, celle-ci peut émaner du Congrès, ou des deux tiers des États), soit au stade de la ratification (elle doit être adoptée par les trois quarts des États aux États-Unis, et par la majorité des votes cantonaux en Suisse).

Enfin, toujours en lien avec l'importance de la constitution fédérale, on doit souligner que la Cour chargée du contrôle de la constitutionnalité peut émaner en partie des États fédérés ou de leurs représentants. Aux États-Unis, les membres de la Cour suprême sont ainsi nommés par le Président, mais avec l'accord du Sénat. En Allemagne fédérale, les membres du tribunal constitutionnel sont élus, moitié par le Bundestag, moitié par le Bundesrat (art. 94 de la Loi fondamentale du 23 mai 1949). Dans le même sens, la transformation de la Belgique en État fédéral a eu pour conséquence la création d'une juridiction spécifique, la Cour d'arbitrage (art. 142 de la Commission belge) qui, composée de douze juges nommés à vie par le roi, présente la particularité de se plier au principe de parité linguistique, lequel renvoie à la division de la Belgique en régions linguistiquement homogènes : la Cour se divise en deux groupes linguistiques qui élisent chacun un président, lesquels alternent chaque année à la tête de la Cour.

B. Les difficultés du fédéralisme

Si, sur un plan juridique, la construction fédérale apparaît relativement satisfaisante, elle recèle un certain nombre de difficultés, d'ordre pratique et théorique. Parmi ces dernières, on peut évoquer la prétention à réunir en une seule et même catégorie un phénomène politique aussi répandu que polymorphe. Cependant, les principaux problèmes se ramènent tous à une même cause : au fait que le système fédéral opère, par définition, une *dissociation de la souveraineté.*

1. *Les difficultés pratiques*

Le fédéralisme, on vient de le voir, est un système complexe, fondé sur un équilibre dans le partage de la souveraineté entre la fédération et les États fédérés : équilibre capital, mais qui risque à tout moment de se rompre au profit de l'un ou des autres, ce qui, à terme, impliquerait un retour à la forme de l'État unitaire. « Tout pays fédéré, notait ainsi Léon Duguit, marche vers la centralisation politique ou la dislocation [1]. »

a. Vers la centralisation

À la faveur d'événements extérieurs, de guerres, de crises, il arrive que la fédération finisse par se tailler la part du lion, et, interprétant à son profit les dispositions constitutionnelles, qu'elle parvienne à réduire à peu de choses les compétences des États fédérés.

À ce propos, il faut évoquer l'exemple américain, typique de ce genre d'évolution. Dès l'origine des États-Unis, le rapport entre les deux étages, et donc entre les deux souverainetés, a été perçu et vécu comme le problème essentiel. En 1787, au sein de la Convention de Philadelphie qui élabore la nouvelle Constitution, on constate ainsi une vive opposition entre ceux qui défendent les États et ceux qui, comme Madison, affirment que leur souveraineté « est d'un caractère très particulier, et ne s'oppose point à l'établissement d'un pouvoir central, d'une souveraineté fédérale proprement dite, supérieure à celle des États [2] ». Pourtant, en septembre 1787, lorsqu'on adopte la nouvelle Constitution, cette question fondamentale est laissée dans l'ombre afin d'éviter un

---

1. L. Duguit, « Le conflit de la souveraineté fédérale et de la souveraineté locale aux États-Unis d'Amérique », *Revue d'économie politique*, t. VIII, 1894, p. 59.

2. Cité *ibid.*, p. 45.

conflit ouvert, que l'on devine insoluble : ce silence empoisonnera la vie politique américaine au moins jusqu'à la guerre de Sécession, qui s'achève en 1865. Or, celle-ci ne fut, dans une large mesure, qu'une conséquence de cette incertitude : au-delà de la question de l'esclavage se posait en effet celle des rapports entre fédération et États fédérés. Ceux-ci étaient-ils souverains ? S'ils l'étaient encore, ils avaient le droit de faire sécession après avoir constaté la nullité des dispositions fédérales contraires à leur propre Constitution, et de ne pas en tenir compte sur leur propre territoire [1]. Si, en revanche, ils n'en avaient pas le droit, c'est qu'ils n'étaient plus souverains. Mais alors, ils ne formaient plus des États, ils étaient devenus de simples entités décentralisées.

La guerre de Sécession va trancher dans ce sens : par la suite, telle sera l'orientation générale de l'évolution, qui se traduira par la tendance du Congrès à « empiéter de plus en plus sur le domaine législatif des États [2] », ainsi que par le renforcement progressif, bientôt spectaculaire et irrésistible, des pouvoirs de l'exécutif fédéral. Après 1865, l'autre date clé dans le processus de démembrement de la « souveraineté des États » est sans doute 1933 et le début de la « révolution du New Deal » lancée par le président Roosevelt. Au nom de la démocratie, qui conduit à considérer les citoyens indépendamment des corps intermédiaires auxquels ils appartiennent, et au nom de l'efficacité, qui oblige à simplifier et à accélérer les procédures, cette « découverte de l'État [3] » n'a pu se réaliser qu'au détriment des instances fédérées – la Cour suprême, initialement soucieuse de protéger leurs compétences,

1. C'est le « droit de nullification », théorisé notamment par un juriste et homme politique favorable aux États fédérés, John C. Calhoun (1782-1850).

2. L. Duguit, « Le conflit de la souveraineté... », art. cité, p. 54.

3. G. Burdeau, « Le New Deal, ou comment les Américains ont découvert l'État », *Critique*, octobre 1961, n° 173, p. 894-906.

se trouvant finalement contrainte de rentrer dans le rang. Cette tendance n'a fait que s'amplifier au cours des décennies suivantes, émaillées de guerres et de crises : et ce n'est pas sans raisons que, depuis les années 1970, nombre d'observateurs s'interrogent sur « la fin du fédéralisme [1] ».

Dans le même sens, mais suivant un processus plus rapide et encore plus caractéristique, on peut évoquer le cas du fédéralisme allemand contemporain. La dimension fédérale de l'État se trouve expressément inscrite dans l'article 20 de la loi fondamentale de 1949, lequel interdit même toute révision constitutionnelle qui porterait atteinte à la structure fédérale ainsi qu'aux pouvoirs des *Länder*, et notamment à leur participation à la législation fédérale à travers le Bundesrat. Il s'agit donc d'une règle élevée, littéralement « supra-constitutionnelle », établie par réaction au centralisme absolu de l'État nazi qui, par une loi du 31 janvier 1934, avait aboli d'un trait de plume la structure fédérale séculaire de l'État allemand. Désormais, personne ne peut plus, dans le cadre constitutionnel, la remettre en cause.

Et pourtant, on note un progrès considérable de la centralisation au profit de l'État fédéral, dont les compétences se sont rapidement étendues – en particulier dans le domaine législatif, lorsque la Constitution prévoyait des compétences concurrentes entre le *Bund* et les *Länder*. À cet égard, le Tribunal constitutionnel de Karlsruhe a eu tendance à accorder systématiquement la priorité à la loi fédérale. De même, en matière financière, le *Bund* réglemente désormais, ou contrôle étroitement, la quasi-totalité des ressources fiscales.

---

1. Voir H. Kempf et M.-F. Toinet, « La fin du fédéralisme aux États-Unis », *RFSP*, 1980, p. 735. Il est vrai que l'on note aussi, depuis une quinzaine d'année, une réaction en sens contraire, appuyée depuis 1996 par la Cour suprême elle-même (T. Conlan, *The Challenge of Dual Sovereignty*, CFE/IFRI, 2001).

Transferts « indéniables et impressionnants[1] », dont les *Länder* sont les victimes, mais aussi les complices, ne désirant manifestement pas résister à cette tendance.

b. Vers la dislocation

Mais les crises peuvent également jouer aux dépens de la fédération, et au profit de la périphérie : dans le sens d'un éclatement, d'un retour à l'autonomie des États fédérés. C'est ce qu'on a constaté à une époque récente à propos des anciennes fédérations du camp socialiste. En Yougoslavie, en Tchécoslovaquie et même en URSS, l'unité fédérale n'a pas survécu à la chute du régime.

« État fédéral multinational[2] », l'Union soviétique était constituée de quinze Républiques fédérées, certaines d'entre elles englobant à leur tour des républiques autonomes, des régions autonomes et des territoires nationaux. En 1922, le traité sur la formation de l'URSS avait reconnu à ce propos que les Républiques s'unissent de leur plein gré, de manière égalitaire, et que « leur souveraineté reste intacte, le droit étant réservé à chacune d'elles de quitter l'Union[3] ». En théorie, les Républiques fédérées, constituées sur une base nationale, jouissaient effectivement de prérogatives souveraines : organisation gouvernementale particulière, constitution et représentation propres, compétence de droit commun, etc. Par ailleurs, elles participaient en tant que telles au pouvoir fédéral, étant représentées dans le « Soviet des nationalités » qui, aux côtés du « Soviet de l'Union », formaient le parlement bicaméral de l'URSS, le

1. C. Grewe, « Bilan et perspective du fédéralisme », *Pouvoirs*, n° 22, 1982, p. 34.

2. Voir N. Farberov, « Le fédéralisme soviétique », in *L'État soviétique et le droit*, Moscou, Éditions du Progrès, 1971, p. 92.

3. *Ibid.*, p. 98.

« Soviet Suprême ». Mais la réalité était tout autre, ces Républiques devant se plier strictement aux principes du marxisme-léninisme, ce qui impliquait un certain nombre de conséquences institutionnelles : uniformité constitutionnelle, contrôle étroit par le gouvernement fédéral, obligation d'appliquer les directives fondamentales posées par celui-ci, etc. Et en cas de conflit entre les deux souverainetés ? La question, fondamentale, était purement et simplement évacuée : « dans l'État fédéral soviétique, il n'y a pas de place aux disputes pour savoir qui, de la Fédération ou de ses sujets, est porteur de la souveraineté ». Un pareil conflit est « impensable en URSS », car « toutes les Républiques sont intéressées au renforcement de l'État fédéral »[1].

Cette unanimité de façade ne résistera pas à l'affaiblissement du régime. Dès la fin des années 1980, la Fédération va éclater par vagues successives. En 1987-1988, c'est la République fédérale d'Estonie qui adopte une « déclaration de souveraineté » affirmant, point capital, la primauté du droit estonien sur le droit soviétique. Au cours d'une seconde vague, en 1990, ce même principe de souveraineté se trouve proclamé dans l'ensemble des Républiques fédérées. Enfin, la même année, un certain nombre de Républiques se prévalent de l'article 72 de la Constitution soviétique pour réclamer le droit à la sécession et l'indépendance. Face à ce mouvement général, les réactions du gouvernement fédéral apparaissent désordonnées et inefficaces. Le mouvement de désagrégation est lancé, on ne l'arrêtera plus, et l'échec du coup d'État « conservateur » du 17 août 1991 ne fera que l'accélérer. Au mois de décembre 1991, les présidents des Républiques de Russie, d'Ukraine et de Biélorussie déclarent solennellement que l'URSS n'existe plus en tant qu'État, et mettent en

1. N. Farberov, *op. cit.*, p. 103.

place une nouvelle entité confédérale à la dénomination révélatrice : la CEI, Communauté des États indépendants (8 décembre 1991). Parallèlement, l'ancienne République de Russie, qui formait le noyau dur de l'ancienne URSS, conserve la forme d'une fédération en vertu d'un « pacte fédéral » adopté le 31 mars 1992 entre le pouvoir central russe et les différentes composantes de la nouvelle fédération, mosaïque complexe de vingt-trois républiques, six territoires, quarante-neuf régions, deux villes d'importance fédérale et onze entités autonomes... En vertu de ce pacte, la Fédération de Russie dispose d'abord de compétences exclusives pour tout ce qui intéresse la coordination et l'unité de l'ensemble. Apparemment, c'est bien à elle qu'appartient l'essentiel du pouvoir. Mais le tableau est moins clair qu'il y paraît. Alors que certains observateurs constatent la persistance d'une tendance à la dislocation, comme si le mouvement amorcé en 1990 devait se poursuivre inexorablement[1], d'autres discernent une tendance contraire, et voient dans le président Poutine, réélu en 2004, l'artisan de la reconstruction d'un État unitaire. De fait, dès septembre 2004, celui-ci a annoncé son intention de renforcer « radicalement » le pouvoir central et l'autorité exercée par le Kremlin sur les entités fédérées. Ce qui confirme, au fond, l'impression initiale : seul un « coup de force » peut empêcher la dislocation de la Fédération.

L'État belge offre un autre exemple de cette dynamique de l'éclatement. À sa naissance en 1831, la Belgique, sous l'influence du modèle français, avait choisi de former un État unitaire pour des raisons d'efficacité. Un siècle et demi plus tard, la révision constitutionnelle du 24 décembre 1970 établit des collectivités politiques, les Communautés, à propos desquelles on parle déjà, à

1. M. Mendras, *Le Monde*, 13 octobre 1998.

l'époque, d'un « préfédéralisme [1] ». Celles-ci disposent en effet d'un pouvoir législatif et de compétences propres, exclusives de tout contrôle de tutelle, qui ne sont subordonnées qu'aux dispositions constitutionnelles. C'est dans le prolongement de cette innovation que le fédéralisme va se mettre en place, par étapes successives, en 1980, 1988 et 1993. Désormais, précise l'article 1er de la Constitution, « la Belgique est un État fédéral, qui se compose des communautés et des régions [2] ». Un fédéralisme très poussé, notamment en ce qui concerne la participation des collectivités fédérées au pouvoir fédéral, puisque le Conseil des ministres, qui détermine la politique de l'État fédéral, doit être composé de manière paritaire (art. 99, al. 2), comptant autant de ministres d'expression française que d'expression néerlandaise. Un fédéralisme si poussé qu'on a pu se demander si la fédéralisation, consacrée par la Constitution du 17 février 1994, n'était pas un prélude à l'éclatement du pays en deux (ou trois) États unitaires, éventuellement en passant par l'étape d'une Confédération d'États [3].

On peut noter pour conclure ces développements que dans les deux cas, au profit de la fédération ou à ses dépens, le mouvement d'évolution semble presque inévitable, et qu'il tend à chaque fois à rapprocher du modèle, logiquement dominant, de l'État unitaire – que la fédération se centralise autour de l'État fédéral, ou qu'elle se disloque, chacun des éléments de l'ensemble ancien accédant au statut d'État unitaire.

---

1. F. Delpérée, *Le Droit constitutionnel de la Belgique*, *op. cit.*, p. 382.

2. Les trois régions étant la région wallonne, la région flamande et la région bruxelloise (art. 3) ; quant aux Communautés, qui sont distinctes à la fois de l'État fédéral et des régions, il s'agit de la Communauté française, de la Communauté flamande et de la Communauté germanophone (art. 2).

3. Sur la réforme de juillet 2001, voir F. Delpérée, « Belgique, la nouvelle vague fédéraliste », *RFDC*, n° 48, 2001, p. 675 sq.

2. *Les difficultés théoriques*

C'est parce que la souveraineté ne parvient pas à se scinder que surgissent les difficultés pratiques que l'on vient d'évoquer. Mais cette division de la souveraineté suscite également de graves difficultés d'ordre théorique. « La constitution d'un pays fédéré, constatait Léon Duguit, est en elle-même *contradictoire*; elle impose sur le même territoire et aux mêmes hommes deux autorités souveraines; or, par définition même, la souveraineté politique ne peut être limitée par une autre souveraineté; la conception de l'État mi-souverain imaginée par les juristes n'est qu'une hypothèse commode. Dans deux souverainetés rivales, l'une absorbera l'autre fatalement [...]. La loi est générale[1]. » Si, en effet, on définit l'État par sa souveraineté, et celle-ci, par sa suprématie et son indivisibilité, comment admettre que les deux niveaux du système fédéral constituent des États au sens propre? En fait, on peut imaginer plusieurs réponses.

Première réponse : on conserve la souveraineté comme critère de l'État. Mais cela signifie alors que l'un des deux éléments du système, n'étant pas souverain, n'est pas réellement un État – celui-ci pouvant être l'étage supérieur (comme c'est encore le cas de l'Union européenne), ou à l'inverse, le niveau inférieur, qui ne forme plus, malgré le nom et les apparences, qu'une collectivité non souveraine, infra-étatique, à l'intérieur d'un État devenu unitaire. Les cantons suisses, par exemple, sont considérés par la doctrine helvétique comme des « quasi-États[2] » : tout se passe comme s'ils étaient « des États à part entière », à cette différence près que leur « autonomie est relative, c'est-à-dire qu'elle ne peut se déployer

1. L. Duguit, « Le conflit de la souveraineté... », art. cité, p. 59.
2. A. Auer, G. Malinverni et M. Hottelier, *Droit constitutionnel suisse*, *op. cit.*, p. 298.

que dans le cadre tracé par l'État central [...]. L'ensemble des attributions des États fédérés et la manière dont ils en font usage sont soumis aux exigences d'un ordre juridique supérieur ». En d'autres termes, les États fédérés « ne sont pas souverains »[1] : ils ne sont donc pas véritablement des États. Plus généralement, on doit en conclure que seuls des États unitaires peuvent exister.

Seconde réponse possible : la notion de la souveraineté comme critère essentiel de définition de l'État est abandonnée[2]. On peut alors concevoir sans difficulté l'idée d'une fédération, combinant un État fédéral et des États fédérés. Mais en ce cas, malheureusement, on ne sait plus trop, faute d'un critère fiable, ce que c'est qu'un *État*, de même qu'on ne peut plus distinguer l'État fédéral de l'État « régional » ou de l'État unitaire décentralisé.

C'est pourquoi la solution la plus satisfaisante sur un plan théorique est peut-être celle qu'évoquaient Léon Duguit ou Carl Schmitt. Celle-ci présente l'intérêt d'envisager le problème non plus sur un mode statique, comme les précédentes, mais de manière dynamique. L'État fédéral, explique Schmitt, est fondé sur des antinomies, des contradictions logiques et politiques : et en premier lieu, sur l'irréductible contradiction entre la souveraineté des États et celle de la fédération. Ce que souligne Schmitt, c'est, précisément, que le système fédéral se caractérise par le fait

---

1. *Droit constitutionnel suisse, op. cit.*, p. 299-300 : « le principe de la primauté de l'ordre juridique fédéral est en réalité inhérent à la notion même de fédéralisme [qui] implique nécessairement soumission de la périphérie au centre, subordination de l'ordre juridique étatique à l'ordre juridique fédéral ».

2. Ou plutôt, il est remplacé par d'autres : ce qui consiste à admettre, soit que la souveraineté, notamment externe, peut être simplement relative, partielle et partagée, sans pour autant que la nature de l'État soit remise en question; soit qu'on peut lui substituer sans dommage des critères alternatifs, comme celui que propose G. Burdeau, fondé sur les notions de pouvoir et d'idée de droit.

que la question de la souveraineté n'a pas encore été résolue, qu'elle « reste toujours pendante entre fédération et États membres », et que la fédération n'existe qu'aussi longtemps qu'elle demeure posée. Lorsqu'elle ne se pose plus, parce qu'elle a été tranchée irrévocablement dans un sens ou dans l'autre, on a affaire en réalité à un, ou à une pluralité, d'États unitaires souverains. C'est ainsi que la question, aux États-Unis, resta posée jusqu'à la guerre de Sécession, soit pendant trois quarts de siècle : mais, après la guerre, elle fut tranchée au profit de l'État central. C'est pourquoi, même sans être explicitement révisée en ce sens, la Constitution a alors « changé de nature [...], et la fédération en tant que telle a cessé d'exister »[1].

Chapitre III

LES FONCTIONS DE L'ÉTAT

« Il n'y a personne, écrivait Jean Domat à la fin du XVIIe siècle, qui ne soit très persuadé de la conséquence du bon ordre dans un État, et qui ne souhaite sincèrement de voir bien réglé celui où il est obligé de passer sa vie[2]. » D'où la nécessité de ce qu'il appelle le gouvernement – et que nous nommons l'État.

Pourtant, avant de voir de quelle manière celui-ci va remplir son rôle au sein de la société, il importe de

1. C. Schmitt, *Théorie de la Constitution*, *op. cit.*, p. 520 et 522. Sur ces questions, on se reportera aux puissantes analyses d'O. Beaud, notamment à son article « Fédéralisme et souveraineté, Notes pour une théorie constitutionnelle de la Fédération », *RDP*, 1998, p. 83-122.

2. J. Domat, *Le Droit public* [1697], in *Les Loix civiles dans leur ordre naturel*, Durand, 1777, t. II, p. 1.

revenir brièvement sur cette question préalable : l'État est-il effectivement indispensable à l'existence et au bon fonctionnement de la Cité ?

Section I

Une fonction nécessaire

Cette nécessité a été contestée de longue date par des courants de pensée qui, de nos jours, semblent trouver un relais paradoxal dans l'interprétation que certains penseurs ultra-libéraux donnent de l'évolution du monde moderne.

Sous-section 1

Une nécessité contestée

Selon une approche très radicale, l'ordre au sein de la société, et au-delà, tout ce qu'on est en droit d'en attendre, la paix, la prospérité, le bonheur, peut non seulement se passer de l'intervention d'un État, mais s'avère même strictement incompatible avec celle-ci. L'idée a été popularisée, au XVIIIe siècle, à travers le fameux mythe du « Bon Sauvage », étranger à la civilisation, qui foule aux pieds les lois et les sceptres, qui refuse les contraintes qu'on veut lui imposer, et qui, pour cette raison, demeure tel que la nature l'a fait, libre, vertueux et égal à ses semblables. La coercition, la règle, l'autorité ne seraient pas les conditions de l'ordre, mais au contraire, les facteurs d'un désordre artificiel instauré au profit des plus puissants et des plus riches. Telle est la thèse reprise et développée au siècle suivant par la pensée anarchiste, qui récuse à la fois le mot et la chose : l'État, déclare Bakounine, c'est « la domination et la puissance organisées des classes possédantes [1] » sur les masses. D'où un slogan très abrupt, exigeant « l'abolition de l'État politique et juridique, qui est la sanction et la seule garantie de la propriété actuelle [2] », et son remplacement par une fédération de communes organisant la société de bas en haut. Ou encore, « la formation et la prolifération de milliers de centres représentatifs communaux, régionaux et nationaux qui, sans posséder un pouvoir législatif, sont utiles pour faire connaître et pour coordonner les désirs et les intérêts des gens [3] ».

Même si elle présente quelque ressemblance avec la doctrine anarchiste, la pensée marxiste donne à sa contestation de l'État une tout autre ampleur en la situant dans la perspective d'un déterminisme historique. L'État, observe à ce propos Engels, « n'existe pas de toute éternité. Il y a eu des sociétés qui se sont passées de lui, qui n'avaient aucune notion d'État ni de pouvoir de l'État » : les sociétés primitives qui, ne connaissant ni la division du travail, ni la propriété, ignoraient le conflit entre classes sociales antagonistes. Pourtant, « à un certain degré de l'évolution économique qui était nécessairement lié à la scission de la société en classes, cette scission fit de l'État une nécessité ». L'État est né alors du « besoin de tenir en bride les antagonismes de classes » [4] : et, plus précisément, de la volonté de la classe dominante de faire arbitrer les conflits à son profit, de sanctionner par la force les aspirations révolutionnaires de la classe dominée, et

1. Cité *in* L. Comby, « Histoire du mouvement anarchiste », *Cahier de l'Histoire*, n° 96, 1972, p. 19.

2. Cité *in* D. Guérin, *L'Anarchisme*, Gallimard, Folio, 1981, p. 87.

3. E. Malatesta, cité *in* L. Comby, « Histoire du mouvement anarchiste », art. cité, p. 30.

4. F. Engels, *L'Origine de la famille, de la propriété privée et de l'État*, trad. Bracke, Paris, A. Costes, 1948, p. 226 et 229.

de recouvrir cette attitude d'un écran idéologique, la soi-disant neutralité de l'État, qui prétend agir dans l'intérêt général alors qu'il n'est au service que de la classe dominante.

L'État n'existe donc, suivant la pensée marxiste, que dans un *but* déterminé, lui-même lié à un certain contexte historique et économique (la coexistence de classes antagonistes). C'est pour cela qu'il n'a pas toujours existé, pour cela aussi qu'il est nécessairement appelé à dépérir, puis à disparaître, en même temps que cette division de la société – ce qui aura lieu lorsque le prolétariat parviendra au pouvoir. L'État, en effet, deviendra alors superflu, puisqu'il n'y aura « plus de classe sociale à maintenir dans l'oppression[1] ». Ainsi, écrit Engels, les classes sociales « tomberont aussi facilement qu'elles ont surgi. Avec elles inévitablement tombe l'État. La société qui réorganisera la production sur les bases d'une société juste et égalitaire des producteurs transportera toute la machine de l'État là où sera dorénavant sa place : au musée des Antiquités, à côté du rouet et de la hache de bronze[2] ».

Cette théorie du « dépérissement de l'État » ne présente pas qu'un intérêt anecdotique. D'abord, celle-ci restera, malgré certaines nuances, la doctrine de l'ensemble des pays socialistes au XXe siècle. Tout en érigeant puis en dirigeant des États totalitaires, Lénine, Staline, Khrouchtchev, Castro ou Mao la reprendront en précisant que ce dépérissement suppose certaines conditions économiques et politiques qui, elles, exigent au préalable le renforcement vertigineux de l'État socialiste. En outre, cette conception de l'État éclaire un certain nombre de positions marxistes sur diverses notions que l'on abordera plus loin, comme la constitution, la démocratie ou la séparation des pouvoirs.

---

1. F. Engels, *Anti-Dühring*, trad. Bracke, Paris, A. Costes, 1933, t. III, p. 45.
2. F. Engels, *L'Origine...*, *op. cit.*, p. 229.

Enfin, on peut observer que cette théorie n'est pas sans présenter certaines similitudes paradoxales avec les conclusions que l'ultra-libéralisme prétend tirer de l'évolution contemporaine. Selon une opinion devenue assez banale, l'État, défini par son pouvoir souverain s'exerçant sur une population donnée dans un espace déterminé, serait désormais une forme « dépassée » – anachronique, dans un contexte où l'économie, la communication et les échanges sont mondialisés, et où les vrais problèmes relèvent finalement moins du politique que du marché... À ce premier point, certains ajoutent que, les peuples étant devenus adultes, l'État n'est plus qu'une gêne inutile : en bref, que la société civile est capable de se passer de lui, de même que les relations interindividuelles peuvent remplacer par le contrat et l'arbitrage les normes unilatérales imposées d'en haut. Comme les théoriciens de l'anarchie, ceux de l'ultra-libéralisme font confiance à un ordre spontané, qui rendrait l'État superflu.

Sous-section 2

Une nécessité constatée

Il n'est évidemment pas question d'essayer ici de répondre sur le fond à ces différentes approches. On se bornera à constater que la réalité semble souvent moins idyllique, et que, par suite, l'existence d'un pouvoir politique paraît encore indispensable, non seulement aux sociétés, mais aux personnes qui les composent.

Cette persistance de l'État paraît d'ailleurs très vraisemblable, dans la mesure où le conflit reste, du moins jusqu'ici, l'une des marques caractéristiques, et apparemment irréductibles, des rapports entre les individus ou entre les groupes. C'est de ce constat que partaient les grands philosophes politiques anglais du

XVIIe siècle, Thomas Hobbes ou John Locke, pour expliquer la naissance de l'État, due à la nécessité impérieuse de résoudre les litiges et d'empêcher qu'ils ne dégénèrent – fonction qui suppose la présence d'un tiers arbitre disposant de la force. Aussi longtemps que ne se sera pas produite la réconciliation universelle et définitive postulée par la pensée utopique, l'État, comme organe de législation et de coercition, aura de beaux jours devant lui.

Section II

Des fonctions diversifiées

C'est dans cette perspective qu'on évoquera les fonctions de l'État – sans distinguer selon sa forme, unitaire ou composée, ni son mode de gouvernement. À ce propos, il faut toutefois faire deux remarques liminaires.

D'abord, on doit noter que dans l'expression « fonctions de l'État », le mot État désigne « l'appareil gouvernemental de cette unité sociale, de cette collectivité politique que l'on nomme également État – et non pas cette collectivité elle-même, tout entière, dans son unité totale [1] ». Ensuite, on peut ajouter que le mot « fonctions » est, lui aussi, susceptible de plusieurs acceptions : les fonctions du pouvoir d'État sont, écrivait Carré de Malberg, « les formes diverses sous lesquelles se manifeste l'activité dominatrice de l'État [2] ». Mais ce peut être aussi le rôle qu'il va jouer au sein de la société, la manière dont il va contribuer à sa vie et

1. C. Eisenmann, « Les fonctions de l'État », in *Encyclopédie française*, t. X, 1964, p. 292.

2 R. Carré de Malberg, *Contribution...*, *op. cit.*, t. I, p. 269.

à son fonctionnement. De là, une distinction commode entre les fonctions juridiques, et les fonctions sociales de l'État.

Sous-section 1

Les fonctions juridiques de l'État

A. La théorie des trois fonctions

Depuis la fin du XVIIIe siècle, et en lien étroit avec la théorie de la séparation des pouvoirs (voir deuxième partie, chapitre II), la doctrine dominante distingue trois fonctions (juridiques) de l'État. C'est l'idée qu'on rencontre en particulier chez Montesquieu : « il y a dans chaque État trois sortes de pouvoirs » – le mot étant utilisé ici comme synonyme de fonction, et non pour désigner le titulaire de celle-ci : « la puissance législative, la puissance exécutrice des choses qui dépendent du droit des gens, et la puissance exécutrice de celles qui dépendent du droit civil. Par la première, le prince ou le magistrat » – et plus généralement, l'appareil étatique – « fait des lois [...] et corrige ou abroge celles qui sont faites. Par la seconde, il fait la paix ou la guerre, envoie ou reçoit des ambassades, établit la sûreté, prévient les invasions. Par la troisième, il punit les crimes ou juge les différends des particuliers. On appellera cette dernière la puissance de juger, et l'autre simplement la puissance exécutrice de l'État » (*Esprit des lois*, livre XI, chap. VI).

On verra plus loin que la théorie de la séparation des pouvoirs telle que la conçoit Montesquieu exige seulement que l'ensemble de ces fonctions ne soit pas assuré par un seul et même organe. En attendant, on peut noter que, de nos jours, on distingue habituellement la fonction législative, la fonction administrative et la fonction juridictionnelle.

La fonction législative « consiste à faire des actes juridiques à portée générale et impersonnelle, qui s'appliquent à toute une catégorie de personnes et non pas à un ou plusieurs individus nommément désignés[1] ». Parmi ces actes juridiques figurent les lois constitutionnelles les différents types de lois non constitutionnelles (c'est-à-dire, en droit français positif, les lois référendaires de l'article 11, les lois organiques, les lois ordinaires, les lois de finances et de financement de la Sécurité sociale des articles 47 et 47-1), ainsi que certains règlements – adoptés par le gouvernement : en droit positif, les règlements autonomes de l'article 37 et les ordonnances de l'article 38 (voir *Droit constitutionnel. La Vᵉ République*, p. 209 sq.).

À ce propos, il faut toutefois préciser, pour nuancer l'affirmation, que si la portée de ces actes « normatifs » est souvent générale et impersonnelle, il n'en va pas toujours ni forcément ainsi. En effet, ceux-ci sont tous susceptibles de prendre pour objet un ou plusieurs individus nommément désignés, même lorsqu'il s'agit de dispositions constitutionnelles ou législatives[2].

En second lieu, il importe de rappeler que si tous ces actes juridiques relèvent bien d'une même *fonction* (législative, ou normative, consistant dans la création de règles obligatoires), ils n'émanent pas tous, en droit positif, des mêmes organes, et ne sont pas adoptés suivant des procédures identiques. Ce qui a pour conséquence (capitale) qu'ils n'ont pas tous la même *valeur juridique* : certains ont en effet une valeur suprême (les

---

1. R. Bonnard, *Précis de droit public*, Sirey, 1946, p. 46.

2. Parmi les premières, on peut citer le *Senatus consulte* organique du 28 floréal an XII, dont l'article 1er dispose que « le gouvernement de la République est confié à un Empereur, qui prend le titre d'Empereur des Français », l'article 2 précisant que « Napoléon Bonaparte, Premier Consul actuel de la République, est Empereur des Français ». Pour les secondes, on cite souvent comme exemple la loi réintégrant le capitaine Alfred Dreyfus dans l'armée française.

lois constitutionnelles), d'autres une valeur moindre (les lois ordinaires votées par le Parlement, qui doivent être conformes à la Constitution), d'autres enfin n'ont qu'une valeur assez réduite – ainsi, les actes réglementaires édictés par le pouvoir exécutif. Cette différence de valeur implique que chacun de ces actes doit respecter l'ensemble des actes supérieurs, sous peine d'être annulé par les juridictions compétentes. En rapport étroit avec la fonction législative, considérée classiquement comme la fonction dominante, la fonction administrative « consiste à appliquer aux particuliers les règles générales contenues dans les lois et les règlements. D'où le nom de fonction exécutive qu'on lui attribue parfois ». Quant à la fonction juridictionnelle, elle se ramène à « trancher les litiges qui peuvent s'élever à propos de l'application d'une loi ou d'un acte administratif » [1], ou encore à propos de la validité d'une norme au regard des règles supérieures. C'est ainsi qu'en droit positif français il appartient au Conseil constitutionnel de vérifier la conformité des lois aux dispositions de la Constitution, et aux juridictions administratives, dominées par le Conseil d'État, de contrôler la légalité des actes administratifs – que ceux-ci relèvent, en vertu de la typologie évoquée ci-dessus, de la fonction législative ou de la fonction exécutive (voir *Droit constitutionnel. La Ve République*, p. 255 sq.).

B. La question de la fonction gouvernementale

La théorie classique de la distinction des fonctions de l'État a été construite, depuis Montesquieu, autour et en fonction de la *loi* – la loi énoncée, puis mise en œuvre et sanctionnée. En soi, cette conception n'est pas forcément critiquable. Depuis Bodin, c'est en effet à partir de ce pouvoir de faire ou de casser la loi que

---

1. R. Bonnard, *Précis de droit public*, *op. cit.*, p. 53 et 54.

l'on définit la souveraineté, et donc l'État lui-même. En outre, c'est effectivement l'organe qui dispose de cette fonction législative qui occupe la position dominante au sein de l'État : un organe qui est en général le Parlement – un Parlement qui, sous la IIIe et la IVe République, allait jusqu'à se prétendre souverain –, mais qui ne l'est pas nécessairement, et même, depuis un demi-siècle, qui l'est de plus en plus rarement. Cependant, cette perspective « légaliste » conduit parfois à « oublier que les agents d'exercice du pouvoir ont un rôle qui englobe la législation elle-même, et qui consiste à *gouverner*. La complexité des éléments qu'il met en cause rend assurément sa définition délicate, mais cette difficulté ne saurait justifier sa mise à l'écart dans l'analyse de l'activité étatique. Le fait est là », conclut Georges Burdeau : « *l'État est une entreprise de gouvernement*[1]. »

Or, cette fonction gouvernementale ne saurait être ravalée à un rôle de simple *exécution* d'une norme préexistante – dès lors que la création de cette dernière relève elle aussi du fait de *gouverner*. Ce que confirme du reste le droit positif français, où la plupart des lois résultent en réalité de l'initiative du gouvernement, et sont adoptées au Parlement par la majorité qui soutient celui-ci (voir *Droit constitutionnel. La Ve République*, p. 230 sq.).

C'est pour tenir compte de cette réalité que certains auteurs[2], bouleversant la classification habituelle, ont proposé une nouvelle *summa divisio*, faisant une distinction entre les *décisions* et les « actes qui mettent à exécution ces décisions ».

« Le premier mode d'activité correspond à la *fonction gouvernementale*. C'est celui où la puissance de l'État se déploie librement à titre de puissance initiale ne se rattachant à aucune prescription antérieure. » Ce

1. G. Burdeau, *Droit constitutionnel*, LGDJ, 1980, p. 158.
2. Voir, sur ce point, *ibid.*, p. 226.

qui, outre l'ensemble des pouvoirs attribués au gouvernement (par exemple, en vertu de la Constitution de 1958), englobe donc une assez large part de la fonction législative classique.

Le second mode d'activité de l'État correspond à la fonction dite exécutive, « qui se caractérise par le fait que quel que soit l'objet auquel elle se rapporte, elle n'utilise qu'une puissance dérivée, secondaire, conditionnée par le respect dû à une règle préexistante ».

Pour conclure sur ce point, on doit noter que ces deux approches (celle qui ressort de la théorie trinitaire, et celle qui met l'accent sur une fonction gouvernementale) ne s'excluent pas nécessairement, et peuvent renvoyer à des perspectives complémentaires. La première analyse les fonctions de l'État d'un point de vue rationnel et abstrait, la seconde le fait en s'attachant à décrire au plus près la réalité des rapports de forces politiques et institutionnels – tels qu'ils apparaissent en France, dans le discours comme dans la pratique des fondateurs de la Vᵉ République, mais aussi dans la plupart des États modernes, où la « montée de l'exécutif » depuis le début du XXᵉ siècle ne fait que traduire cette nécessaire affirmation d'une « fonction gouvernementale ».

Sous-section 2

Les fonctions sociales de l'État

Les fonctions « juridiques » que l'on vient d'évoquer ne sont cependant que le moyen, pour l'État, d'accomplir les fonctions « sociales » qui constituent sa finalité, et la seule justification de son existence. Alors que les premières répondent à la question du « comment », les secondes renvoient à celle du « pourquoi ». Et la réponse s'impose d'elle-même. Une société suffisamment large et développée a en effet des besoins auxquels seul l'État, défini comme une instance souveraine, paraît susceptible de répondre d'une manière satisfaisante. Des besoins qui tiennent à sa situation dans l'espace (le territoire est toujours entouré des territoires d'États différents, ce qui implique de garantir les frontières et de maintenir la puissance internationale, conditions de la sauvegarde de la paix), et à sa population (qui doit être encadrée juridiquement, d'où la nécessité d'un droit, et pourvue matériellement, ce qui renvoie à la notion de service public).

À cet égard, la distinction la plus classique oppose les fonctions de « police » et de « prestation ».

A. Les fonctions de police

Le mot de « police » est utilisé ici au sens large, que l'on retrouve dans le droit positif avec la notion de « police administrative[1] », et qui dérive directement de l'étymologie grecque (*polis*, la cité). « L'esprit de la police, observait à ce propos Jean Domat, est de maintenir la tranquillité publique entre tous les hommes, et de les contenir dans cet ordre, indépendamment de leurs dispositions [propres], en employant même la force et les peines selon le besoin. » À ce titre, poursuit-il, « les puissances temporelles commandent et défendent [...], maintiennent chacun dans ses droits, dépossèdent les usurpateurs, châtient les coupables, et punissent les crimes par l'usage de peines [...] proportionnées à ce que demande le repos public »[2]. Dans cet ensemble, on peut encore distinguer, dans la mesure où cette police concerne à la fois le groupe social sur lequel elle porte, au sein duquel il faut faire régner l'ordre, et ce même groupe social en tant qu'il

1. Voir B. Seiller, *Droit administratif*, Flammarion, Champs-Université, 2001, t. II, p. 78-81.

2. J. Domat, *Traité des lois*, *op. cit.*, t. I, p. XII-XIII.

est confronté aux autres États. Elle implique donc la coexistence d'une fonction de régulation, et d'une fonction de direction – qu'on peut du reste rapporter aux notions de souveraineté interne et externe.

La paix intérieure, l'ordre public, et donc, la vie en commun, dépendent directement, dans n'importe quel groupe, de l'existence du droit : de règles qui vont permettre de résoudre les conflits autrement que par la violence, et de sanctionner ceux qui vont à l'encontre des principes de l'ordre social. Des règles et donc, du *pouvoir* (nécessaire pour énoncer ces règles, puis pour les faire respecter) existent, on l'a vu, dans tout groupe social, même le plus réduit. Mais ils doivent exister, *a fortiori*, dans le plus large des cercles communautaires, celui qui englobe tous les autres et qu'on appellera, selon les cas, société, nation ou cité. *A fortiori*, parce que les conflits, les transgressions, y sont nécessairement plus nombreux qu'ailleurs, mais aussi parce qu'il faut également des règles et un pouvoir pour arbitrer les conflits susceptibles d'apparaître entre les groupes inférieurs appartenant à une même société. D'où l'indispensable fonction régulatrice assurée par l'État, sans laquelle la société éclaterait aussitôt. Or, cette fonction implique la souveraineté (interne) : elle suppose que l'État n'ait à se soumettre à personne, sinon à lui-même, et réciproquement, que chacun ait l'obligation de lui obéir.

Cette mission, enfin, se réalise à travers les trois « fonctions juridiques » évoquées plus haut : le pouvoir de prescrire à la population un certain comportement qui devient alors obligatoire ; le pouvoir d'arbitrer les conflits en fonction de ce qui a été ordonné ; et celui de mettre en œuvre les ordres, puis de sanctionner ceux qui ne s'y conforment pas.

Sur le plan international, le groupe social n'existe qu'à travers l'État qui le représente, le défend, et va prendre des décisions pour lui. À cet égard, tout dépendra donc de la capacité de l'État – et, en particulier, de son aptitude à prendre des décisions efficaces, rapides et adaptées. Cette perspective paraissait essentielle aux fondateurs de la Ve République, et plus spécialement au général de Gaulle, pour qui le risque majeur était que la France perde son « rang », qu'elle ne soit plus qu'un « peuple périmé et dédaigné[1] ». Pour lui, la nouvelle Constitution n'était qu'un moyen, le moyen de permettre à la France de retrouver « les chances de sa grandeur ». Perspective qui explique non seulement le contenu de la Constitution, mais également sa mise en pratique par de Gaulle et par certains de ses successeurs (voir *Droit constitutionnel. La Ve République*, p. 47 sq.).

B. La fonction de prestation

À propos de la fonction de prestation assignée à l'État parallèlement à son rôle régulateur, Carré de Malberg évoquait « une fonction de culture (consistant à contribuer) au développement de la prospérité morale et matérielle de la nation[2] ». Sur ce point, il faut souligner au préalable que les deux fonctions que l'on vient d'évoquer, direction et régulation, s'avèrent en toute hypothèse nécessaires à l'existence même de la société, comme ensemble pacifié, cohérent, et indépendant de l'extérieur. Ces fonctions, indispensables, correspondent à ce qu'on appelle classiquement les pouvoirs régaliens, c'est-à-dire, directement liés à la souveraineté de l'État : législation, justice, police, affaires étrangères, défense et monnaie. Cependant, à ces fonctions « minimales » se sont ajoutés d'autres modes d'intervention, en raison de l'accroissement des besoins et des exigences matérielles de la popula-

1. Ch. de Gaulle, Discours du 4 septembre 1958, in *DPS*, t. III, p. 601.
2. R. Carré de Malberg, *Contribution...*, *op. cit.*, t. I, p. 260-261.

tion : mouvement que l'on traduit habituellement par le passage de l'État gendarme à l'État providence.

L'État gendarme, correspondant à la pensée libérale de la Révolution française et du premier XIXe siècle, se contente d'assurer les conditions *extérieures* de la prospérité (ordre public, sécurité), sans se mêler directement des questions économiques, sociales, etc., entièrement abandonnées à l'initiative privée. Philosophiquement, cette attitude se fonde sur une confiance profonde dans les vertus de la liberté, de la concurrence, et en définitive, du marché, que l'on juge susceptible d'amener la meilleure situation possible pour tous. La traduction juridique de cette conviction, ce sont, en France, les lois d'Allarde et Le Chapelier [1] qui, complétées par l'article 291 du Code pénal, interdisent au nom de la liberté du travail les associations, corporations et syndicats, suspectés de gêner le bon fonctionnement de la libre concurrence. Quant aux résultats concrets de cette interdiction, ils sont évidemment catastrophiques, du moins sur un plan humain, social et politique : c'est la misère noire du prolétariat européen au XIXe siècle, qui va entretenir durant plusieurs décennies une atmosphère de contestation révolutionnaire permanente. Le risque politique inhérent à cette situation va d'ailleurs conduire certains États, en dehors de toute conviction idéologique ou morale, à se réengager dans la résorption des problèmes sociaux : en Allemagne, c'est ainsi au chancelier Bismarck que l'on doit les premières lois sociales.

Et de l'État gendarme, on va passer progressivement à l'État providence, qui, à certains égards, représente l'excès inverse – impliquant l'intervention d'un État omnipotent et omniscient dans les rapports

1. Le décret des 14 et 17 juin 1791, dit loi Le Chapelier, dispose dans son article 1er que « l'anéantissement de toutes espèces de corporation des citoyens du même état » est « une des bases fondamentales de la Constitution française ».

sociaux et économiques au sens le plus large. D'où un interventionnisme qui se manifeste en pratique par la planification (c'est-à-dire l'organisation de la production et de la distribution au niveau central), la multiplication des services publics, l'accroissement de la pression fiscale (dû à la nécessité de financer les activités de l'État et à la volonté de redistribuer les revenus), et même par l'appropriation collective de certains moyens de production et de financement (avec les nationalisations).

En France, cet État providence culmine entre la fin de la Première Guerre mondiale (création de l'impôt sur le revenu, « idéologie du service public », « socialisme municipal ») et le début des années 1980. Il se traduit, sur un plan constitutionnel, par les dispositions du Préambule de la Constitution du 27 octobre 1946, qui énonce un certain nombre de « principes politiques, économiques et sociaux particulièrement nécessaires à notre temps » (voir troisième partie, chapitre III). Règles qui se traduiront dans le droit positif, et qui conservent de nos jours, à travers le Préambule de la Constitution de 1958, et la jusrisprudence du Conseil constitutionnel, pleine valeur constitutionnelle (voir *Droit constitutionnel. La Ve République*, p. 277 sq.).

L'idée à retenir ici, c'est sans doute le caractère variable des fonctions sociales assurées par l'État : contrairement aux fonctions réellement politiques, les fonctions de prestation ne sont pas forcément ni directement nécessaires – la collectivité peut, à la rigueur, s'en passer –, mais elles n'en sont pas moins indirectement utiles, y compris sur un plan proprement politique. Car le pouvoir, comme on va le voir maintenant, n'est légitime que sous certaines conditions, et d'abord s'il obtient l'assentiment du groupe social sur lequel il s'exerce. Or, si cette légitimité fait défaut, il s'avérera incapable d'assurer correctement ses indispensables fonctions régaliennes.

DEUXIÈME PARTIE

LE POUVOIR

Une fois admis que l'État – objet central du droit constitutionnel – se définit essentiellement par le *pouvoir*, souverain et institué, dont il se trouve investi, il apparaît indispensable de revenir plus longuement sur ce dernier : celui-ci ne saurait remplir correctement son rôle s'il n'est juridiquement organisé (chapitre I : la Constitution), organiquement fractionné (chapitre II : la séparation des pouvoirs) et idéologiquement justifié (chapitre III : la légitimité). Trois dimensions qui renvoient, certes, à des perspectives et à des problématiques très différentes, mais qui se révèlent étroitement liées les unes aux autres : c'est ainsi que la constitution d'un pouvoir jugé illégitime ne sera pas obéie, alors que, réciproquement, un pouvoir qui ne serait pas réglé, organisé par une constitution, ne saurait être durablement perçu comme légitime.

Chapitre I

UN POUVOIR ORGANISÉ : LA CONSTITUTION

Cette organisation du pouvoir ou, plutôt, des organes à qui il est attribué, des modalités de son attribution et de la manière dont ils l'exercent, se réalise à travers la constitution, qu'il nous faudra envisager sous trois angles successifs : sa définition (section I), son fonctionnement (section II), et la manière dont elle établit sa propre protection (section III).

Section I

La notion de constitution

Cette notion est évidemment capitale dans le cadre d'une approche du droit constitutionnel. Mais elle n'en est pas moins controversée. Par « constitution », on peut en effet désigner trois « choses » différentes : d'une part, les règles qui déterminent l'organisation et le fonctionnement de l'État, ce qu'on appelle la constitution *matérielle*; d'autre part, un ensemble de normes juridiques dotées d'une valeur suprême, en tout cas supérieure à celle des lois ordinaires : c'est la constitution *formelle*. D'autre part, enfin, une décision globale du souverain, agissant en l'espèce comme constituant : c'est la constitution au sens *organique*. Le premier angle envisage le *contenu* de la constitution, le second sa *forme* et sa *valeur* juridiques, le troisième son *auteur*. Trois approches distinctes, donc, mais qu'il faut en fin de compte tenter d'envisager comme un tout, sans privilégier de manière exclusive l'une ou l'autre, si l'on veut appréhender au plus près le phénomène constitutionnel.

Sous-section 1

La constitution matérielle

A. Définition

Au sens matériel, la constitution réunit l'ensemble des règles relatives à l'organisation du pouvoir (structures, titulaires, organes), à son fonctionnement (dévolution, rapports entre les organes, rapports avec les citoyens) et, au-delà, à la constitution elle-même. En effet, suivant une tradition qui remonte à la Révolution française, c'est la constitution qui définit ce qu'est la constitution, c'est-à-dire comment on la crée, de quelle manière on la révise, et qui est compétent pour cela. C'est ainsi que la Constitution de 1958 comprend un titre XVI intitulé « De la révision[1] ». Enfin, peuvent figurer dans cette constitution matérielle les principes idéologiques et politiques qui ont inspiré le constituant, et qui, par conséquent, justifient l'organisation constitutionnelle adoptée et doivent animer l'action des pouvoirs constitués. La Constitution de la République populaire de Chine du 10 janvier 1975, par exemple, énumère dans son Préambule une succession d'impératifs (« Nous devons… »), qui se termine par un objectif ultime, résumant tous les

---

1. La Constitution de 1946 comportait elle aussi un titre XI, « De la révision de la Constitution », de même que la Constitution du 4 novembre 1848 (chapitre XI), la Constitution du 5 fructidor An III (titre XIII) et la Constitution du 3 septembre 1791 (titre VII) « De la révision des décrets constitutionnels ».

autres : « faire de la Chine un puissant État socialiste de dictature du prolétariat et apporter une plus grande contribution à l'humanité ».

B. Conséquences

Cette définition importe surtout par ses conséquences : au sens matériel du terme, *tout* État a une constitution, mais *seuls* les États ont une constitution.

1. *Tout État a une constitution*

L'État se définit par l'institutionnalisation d'un pouvoir souverain, et, par suite, il « procède de la distinction entre le pouvoir et ses agents en exercice [1] »; autrement dit, dès lors qu'on ne se trouve plus face à la force brute et indistincte, dès lors qu'on est en présence d'un État, il existe nécessairement des *règles,* qui vont régir la distribution des compétences, la désignation des gouvernants, leur mode de remplacement, etc. Ainsi, la notion d'État implique logiquement celle de constitution (au sens matériel).

C'est la raison pour laquelle il faut récuser la définition idéologique du « constitutionnalisme » libéral, suivant laquelle il n'y aurait de constitution que lorsque celle-ci présente un contenu précis : lorsqu'elle assure par ses dispositions la protection des droits individuels et la souveraineté du peuple. Cette définition, dont on trouve l'écho le plus célèbre dans l'article 16 de la Déclaration de l'homme et du citoyen du 26 août 1789 qui dispose que « toute société dans laquelle la garantie des droits n'est pas assurée, ni la séparation des pouvoirs déterminée, *n'a*

---

1. G. Burdeau, *Droit constitutionnel, op. cit.*, p. 60.

point de constitution », présente un caractère évidemment polémique. À l'époque, elle permet aux révolutionnaires de distinguer d'une manière radicale les États sans constitution – c'était, suivant cette définition, le cas de l'Ancien Régime – des États constitutionnels : parmi lesquels, la France d'après 1789. L'existence d'une constitution manifeste symboliquement le passage des ténèbres de la tyrannie aux Lumières de la Raison éclairée.

Pourtant, cette affirmation s'avère politiquement inconsistante, révélant une confiance démesurée dans les dispositions du droit écrit. Ce n'est pas parce qu'une constitution *proclame* la séparation des pouvoirs ou la protection des libertés individuelles, que les droits et libertés seront effectivement respectés. Toute l'histoire constitutionnelle, et en particulier celle du XXe siècle, rappelle l'existence d'un hiatus tragique entre ce qui est fait, et ce qui est dit. De même, et réciproquement, ce n'est point parce que ces grands principes ne figurent pas dans le texte de la constitution que les libertés individuelles se trouveront forcément bafouées par l'État, lequel se trouve parfois soumis à d'autres principes, par exemple religieux, qui le contraindront beaucoup plus sûrement que les dispositions constitutionnelles à respecter la dignité de ses sujets. Il suffit de rappeler à ce propos le cas de la France d'Ancien Régime, décrite comme « hérissée de libertés ».

Mais si l'approche restrictive du constitutionnalisme s'avère politiquement infondée, elle paraît aussi juridiquement irrecevable. Quoi qu'on dise, tout État, même archaïque ou autoritaire, est organisée suivant certaines règles qui le « constituent » comme tel. Pour reprendre l'exemple cité plus haut, tel fut notamment le cas de la monarchie d'Ancien Régime. Malgré les contestations que l'on vient de rappeler, et qu'illustre, à l'intérieur même de l'appareil d'État, le mot de Turgot à Louis XVI : « Sire, votre Royaume n'a pas de constitution[1] », la monarchie en a bien une, que l'on finit même, au XVIIIe siècle, par désigner sous ce terme.

La monarchie a une constitution, étant réglée en particulier par les « Lois fondamentales du Royaume » qui déterminent de manière stricte l'organisation du pouvoir souverain (son caractère monarchique, l'indisponibilité et la continuité de la Couronne, la nationalité de son titulaire), son mode de dévolution (la « loi salique », l'hérédité de mâle en mâle par ordre de primogéniture), son principe (la catholicité du roi) et ses limites (l'inaliénabilité du domaine de la couronne). En réalité, et il faut ici empiéter brièvement sur le paragraphe suivant, il s'agit même d'une constitution formelle, d'ailleurs extrêmement rigide, dans la mesure où ces lois fondamentales ne peuvent être modifiées suivant les mêmes formes que les lois ordinaires : « dans la désignation des ordonnances qui s'observent en ce Royaume, déclare un magistrat, nous usons de distinctions. Car nous appelons les unes les lois [...] des rois, et les autres [les lois] du Royaume. Celles que nous appelons royales peuvent être changées par les rois [...] : *mais pour ce qui est des lois du Royaume, elles sont immortelles, et ne peuvent être changées, variées ni altérées, pour quelque cause que ce soit*[2]. »

Et cet ensemble de lois fondamentales, non écrites mais d'une rigidité absolue, est parfois qualifié expressément, par les publicistes mais aussi par les textes officiels, de « constitution de la monarchie[3] ».

---

1. Cité *in* M. Duverger, *Les Constitutions de la France*, PUF, Que sais-je ?, 1944, p. 9.

2. *Trésor des harangues*, 1668, repris dans les Remontrances du Parlement de Toulouse du 6 avril 1771, et cité dans *Maximes du droit public français*, 2e éd., Amsterdam, M. M. Rey, 1775, t. II, p. 239-240.

3. Déclaration du 26 avril 1723, citée *in* F. Olivier-Martin, *Précis d'histoire du droit français*, *op. cit.*, p. 225.

2. *Seuls les États ont des constitutions*

Réciproquement, le terme « constitution » ne saurait être employé à propos que pour désigner les règles d'organisation et de fonctionnement d'un État, tel qu'on a pu le définir plus haut.

« Il est de l'essence d'une constitution, souligne à cet égard Carré de Malberg, d'être fondée sur la volonté et la puissance propre, sur la force intrinsèque d'une *collectivité autonome* », susceptible de se donner à elle-même sa propre loi suprême sans être subordonnée à une puissance extérieure. C'est pourquoi le terme lui paraît impropre, malgré la dénomination officielle, pour désigner la loi qui, en 1911, organise le statut particulier de l'Alsace-Lorraine dans le cadre de l'Empire allemand : « Cette organisation statutaire imposée ne forme pas plus pour l'Alsace-Lorraine une constitution digne de ce nom que l'organisation donnée aux communes et aux départements par les lois supérieures de l'État [n'est] un statut d'ordre constitutionnel »[1].

C'est pour une raison identique que l'on a pu récuser, à la même époque, l'emploi du terme par des juristes marqués par la pensée sociologique, qui considéraient que toute « institution » susceptible de déterminer son mode d'organisation et de fonctionnement se donne à elle-même une « constitution », y compris lorsque cette dernière se trouve strictement encadrée et soumise à des lois préexistantes qui s'imposent à elle – ce qui leur permettait de parler d'un « droit constitutionnel de l'entreprise ».

Mais à l'inverse, cette définition conduit à s'interroger sur ce que pourrait signifier, dans un proche avenir, la « Constitution européenne ». Celle-ci sera-t-elle sans incidences sur la nature juridique de l'Union

---

1. R. Carré de Malberg, « La condition juridique de l'Alsace-Lorraine », *RDP*, 1914, p. 6.

européenne ? Dans cette hypothèse, le terme de constitution serait inapproprié. En revanche, si sa naissance coïncidait avec la transformation de l'Union en un État véritable [1], il faudrait effectivement parler d'une constitution européenne : mais c'est alors sur la nature de la constitution des États membres qu'on serait amené à s'interroger.

Sous-section 2

La constitution au sens formel

Au sens formel, le mot constitution désigne « l'ensemble des règles, quel que soit leur objet, qui sont énoncées dans la forme constitutionnelle [2] ». Généralement contenues dans un document spécial et dotées d'une *valeur* supérieure à celles des lois ordinaires, ces règles ne peuvent être révisées que suivant une procédure particulière, plus lourde que celle qui est exigée pour modifier ces dernières.

L'élément décisif de cette définition, c'est l'idée que les règles formellement constitutionnelles ont une valeur juridique supérieure à celle de *toutes* les autres règles de droit positif, qui se traduit essentiellement par ce qu'on appelle leur *rigidité*. En revanche, peu importe que ces règles soient ou non « écrites », ce caractère n'étant pas nécessairement lié à leur valeur suprême. De nos jours, et en fait depuis le XVIIIe siècle, la plupart des Constitutions sont dites « écrites ». Ce qui signifie que l'ensemble des dispositions à valeur

---

1. Sur cette question, cf. la réponse plutôt réservée d'A. Laquièze et A. Paynot, *L'Union européenne tend-elle à devenir un État ?*, Fondation pour l'Innovation politique, automne 2004.

2. G. Burdeau, F. Hamon et M. Troper, *Droit constitutionnel, op. cit.*, p. 50.

constitutionnelle est codifié dans un document unique, ordinairement désigné comme « la constitution », et éventuellement assorti de préambules (Constitutions françaises de 1946, 1958), de déclarations des droits (Constitutions françaises de 1791, 1793, 1795, 1848), d'amendements (Constitution des États-Unis de 1787) ou d'annexes. À l'époque révolutionnaire, cette codification correspondait au souci de rendre la loi suprême de l'État plus lisible, plus compréhensible à tous les citoyens, mais surtout, à ce fait politique capital que la constitution résultait désormais d'un *acte de volonté* rationnel et unique, émanant du souverain ou de ses représentants.

En France, depuis 1791, toutes les constitutions ont été des constitutions écrites. Pourtant, il existe encore, de nos jours, quelques constitutions non écrites. Ce qui, bien sûr, ne signifie pas qu'elles sont orales, ou non rédigées : mais simplement, que les normes constitutionnelles qui les composent sont plurales, non unifiées, et qu'elles résultent pour l'essentiel, à la fois dans leur contenu et dans leur valeur, d'un processus complexe de « sédimentation normative » situé sur le long terme, et non d'une volonté constituante unique et instantanée. Tel était le cas de la Constitution d'Ancien Régime, composée des « Lois fondamentales du Royaume ». Tel était également le cas, jusqu'à la fin de la Seconde Guerre mondiale, de la Constitution hongroise. Formée d'une série de coutumes et de lois fondamentales, dont les premières étaient contenues dans la « Bulle d'or » de 1222, cette Constitution, décrite comme « historique », ne se fondait pas « sur des normes juridiques précises, mais sur des principes fondamentaux [...] déduits de règles et d'institutions d'époques diverses, ainsi que des différents événements [1] » de l'histoire hongroise : d'où des

1. Geiza von Ferdinandy, *Staat und Vervaltungsrecht des Königreiches Ungarn*, Hanovre, M. Jänicke, 1909, p. 24-25.

sources très diversifiées, au contenu souple mais souvent controversé. Tel est enfin toujours le cas de la Constitution anglaise, qui réunit un ensemble composite de règles, de lois, de coutumes et de conventions, dont certaines remontent à la Grande Charte de 1215.

Comme on l'a dit plus haut, le caractère formel d'une constitution ne dépend en rien, malgré les apparences, de son caractère écrit ou non : toute constitution écrite n'est pas rigide, « mais inversement, toute constitution rigide n'est pas nécessairement écrite[1] ».

En revanche, sauf très rares exceptions, la forme et la valeur des normes sont indissociables de leur contenu : autrement dit, la constitution formelle paraît étroitement liée à la constitution matérielle – même si leurs rapports posent parfois un certain nombre de problèmes.

A. Un rapport nécessaire

Pourquoi parler d'un rapport nécessaire entre la constitution matérielle (les règles organisant l'État), et la constitution formelle (le fait que ces règles sont dotées d'une valeur particulièrement élevée) ? Tout simplement parce que les dispositions qui déterminent la structure et le fonctionnement du pouvoir ne sauraient être ignorées par leurs multiples destinataires (les gouvernés, mais surtout les gouvernants), ni transgressées par eux en toute impunité. Sinon, cette constitution matérielle ne serait qu'une simple « barrière de papier ». Une règle qu'on peut modifier à sa guise et violer sans encourir de sanction n'a finalement pas grand-chose d'une véritable règle de droit. À l'oublier, on court le risque d'installer l'anarchie au

1. M. Duverger, *Les Constitutions françaises*, *op. cit.*, p. 36.

sommet de l'État, des relations de pure force se substituant alors aux rapports juridiques : tel fut le cas des États totalitaires du XXe siècle où, la constitution matérielle étant dépourvue de valeur formelle, les vrais pouvoirs étaient exercés, en dépit des dispositions constitutionnelles, par des instances parallèles, changeantes et parfois secrètes.

L'existence d'une constitution formelle signifie donc que les règles organisant l'État vont être dotées d'une valeur juridique suprême, ce qui emporte plusieurs conséquences.

D'abord, cela implique que les autres règles positives devront s'y plier. Toute norme valide applicable au sein de l'ordre juridique devra respecter la constitution : ne pas être en contradiction avec ses dispositions. À la suprématie de l'État, souverain, correspond celle de la constitution qui le régit, au sommet de la « hiérarchie des normes ».

Cela suppose d'ailleurs que cette supériorité se trouve protégée (à la fois contre les autres normes, et contre les organes de l'État) : qu'elle soit sanctionnée par un organe spécifique – c'est ce qu'on verra dans la section III.

Enfin, et surtout, cela signifie que les règles constitutionnelles ne sauraient être créées, ou modifiées, que suivant une procédure spéciale, renforcée – c'est-à-dire plus difficile à mettre en œuvre que la procédure requise pour les autres normes, inférieures, et notamment pour les lois ordinaires. *La différenciation des formes manifeste et conditionne la différenciation hiérarchique*. Si, en effet, la constitution se modifiait de la même manière que la loi, on ne pourrait plus dire qu'elle se trouve au-dessus de celle-ci, puisqu'une autre loi suffirait à la transformer. Cette exigence, qu'on a déjà rencontrée et qu'on reverra plus loin, est qualifiée de « rigidité constitutionnelle ».

Cette rigidité pourra être absolue : c'est le cas des lois fondamentales de l'Ancien Régime. Elle pourra n'être que relative, la révision supposant l'intervention d'organes spécifiques, l'obtention de majorités renforcées, ou encore l'écoulement de certains délais, plus ou moins longs. Mais cette rigidité, malgré les apparences, ne sera *jamais nulle* : il n'y a pas de constitution absolument ni entièrement souple.

À ce propos, il faut toutefois distinguer entre le droit (c'est-à-dire, en l'espèce, l'apparence) et le fait. En droit, on peut certes imaginer des constitutions totalement souples, où aucune disposition, même essentielle, ne se situerait au-dessus de la loi ordinaire, et où la moindre loi pourrait par conséquent modifier de fond en comble la constitution matérielle, l'organisation et le fonctionnement de l'État, et entre autres choses la compétence de son auteur et son propre champ d'application. Cette idée a pris racine à partir de l'exemple de la Constitution anglaise. En Angleterre, notait en effet De Lolme à la fin du XVIIIe siècle, *le Parlement peut tout faire*, sauf changer une femme en homme et un homme en femme ; par suite, « la puissance législative change la constitution, comme Dieu crée la lumière [1] ». Un siècle plus tard, le grand juriste britannique Dicey expliquait à son tour que « la souveraineté parlementaire signifie, ni plus ni moins, que le Parlement », défini comme la réunion du roi, de la Chambre des lords et de la Chambre des communes, « a d'après la Constitution anglaise, le droit de faire ou de ne pas faire une loi quelconque [...]. Pas une des prétendues restrictions légales de cette souveraineté n'existe réellement » [2]. C'est ainsi « qu'il peut régler ou remanier l'ordre de succession au trône [...], changer et même refaire la Constitution du Royaume et des parlements

1. De Lolme, *Constitution de l'Angleterre*, Amsterdam, Van Harrenvelt, 1774, p. 129.

2. A. V. Dicey, *Introduction à l'étude du droit constitutionnel*, trad. A. Battut, G. Jèze, Giard, 1902, p. 35-36.

eux-mêmes [...]. En résumé, il peut faire tout ce qui n'est pas matériellement impossible [1] ». Tout faire, au moyen d'une simple loi : c'est ainsi que le Parlement a pu, depuis le début du XXe siècle, réduire progressivement les pouvoirs législatifs de la Chambre des lords (*Parliament Acts* de 1911 et 1949). Au total, la Constitution anglaise paraît donc parfaitement souple, et n'avoir aucune consistance formelle : c'est pourquoi Tocqueville pouvait affirmer qu'elle « n'a point d'existence réelle [2] ». De nos jours, et pour les mêmes raisons, on a pu répéter ce jugement à propos d'Israël [3].

Cette souplesse semble souvent caractériser les constitutions coutumières [4]. Mais on la rencontre également dans certaines constitutions écrites. Ainsi, en France, dans les Chartes constitutionnelles du 4 juin 1814 et du 14 août 1830, peut-être inspirées, sur ce plan comme sur beaucoup d'autres, par le modèle constitutionnel anglais. Dans les Chartes, aucune procédure spécifique de révision n'était prévue, et aucune distinction explicite n'était faite entre les lois ordinaires et les lois constitutionnelles – ce qui conduisit certains publicistes, à l'époque, à supposer que les premières pourraient modifier intégralement les secondes [5]. Tel était également le cas, dans la deuxième moitié du XXe siècle, de plusieurs constitutions socia-

---

1. Blackstone, cité in A. V. Dicey, *op. cit.*, p. 37-38.
2. Cité *ibid.*, p. 20.
3. Voir F. Dreyfus, « La Cour suprême, l'audace du juge », *Pouvoirs*, n° 72, 1995, p. 62.
4. C'est ainsi qu'en vertu de l'ancienne Constitution hongroise, la loi, issue de l'accord du roi et du Parlement, était considérée comme la norme la plus élevée : et qu'il n'existait pas de différence de forme entre les lois ordinaires et des lois matériellement constitutionnelles (voir Geiza von Ferdinandy, *Staat und Vervaltungsrecht...*, *op. cit.*, p. 30).
5. Sur ce point, voir J. Barthélemy, « La distinction des lois constitutionnelles et des lois ordinaires sur la monarchie de Juillet », *RDP*, 1909, p. 9-10.

listes. Selon la Constitution de la République populaire de Bulgarie du 4 décembre 1947, par exemple, l'Assemblée, définie comme « le détenteur du pouvoir de l'État dans toute sa plénitude » (art. 15), était compétente pour faire des amendements à la Constitution (art. 17 al. 3) et pour décider si une loi « n'est pas inconstitutionnelle » (art. 25).

En droit, on vient de le voir, on peut donc imaginer le cas de constitutions parfaitement souples. Pourtant, malgré ce qui figure dans la lettre des textes, la chose se révèle finalement beaucoup plus douteuse qu'il n'y paraît.

En premier lieu, même lorsque aucune distinction n'est formulée dans la constitution, il existe souvent, au-delà du texte, un certain nombre de principes constitutionnels, non écrits mais présupposés par les dispositions de la constitution et qui, formant le fondement de celle-ci, sont en toute hypothèse insusceptibles de révision par une simple loi ordinaire. C'est ainsi que la Charte de 1814, octroyée par le roi Louis XVIII, impliquait nécessairement l'existence et la légitimité de la monarchie, laquelle se trouvait par là même hors d'atteinte du législateur. À l'époque, l'opinion dominante tend d'ailleurs à opposer, au sein de la Charte, les dispositions fondamentales, immuables, aux dispositions subsidiaires, susceptibles de révision par le Parlement sous réserve de l'accord du roi. Cette tendance se confirme sous la monarchie de Juillet, bien que la Charte de 1830 demeure sur ce point aussi muette que celle de 1814. De leur côté, les principaux théoriciens du régime, Thiers ou Tocqueville, affirment expressément la distinction entre les lois ordinaires et les lois constitutionnelles : mais ils en déduisent que la Charte est immuable, puisque aucune procédure particulière n'a été prévue pour la modifier.

En second lieu, de telles distinctions peuvent être établies après coup, comme ce fut le cas notamment en Israël. Dès 1969, la Cour suprême, sans attribuer aux « lois fondamentales » organisant l'État une valeur expressément supra-législative, distingue, en leur sein, entre des articles ordinaires, qui peuvent être modifiés par le Parlement à la majorité simple, et des articles « rigides », dont la modification ou l'abrogation exige une majorité qualifiée – estimant ainsi qu'« une loi fondée sur un article rigide n'est pas valide si elle n'a pas été adoptée à la majorité qualifiée [1] ». Par la suite, la reconnaissance de la valeur suprême de certains droits fondamentaux a conduit la doctrine à déclarer qu'Israël figure désormais parmi les États « qui possèdent une constitution écrite et rigide, dans laquelle les droits fondamentaux [...] jouissent d'un statut normatif supérieur [2] ».

Au fond, seule la Constitution anglaise semble offrir l'exemple d'une souplesse à peu près totale : le Parlement pourrait supprimer le régime parlementaire, abolir la monarchie et se saborder lui-même, comme il l'a d'ailleurs fait au cours de sa longue histoire [3]. Pourtant, s'il le faisait, il se situerait moins dans le cadre des prérogatives qui lui sont constitutionnellement reconnues que dans une perspective révolutionnaire, impliquant, comme au milieu du XVIIe siècle, la disparition de la constitution. Il existe toujours des éléments de la constitution matérielle qui échappent, en fait, à toute possibilité de *révision* – les éléments essentiels de l'organisation des pouvoirs, l'idée directrice, animatrice de l'État, ou encore « les décisions politiques fondamentales qui forment la constitution [4] » – dans la mesure où leur remise en cause ne saurait s'assimiler à une simple révision, et

1. F. Dreyfus, « La Cour suprême... », art. cité, p. 67.
2. A. Barak, « La révolution constitutionnelle », *Pouvoirs*, n° 72, 1995, p. 20.
3. Dicey cite à ce propos le Parlement de 1653, résiliant son pouvoir entre les mains de Cromwell (*Introduction à l'étude..., op. cit.*, p. 62).
4. C. Schmitt, *Théorie de la Constitution, op. cit.*, p. 243.

devrait donc être interprétée comme un véritable changement de constitution.

B. Un rapport problématique

S'il existe un lien nécessaire entre la constitution matérielle et la constitution formelle, il faut souligner que ce rapport peut être problématique, dans la mesure où il n'y a pas toujours coïncidence entre les deux.

Car la constitution matérielle n'est pas forcément dotée dans sa totalité d'une valeur supérieure : certaines règles capitales peuvent, pour une raison ou pour une autre, ne pas figurer dans le texte constitutionnel et donc ne pas bénéficier de la valeur attachée à ce dernier. Il en va ainsi, par définition, des règles issues de la coutume ou de l'usage : le président du Conseil de la IIIe République, devenu assez rapidement, en raison du déclin de la fonction présidentielle, l'homme fort et le véritable patron de l'exécutif, n'était même pas prévu par les lois constitutionnelles de 1875 – d'où sa position paradoxalement fragile.

Inversement, certains éléments étrangers à la constitution matérielle peuvent se trouver dotés d'une telle valeur. Carl Schmitt en donne pour exemple, dans la Constitution de la république de Weimar du 11 août 1919, l'article 129, posant le principe de l'accès des fonctionnaires à leur dossier, ou l'article 144, organisant l'inspection des écoles. Ce qui, au premier abord, ne paraît pas foncièrement critiquable, mais qui a pour conséquence d'effacer toute différenciation, de rabaisser les dispositions réellement fondamentales, et au-delà, d'amoindrir le prestige de la norme fondamentale.

Ainsi la constitution formelle à elle seule ne saurait-elle parvenir à rendre compte de la réalité du pouvoir d'État, d'un pouvoir qui, dans son organisation et dans son exercice, évolue en permanence, au gré des circonstances mais, également, de son détenteur. Derrière les règles, il y a en effet toujours leur auteur, ainsi que le titulaire de l'autorité politique, dont les décisions ont des conséquences considérables sur la réalité constitutionnelle.

Sous-section 3

La constitution au sens organique

L'un des reproches faits à Hans Kelsen, lorsqu'il définit l'État comme un ordre juridique, et la constitution comme la norme suprême, le sommet de cet ordre pyramidal, c'est d'évacuer la question des origines : d'où vient la constitution, comment l'a-t-on conçue, et pourquoi? Au-delà, cette approche strictement juridique paraît éliminer la personne du constituant, la volonté du souverain – c'est-à-dire la dimension politique et existentielle de la constitution, en même temps, du reste, que sa dimension historique. La constitution ne se conçoit plus alors qu'en dehors de la temporalité, dans l'éternel présent du droit pur.

À l'inverse, la notion organique de la constitution tend à définir celle-ci comme une décision *politique* du souverain : cette présence, cette intervention étant du reste présupposées par la notion matérielle comme par la notion formelle.

Sur un plan matériel, le contenu de la constitution, les règles d'organisation du pouvoir et surtout ses principes fondamentaux, l'idée directrice du système sont nécessairement déterminés par le « constituant originaire », celui qui est à l'origine de la constitution[1]. L'origine de la constitution, en effet, ne saurait

1. « Le pouvoir constituant est la volonté politique [...] en mesure de prendre la décision globale concrète sur le genre et la forme de l'existence politique » (C. Schmitt, *Théorie de la Constitution*, *op.cit.*, p. 211).

être une règle – qui a bien dû être posée au préalable : elle procède toujours d'un « être politique concret » existant empiriquement, et qui, surtout, « continue à exister à côté de la constitution et au-dessus d'elle[1] », sans se fondre ou se dissoudre dans la règle de droit. C'est le cas du peuple français, dont l'existence et le pouvoir souverain préexistaient à la Constitution du 4 octobre 1958 qu'il a adoptée : à cet égard, on pourrait s'interroger sur l'article 3 de cette Constitution, qui semble lui *attribuer* une souveraineté que, par définition même, il possède déjà, puisqu'il est l'auteur de la Constitution. En fait, l'article 3 se borne à conférer une dimension *juridique* à ce qui, lors de l'acte constituant originaire, échappait forcément au droit pour ne relever que du *politique*, la souveraineté – mais qui conserve, *en plus* de son caractère juridique, ce caractère et cette nature, après comme avant l'établissement de la Constitution. C'est le cas également de la Charte constitutionnelle du 4 juin 1814, dont l'article 14 déclare le roi chef suprême de l'État, alors qu'elle-même a été librement octroyée par celui-ci. Sur un plan formel, par ailleurs, la *rigidité* des règles constitutionnelles dépend, dans son étendue et dans son intensité, de l'importance que le constituant a entendu donner à telle ou telle disposition, en fonction du projet politique global qui est le sien.

Quant au constituant, il sera, soit le souverain lui-même s'exprimant directement, soit son représentant, expressément investi par lui de ce pouvoir. Quoi qu'il en soit, le souverain demeure toujours à l'arrière-plan de la constitution, comme une donnée essentielle, irréductible. C'est pourquoi il est nécessaire de l'inclure dans une définition globale de celle-ci, qui pourrait être la suivante : la constitution est l'ensemble des règles régissant l'organisation, le fonctionnement et l'orientation générale du pouvoir d'État, déterminées

1. C. Schmitt, *Théorie de la Constitution*, *op.cit.*, p. 212.

par une décision politique du souverain, et dotées par lui d'une forme spécifique et d'une valeur suprême.

Section II

Le fonctionnement de la constitution

L'examen du fonctionnement de la constitution va permettre de préciser certains de ces éléments : son fonctionnement, c'est-à-dire son existence concrète, qui commence avec sa naissance, s'achève par sa disparition, que ponctuent, dans l'intervalle, les innombrables transformations que peuvent produire la pratique ou l'intervention du constituant.

Sous-section 1

Naissance et mort des constitutions

Naissance et mort : en l'occurrence, il y a bien sûr un lien étroit entre les deux, puisque, sauf dans l'hypothèse de la création d'un État nouveau, l'apparition d'une constitution suppose la disparition de la précédente, qu'elle remplace.

A. Naissance

La naissance proprement dite résulte d'une décision politique du constituant. Cette décision sera expresse lorsqu'il s'agit d'une constitution écrite, mais implicite dans le cas des constitutions coutumières. En revanche, émanant du souverain lui-même, qui par définition est unique, la constitution aura toujours un caractère unilatéral : elle est imposée, ce qui implique *a contrario* qu'elle ne résulte jamais d'un accord, d'une convention, même lorsqu'il en est ainsi en apparence[1].

Dans le cas des constitutions écrites, cette décision du constituant est précédée par une préparation, une mise au point, ce qu'on a appelé l'« écriture » du texte constitutionnel. L'accouchement précède la naissance, et il peut être plus ou moins long et douloureux. À ce propos, deux méthodes ont été pratiquées alternativement au cours de l'histoire constitutionnelle française.

Une première méthode consiste à confier l'élaboration à une Assemblée constituante, spécifiquement élue par le peuple (1793, 1848, 1875, 1946), ou considérée comme représentative de celui-ci (1791). Il s'agit, *a priori*, de la méthode la plus conforme aux principes démocratiques. Même lorsque le peuple n'est pas directement appelé à ratifier la nouvelle constitution établie par l'Assemblée, celle-ci est du moins censée représenter le souverain. D'où le terme d'« Assemblée nationale » dont va se parer l'Assemblée constituante en 1789 : on va faire « comme si » sa volonté *était* celle de la nation. En revanche, cette procédure comporte des défauts pratiques considérables. Tout d'abord, la lenteur de l'élaboration. L'action, dit le poète, est divisée par le nombre. De fait, les résultats tardent parfois à venir : ainsi la Constitution du 3 septembre 1791, dont l'élaboration commence à l'été 1789, ou encore les lois constitutionnelles de 1875, élaborées par une Assemblée nationale élue pour ce faire en 1871. Le second défaut, encore plus grave, tient au risque d'incohérence des résultats. Risque majeur, la constitution procédant alors d'un

1. À ce propos, il faut bien sûr mettre à part le cas particulier des Constitutions fédérales, qui supposent l'existence d'un accord entre les futurs membres de la fédération, les États fédérés.

compromis, plus ou moins réussi, entre les différentes tendances représentées à l'Assemblée constituante – puisqu'il est nécessaire de parvenir à un accord obtenant la majorité. D'où une tendance à niveler les choix, mais aussi à combiner des dispositions d'inspirations contradictoires : c'est le cas en 1791 ou en 1848, où les inspirations révolutionnaires sont contrebalancées par des tendances conservatrices ; c'est le cas à nouveau en 1875, où la constitution résulte d'un « compromis dilatoire » entre les royalistes, majoritaires mais divisés, et les républicains. La conséquence, reconnaissent les observateurs de l'époque, qu'ils soient royalistes ou républicains, c'est une Constitution qui « ne repose sur aucun fondement [1] », « un monument incohérent dont on ne pourrait même pas désigner l'architecte, tout le monde y ayant mis la main, maîtres et gâcheurs de plâtre [2] ». Et tel est encore le cas en 1946, où la majorité socialo-communiste se trouve contrainte de tenir compte des réticences des démocrates chrétiens du MRP. Enfin, le dernier défaut de cette procédure tient au fait que les Assemblées constituantes ont parfois tendance à se considérer, moins comme les représentantes de la nation souveraine, que comme les représentantes souveraines de la nation [3]...

Mais il existe une seconde méthode, qui consiste à faire élaborer le texte de la constitution par un homme seul, ou par un petit groupe (comité d'experts, commission spéciale, etc.). La signification politique de cette procédure est l'inverse de la précédente : même lorsque c'est au nom du peuple qu'il s'effectue, ce mode d'élaboration révèle toujours la présence d'un

1. Duc de Broglie, cité *in* C. de Lacombe, *Journal politique*, Picard, 1908, t. II, p. 186.

2. G. Hanoteaux, *Histoire de la France contemporaine*, Furne, 1908, t. III, p. 323.

3. Comme le souligne G. Berlia, « De la compétence des Assemblées constituantes », *RDP*, 1945, p. 353.

« homme fort », Bonaparte en 1799, son neveu, le futur Napoléon III, en 1852, Pétain en 1943 ou le général de Gaulle en 1958. Un homme fort qui impose sa décision, son projet, et donc, son hégémonie, qui seront plus ou moins fidèlement retranscrits dans le texte constitutionnel. Mais les conséquences pratiques sont également opposées : l'élaboration constitutionnelle est rapide, parfois fulgurante, quelques semaines ou quelques jours [1], et le résultat final est toujours beaucoup plus cohérent que celui que peut produire une Assemblée constituante, puisqu'il reflète, non point un compromis aléatoire, mais la volonté d'un seul.

Ce n'est qu'une fois achevée cette préparation qu'aura lieu la naissance proprement dite. Là encore, on peut distinguer plusieurs hypothèses, même lorsqu'on se limite au cas où le peuple est considéré comme souverain [2]. Première hypothèse, l'Assemblée nationale représentant le peuple décrète en son nom la constitution qu'elle a élaborée (par exemple, 1791 ou 1875). Deuxième hypothèse, l'Assemblée constituante, une fois le projet établi, le présente au peuple, qui se prononce sur le texte (c'est le cas en mai puis en octobre 1946, pour la Constitution de la IVe République). Troisième hypothèse, le Comité chargé d'élaborer la constitution fait approuver son projet par le peuple, sur un mode souvent quasi plébiscitaire (1799, 1852, 1958).

---

1. En janvier 1852, après deux jours de discussion au sein de la commission spéciale d'une demi-douzaine de membres chargée d'élaborer la nouvelle constitution, Rouher rédige celle-ci en vingt-quatre heures (voir P. de La Gorce, *Histoire du Second Empire*, Plon, 1894, t. 1, p. 25).

2. On laisse là encore de côté l'hypothèse particulière de la Constitution fédérale (voir première partie, chapitre II).

B. Disparition

La disparition d'une constitution est évidemment liée à ce qu'on vient de décrire, puisque dans la plupart des cas une constitution est remplacée par une autre. À ce propos, il faut toutefois souligner deux points, relatifs au contexte et aux modalités de ce remplacement.

1. *Le contexte*

Le contexte d'un changement de constitution est toujours *révolutionnaire*. Si, en effet, on définit la constitution comme une décision politique globale sur le genre et le principe directeur de l'organisation politique, sa disparition et son remplacement par une autre impliquent une remise en cause de ce genre et de ce principe. Autrement dit, un revirement considérable, qui n'a rien à voir avec une simple révision, si étendue soit-elle.

Cette hypothèse se trouve largement corroborée par l'histoire constitutionnelle française. À chaque fois qu'est apparue une nouvelle constitution, ce fut dans un contexte et suivant une procédure révolutionnaire. À ce propos, il faut préciser ce qu'on entend par révolution. « Contrairement à ce que pense le sens commun, expliquait G. Liet-Veaux, ce ne sont pas les actes de violence qui caractérisent les révolutions, mais plutôt les violations des dispositions relatives à la révision de la constitution en vigueur. [...] D'ailleurs, c'est cette violation de l'ordre constitutionnel qui permet seule d'opposer la révolution à des troubles "mineurs" qualifiés émeutes, révoltes, rébellions, etc. Or, un tel critère est, par nature, juridique[1]. » On peut admettre

1. G. Liet-Veaux, « La fraude à la Constitution, essai d'une analyse juridique des révolutions communautaires récentes : Italie, Allemagne, France », *RDP*, 1943, p. 117.

une telle approche, à condition de préciser que (contrairement à ce qu'affirme l'auteur), « l'intervention de la force » n'est pas seulement la conséquence éventuelle, mais plutôt la condition habituelle de la violation en question. La constitution va être violée, parce qu'on se situe dans un contexte tel que cette remise en cause devient possible, et même inéluctable. Ce contexte révolutionnaire sera parfois *explicite* : c'est le cas en 1789-1791, lorsque la nouvelle constitution se substitue à celle de l'Ancien Régime, en 1793, lorsqu'on remplace la Constitution de 1791, ou encore en 1830, en 1848, en 1852 ou en 1870. Parfois, en revanche, cette dimension révolutionnaire sera moins visible. C'est le cas en 1958, d'autant que la Constitution de la Ve République présente de larges éléments de continuité avec celle de 1946, et qu'en outre elle a été en partie établie conformément aux dispositions relatives à la révision figurant dans cette dernière, avec l'aide d'hommes politiques éminents de la IVe République. Cependant, on peut noter qu'il en va à peu près de même de la Charte constitutionnelle de 1830, qui à beaucoup d'égards n'est qu'une reproduction de celle de 1814. En outre, si la dimension révolutionnaire du processus qui a conduit à remplacer la Constitution de 1946 a été volontairement estompée, notamment par le général de Gaulle, dès l'été 1958, elle n'en apparaît pas moins fort clairement sur le moment, au mois de mai 1958. En dehors d'un tel contexte, marqué par le risque d'une guerre civile, le général de Gaulle ne serait sans doute jamais revenu au pouvoir, et la Constitution de 1958 n'aurait pas été écrite (voir *Droit constitutionnel. La Ve République*, p. 30 sq.).

Réciproquement, on constate que des constitutions formellement nouvelles, adoptées en dehors d'un tel contexte, ne sont en général que des révisions de la précédente, révisions parfois importantes, mais jamais fondamentales. Ce qui change alors, c'est la constitution formelle, mais pas la constitution matérielle : l'enveloppe, et non le contenu. On peut évoquer à ce propos la série des « Constitutions de l'Empire ». En vertu de la première, celle du 22 frimaire an VIII (13 décembre 1799), Bonaparte, Premier consul, concentre entre ses mains l'essentiel du pouvoir. Par celle du 16 thermidor an X (4 août 1802), il devient Consul à vie. Avec celle du 28 floréal an XII (18 mai 1804), enfin, Napoléon est couronné empereur. Formellement, il s'agit bien de nouvelles constitutions : en réalité, ces textes successifs traduisent simplement l'hégémonie croissante sur les institutions de l'homme fort du système, Bonaparte, chef de l'exécutif. Pas de révolution, donc, mais, malgré les apparences, pas non plus de constitution nouvelle, de 1799 à 1814 : « les deux dernières ne sont [...] que des modifications et des compléments de la première, qui ne cessera point de s'appliquer [1] ». Et en un sens, on pourrait faire un parallèle entre ces textes, et la Constitution de la Ve République, avant et après la révision de novembre 1962 – qui, en instaurant le principe de l'élection présidentielle au suffrage universel direct, ne fait en réalité qu'entériner la primauté déjà acquise du chef de l'État.

2. *Les modalités*

Les modalités de disparition d'une constitution sont donc symétriques à celles de l'apparition de la suivante. Soit la disparition résulte d'une nouvelle décision du souverain – qui remet en cause sa décision précédente : c'est le cas en septembre 1958, lorsque le peuple, consulté par référendum, fait disparaître la Constitution de la IVe République qu'il avait approuvée douze ans plus tôt pour adopter celle de la Ve. Soit

1. M. Duverger, *Les Constitutions françaises*, *op. cit.*, p. 66.

la disparition résulte d'une décision d'un nouveau souverain. C'est ainsi qu'en 1791 le peuple se substitue au roi pour établir la nouvelle constitution; et qu'en 1814, le roi reprend la place du peuple en lui octroyant une Charte constitutionnelle. Dans ce cas, qui est évidemment le plus topique, la disparition de l'ancienne constitution n'est au fond que la conséquence immédiate et nécessaire du changement de souverain.

Cependant, sans pour autant disparaître, il arrive qu'une constitution ne demeure pas immobile. En fait, cela arrive même nécessairement : toute constitution évolue, se modifie au fur et à mesure de sa mise en œuvre, au même titre que n'importe quelle règle de droit.

Sous-section 2

Évolutions

Les évolutions que l'on veut évoquer d'abord sont celles qui n'ont pas été expressément prévues ni juridiquement organisées par le constituant : dans la constitution elle-même (sur la révision proprement dite, voir paragraphe suivant). Ici, on se bornera aux transformations qui résultent de la pratique des organes de l'État, et, lorsqu'elles existent, de la jurisprudence des cours constitutionnelles.

A. La pratique

À ce propos, il faut mettre à part les simples « usages » qui consistent, lorsque la constitution autorise sur un point précis plusieurs solutions distinctes, à choisir habituellement (mais non nécessairement) l'une d'entre elles, plutôt que les autres. Ces habitudes, qui peuvent relever de la courtoisie, de la tradition, de l'usage parlementaire ou gouvernemental, sont en effet étrangères au droit, n'étant ni sanctionnées ni ressenties comme juridiquement obligatoires. De ce fait, même si elles peuvent avoir des conséquences politiques concrètes, elles n'entraînent aucune évolution de la constitution. On peut évoquer à ce propos ce que les médias ont appelé la « jurisprudence Bérégovoy-Balladur », qui consiste à ne pas maintenir au gouvernement un ministre mis en examen, ou la « jurisprudence Jospin », qui affirme l'incompatibilité des fonctions de ministre et de maire. Dans ces deux cas, la constitution est muette, l'objectif est clairement politique (moraliser la vie publique pour renforcer l'autorité gouvernementale, notamment en période de cohabitation), et la pratique, dépourvue de toute valeur normative : c'est ainsi que Jean-Pierre Raffarin maintiendra en place, en mai-juin 2002, l'un des ministres de son premier gouvernement, R. Donnedieu de Vabres, malgré sa mise en examen, sans que quiconque ait pu lui reprocher d'avoir porté atteinte à une « règle » qui, de toute évidence, n'existe pas.

Le problème se pose en revanche plus sérieusement pour les « coutumes constitutionnelles » et les « conventions de la constitution ».

1. *Coutumes et conventions*

Une coutume, en droit, est une règle qui ne résulte pas de la *volonté expresse* de l'autorité publique (comme, par exemple, une loi ou un décret), mais de la *pratique* des membres du groupe social considéré, c'est-à-dire de la répétition fréquente, durable et ininterrompue d'un même comportement par ces derniers, qui vont finir par considérer ce comportement comme juridiquement obligatoire. Pour que se forme une telle coutume, il faut donc deux éléments, un élément de fait, d'abord, la répétition régulière d'un même comportement, et un élément intellectuel, ensuite, l'*opinio juris*, la conviction qu'il est obligatoire de se comporter ainsi – et donc, qu'un comportement contraire serait passible de sanctions juridiques. À quoi s'ajoute, pour que la règle coutumière acquière sa pleine consistance juridique, sa reconnaissance par une juridiction, qui doit admettre qu'elle est valide, et accepter d'en tirer les conséquences.

Dans la mesure où la coutume s'intègre à un ordre juridique préexistant, et où elle va donc être amenée à régir, dans certains cas, des situations déjà envisagées par d'autres règles (par hypothèse, non coutumières), on distingue selon qu'elle se contente d'ajouter ou de préciser, *à côté* des prescriptions déjà en vigueur (c'est la coutume *praeter legem*, « à côté de la loi »), ou qu'elle va, à l'inverse, *à l'encontre* des prescriptions existantes (ce qui signifie en pratique qu'un agissement interdit par la loi sera pourtant indéfiniment réitéré, et considéré comme obligatoire, par les membres du groupe : c'est la coutume *contra legem*).

Avant d'évoquer les problèmes théoriques que pose la coutume, et singulièrement la coutume *contra legem*, dans l'ordre constitutionnel, on peut noter qu'elle semble, au premier abord, y occuper une place considérable – y compris dans le cadre des constitutions écrites, puisqu'il est bien évident que la coutume joue un rôle dominant, mais non problématique, dans le cadre des constitutions coutumières. La place de la coutume dans la constitution écrite tient à ses avantages pratiques : au fait qu'elle permet, en fonction des besoins qui évoluent, des réalités changeantes, de « corriger sans heurts des textes écrits pour les adapter aux circonstances [...] dans un domaine où l'expérience est souvent plus féconde que le dogmatisme [1]. »

1. G. Burdeau, *Droit constitutionnel*, *op. cit.*, p. 64.

Les exemples d'évolutions coutumières sont donc fort nombreux, du moins en apparence. Parmi beaucoup d'autres, on peut évoquer celle qui concerne la pratique de la dissolution de la Chambre des députés sous la IIIe République. Après la crise du 16 mai 1877 et la dissolution, jugée abusive et anti-républicaine, de la Chambre par le président Mac-Mahon, cette compétence se trouve politiquement discréditée. Les présidents successifs n'en feront plus jamais usage : ce qui aura pour effet de leur faire perdre une grande part de leur autorité, de conférer à la Chambre des députés une stabilité de fait, et de lui permettre par suite de s'imposer comme l'organe dominant de l'État. La répétition du même comportement, l'absence de dissolution, se poursuit ainsi tout au long de la IIIe République, et semble être ressentie comme obligatoire – les quelques présidents qui émettent le souhait d'en faire usage se trouvant aussitôt rappelés à l'ordre par une violente opposition des milieux parlementaires.

Sous la Ve République, la coutume constitutionnelle n'a pas disparu. On peut évoquer ainsi, parmi les coutumes *contra legem*, celle du « vote par procuration » des parlementaires. En vertu de l'article 27 alinéa 2 de la Constitution, qui pose le principe du vote personnel des députés et des sénateurs, ceux-ci ont l'obligation stricte de voter eux-mêmes, par exemple pour l'adoption d'une loi. Or, depuis 1960, les parlementaires ont repris la (mauvaise) habitude, du reste profondément ancrée dans la tradition française, de faire voter quelqu'un d'autre à leur place – ce qui leur permet fictivement de participer au vote sans être physiquement présents dans l'hémicycle. Là encore, le comportement en question a été indéfiniment réitéré ; et lorsque des parlementaires ont tenté de faire respecter la règle constitutionnelle en empêchant, lors d'un scrutin à l'Assemblée, certains élus de voter pour d'autres, leur attitude fut jugée scandaleuse et répréhensible par le reste de la classe politique.

Ainsi, la coutume semble être partout, et infléchir en profondeur les textes constitutionnels. Depuis quelques années, en France, l'attention se porte en outre sur un phénomène parallèle, qui va dans le même sens en ce qu'il aurait pour effet d'infléchir la pratique constitutionnelle, les « conventions de la constitution ». Celles-ci ont été définies comme « un ensemble de pratiques qui règlent le comportement et les devoirs des personnes publiques. Ces pratiques ne sont pas définies par un texte, mais résultent [...] *d'accords informels* considérés comme obligatoires [1]. » L'élément central, c'est ici, comme le nom l'indique, le caractère *conventionnel* de la règle, le fait qu'elle naît d'un *accord* entre les personnes concernées (par exemple, entre députés, ou entre ministres, ou entre membres du Conseil constitutionnel, etc.) ; alors que, à l'inverse, la coutume a pour caractéristique de s'imposer d'elle-même, de manière unilatérale, étant reconnue par ses destinataires comme une norme objective. Les conventions, comme les coutumes, peuvent avoir une extrême importance. C'est du moins le cas en Grande-Bretagne, où une large part de la Constitution résulte de tels accords – et, en particulier, le principe fondateur du régime parlementaire, l'obligation pour le Cabinet ministériel de démissionner lorsqu'il a été mis en minorité à la Chambre des communes.

2. *Les problèmes posés par la coutume*

Dans ces deux hypothèses, quoique suivant des modalités partiellement différentes, la pratique institutionnelle va donc susciter, ou *sécréter*, une règle obligatoire qui opère une altération de la constitution. Mais

1. Y. Mény, « Les conventions de la Constitution », *Pouvoirs*, n° 50, 1989, p. 54.

la question qui se pose alors est la suivante : une telle transformation est-elle juridiquement concevable ? Peut-on admettre l'existence de coutumes, entraînant une transformation parfois profonde de la constitution, lorsque celle-ci est écrite et rigide ? Logiquement, la réponse est négative. La rigidité constitutionnelle implique en effet que les seules transformations possibles, c'est-à-dire licites et valides, sont celles qui s'opèrent suivant une procédure déterminée de révision et/ou par des organes spécifiques, procédures et organes exclusivement habilités pour ce faire par la constitution elle-même. Ce qui signifie *a contrario* que tout autre mode de transformation, n'étant pas prévu par la constitution, se trouve par conséquent contraire à celle-ci : illicite et inconstitutionnel. On serait alors dans l'ordre du *fait*, non dans celui du droit. La seule exception concevable, dans ce cadre, suppose qu'une constitution a expressément reconnu à la coutume (suivant des modalités qu'elle définit) le pouvoir de la modifier. Mais on revient alors à l'hypothèse précédente, la coutume étant alors définie par la constitution elle-même comme un mode licite de révision.

Second aspect de la question : une telle transformation a-t-elle bien eu lieu ? Y a-t-il ou non, en l'occurrence, contradiction entre le principe juridique et la réalité des faits ?

À cet égard, il faut souligner le caractère finalement très incertain des manifestations coutumières habituellement évoquées, et qu'on a rappelées plus haut. Incertain, si l'on considère que pour qu'il y ait effectivement coutume, il faut non seulement une pratique, l'élément matériel, mais aussi une conviction : l'idée, partagée par la plupart des membres du groupe social concerné, que le comportement en question est juridiquement obligatoire – et donc que les agissements contraires seraient passibles de sanctions. Or, si la pratique est fréquemment présente, la conviction, au contraire, semble très rarement acquise.

On peut reprendre à ce propos l'exemple du vote par procuration sous la Ve République. Celui-ci, au fond, n'a jamais cessé d'être considéré comme illicite, car contraire à une disposition expresse de la Constitution, l'article 27 alinéa 2, par ceux-là mêmes qui le pratiquaient. On peut faire quelque chose et le répéter indéfiniment sans être convaincu que c'est obligatoire, et en étant même persuadé du contraire, dès lors qu'on y trouve un profit : en l'espèce, l'intérêt est évident, puisque le non-respect du vote personnel, en autorisant l'absentéisme parlementaire, permet du coup la présence des députés dans leurs circonscriptions. Quant au tollé soulevé en 1986 par la tentative d'empêcher le vote par procuration, il se fondait apparemment sur des raisons plus politiques (les empêcheurs de voter en rond étant députés du Front national) que véritablement juridiques.

On peut dire à peu près la même chose du non-usage du droit de dissolution sous la IIIe République. Ici, l'interdit pesant sur le chef de l'État paraît réellement perçu comme obligatoire. Mais en réalité, et la différence est capitale, l'obligation en question n'est pas d'ordre *juridique*. Ce n'est point qu'on n'a pas le *droit* de dissoudre la Chambre des députés, c'est seulement qu'il paraît *politiquement* condamnable de s'attaquer au Parlement, représentant par excellence du peuple souverain. Cela ne se fait pas, même si cela demeure juridiquement autorisé par le texte de la Constitution[1] : et cela devient, par ricochet, juridiquement inutilisable, puisque le Président ne peut, en

1. P. Lafitte, dans un article au titre significatif, « La vraie Constitution de 1875 », *RDP*, n° 3, 1895, p. 86 sq., note à ce propos qu'il « suffirait que le [Président] fît usage de ses pouvoirs ». Dans le même sens, P. Ferneuil observe en 1906 : « C'est un fait bien significatif que tous les présidents qui se sont succédé au pouvoir depuis Monsieur Grévy [...] aient tous reculé devant l'exercice des prérogatives que leur a formellement dévolues la Constitution, et qu'aucun d'entre eux n'ait osé [...] prononcer la dissolution. [...]

vertu de la Constitution, dissoudre la Chambre qu'avec l'accord du Sénat, qui refusera toujours de le lui accorder. Ainsi n'y a-t-il pas, là non plus, de transformation de la constitution *formelle*, même s'il y a incontestablement modification de l'équilibre politique entre les pouvoirs : et en un certain sens, altération de la constitution *matérielle*.

Dans la plupart des cas où l'on parle de coutume, il ne s'agit donc en réalité que de simples pratiques illicites, mais non sanctionnées. Non sanctionnées, soit parce que ceux qui pourraient le faire n'y ont pas intérêt (c'est notamment le cas des gouvernements sous la Ve République, qui auraient pu imposer le respect du principe du vote personnel, mais qui comprirent rapidement qu'ils avaient au fond plus à y perdre qu'à y gagner), soit parce qu'il n'existe pas d'instance susceptible de les sanctionner. Des pratiques qui, le cas échéant, pourront d'ailleurs être « constitutionnalisées », c'est-à-dire, intégrées à la constitution formelle, par voie de révision en bonne et due forme ou lors de l'élaboration d'une nouvelle constitution : c'est ainsi que la Constitution suisse du 18 avril 1999 a codifié toute une série de principes matériellement constitutionnels, élargissant les compétences de la Confédération au détriment des cantons, qui avaient été peu à peu imposés par la pratique dans le cadre de la Constitution de 1874[1].

Mais au fond, les seuls exemples vraiment pertinents de coutumes ou de conventions constitutionnelles prennent place, non dans le cadre de constitutions rigides et écrites, mais dans celui de

---

La constatation de cette répugnance des Présidents à exercer leur pouvoir constitutionnel conduit tout naturellement à rechercher les causes de cet effacement volontaire, et on n'a guère de peine à les découvrir dans les lacunes de la Constitution de 1875 » (« Le programme républicain », *RPP*, 1906, n° 144, p. 457-458).

1. A. Auer, G. Malinverni et M. Hottelier, *Droit constitutionnel suisse*, *op. cit.*, t. I, p. 331-332.

constitutions coutumières, comme la Constitution anglaise...

B. La jurisprudence constitutionnelle

Avant d'évoquer plus en détail (section III) la fonction principale des juridictions constitutionnelles – la protection de la constitution, notamment contre les atteintes de la loi –, on peut noter que celles-ci peuvent avoir un effet sur la constitution, qu'elles contribuent à modeler de deux manières, en l'interprétant, et en créant des règles jurisprudentielles.

1. *L'interprétation*

L'interprétation d'une règle consiste, pour un juge, à dire quelle est sa signification, en général avant de l'appliquer à l'espèce dont il a été saisi. *A priori*, cette démarche paraît inutile lorsque l'acte ou la règle à appliquer sont suffisamment clairs, précis, dépourvus d'ambiguïté. Apparemment, seules les règles obscures nécessitent un effort d'interprétation : mais en apparence seulement, puisqu'il appartiendra toujours au juge d'apprécier au préalable si telle règle est claire ou obscure, et donc, si elle a ou non besoin d'être interprétée. Or, le fait même de le déterminer revient évidemment à l'interpréter. Ainsi, en un sens, tous les actes doivent donc faire l'objet d'une interprétation pour être appliqués.

Cette interprétation se contente parfois de retrouver l'*intention* de l'auteur de la règle : le constituant, en énonçant telle norme, a voulu dire ceci, comme le montrent par exemple les travaux préparatoires, et tel est donc le sens qu'il faut lui donner. Mais le juge est libre de ses méthodes d'interprétation, et il pourra arriver qu'il s'éloigne, parfois de manière considérable, du sens immédiat du texte tel qu'il découle de sa lettre, et même de l'intention de ses auteurs. L'interprétation devient alors un moyen de participer à la création, ou plutôt à l'évolution de la règle interprétée.

C'est le cas de l'interprétation finaliste, ou téléologique : la règle est alors interprétée non plus en fonction de l'intention immédiate de l'auteur, mais des buts plus lointains qu'il avait en énonçant la règle ; ou bien encore en fonction de la finalité de l'ensemble normatif dont elle fait partie. L'exemple le plus remarquable de ce type d'interprétation est fourni par un arrêt de la Cour suprême des États-Unis, *Marbury v/Madison*[1]. En 1787, la Constitution fédérale américaine avait institué une Cour suprême et des tribunaux fédéraux, mais, pour des raisons essentiellement politiques, afin de ne pas effrayer les différents États fédérés, elle n'était pas allée jusqu'au bout de sa logique : malgré les réclamations de certains, elle ne leur avait pas confié le pouvoir de contrôler la conformité des lois (celles de la fédération et des États) à la Constitution fédérale. En 1803, la Cour suprême, dans cet arrêt capital, va pourtant affirmer qu'un tel contrôle peut être exercé par la Cour suprême, et au-delà, par tout juge. Dans le cas contraire, en effet, les lois pourraient impunément violer la constitution : ce qui signifie que celle-ci n'aurait pas de valeur supérieure aux lois, et par conséquent qu'elle ne saurait assurer la fonction pour laquelle l'ont créée les constituants de 1787. En l'occurrence, le contrôle de constitutionnalité n'était pas expressément prévu par le constituant : ce n'est donc pas son intention que la Cour suprême a mis en avant, c'est, au-delà, la logique même du système qu'il a établi, et l'un des objectifs fondamentaux de celui-ci : placer la constitution au-dessus des lois afin d'en permettre le fonctionnement effectif.

---

1. *Marbury v/Madison*, 5US (1 Cranch) 137 (1803), cité *in* É. Zoller, *Grands Arrêts de la Cour Suprême des États-Unis*, PUF, 2000, p. 73 sq.

Dans l'ordre constitutionnel, l'interprétation est extrêmement sensible au contexte politique : tel est le cas de la jurisprudence de la Cour suprême, mais également de celle du Conseil constitutionnel. Un exemple parmi d'autres : la décision du 6 novembre 1962. Le Conseil est alors saisi, par le président du Sénat, de la loi adoptée par référendum sur le fondement de l'article 11 de la Constitution, relative à l'élection du président de la République au suffrage universel direct. Dans cette décision, le Conseil va interpréter restrictivement la compétence qu'il tire de l'article 61 alinéa 2 de la Constitution, en vertu duquel « les lois peuvent être déférées au Conseil constitutionnel avant leur promulgation ». Sa compétence, explique-t-il dans cette décision, se limite aux lois *ordinaires*, et ne s'étend donc pas aux lois référendaires adoptées directement par le peuple. Pourquoi, en l'espèce, cette interprétation restrictive – l'article 61 alinéa 2, ne distinguant pas entre lois ordinaires et lois référendaires ? La réponse est simple : il s'agit, pour le Conseil, de se tirer d'un mauvais pas en évitant de se prononcer *au fond* sur la conformité de cette loi référendaire à la Constitution. Lui éviter de le faire, car une réponse positive l'aurait discrédité aux yeux de l'opinion publique, la non-conformité de la procédure étant incontestable, alors qu'une réponse négative, par laquelle le Conseil se serait opposé à la fois aux vœux du général de Gaulle et à la volonté formelle du peuple souverain, aurait été encore plus lourde de conséquences. Cette interprétation restrictive était donc, pour le Conseil, le seul moyen d'éviter la catastrophe.

2. *La création normative*

La jurisprudence est une source du droit dans toutes les branches du système juridique, droit administratif, droit privé, droit commercial, etc. Dans tous ces cas, le juge, à l'occasion d'un procès – et à l'intérieur de son jugement –, peut énoncer des règles nouvelles : en particulier lorsque, pour juger une affaire, il ne dispose pas d'une règle applicable (on parle alors de lacune) ni qu'il estime satisfaisante, susceptible d'aboutir à une solution admissible.

Dans l'ordre constitutionnel, la difficulté tient une fois de plus au niveau, suprême, où l'on se situe. Comment en effet admettre qu'un juge, par hypothèse non élu, dépourvu de toute « légitimité démocratique », puisse énoncer des règles qui seront dotées d'une valeur constitutionnelle, et qui, par conséquent, prévaudront sur la loi votée par le Parlement ? On touche ici à une opposition, très classique, entre le pouvoir des élus du peuple et l'autorité des juridictions constitutionnelles, accusées de vouloir établir un « gouvernement des juges ». C'est ainsi qu'en 1803 le président Jefferson reprochera à la Cour suprême d'avoir fait de la Constitution fédérale, à travers l'arrêt *Marbury v/Madison*, un « objet de cire [1] » qu'elle pourrait désormais modeler à sa guise.

De fait, il est difficile de nier l'existence d'une difficulté majeure sur ce plan : entre la volonté des juges et celle des représentants du souverain, le conflit est inéluctable. Car le juge suprême dispose, au niveau constitutionnel, d'un pouvoir créatif considérable – même s'il essaie d'ordinaire de le dissimuler, ou du moins, de le rendre plus acceptable et plus discret en rattachant les règles qu'il énonce à des textes constitutionnels préexistants, et en déclarant qu'il ne les crée pas, mais qu'il se borne à les « découvrir ». En France, c'est ainsi que le Conseil constitutionnel s'est donné la possibilité de remodeler la Constitution de 1958 dans un sens non prévu à l'origine par les auteurs de celle-ci : grâce à un coup d'éclat jurispru-

1. Cité *in* L. Favoreu, *Droit constitutionnel*, *Dalloz*, 2000, 3e éd., p. 230.

dentiel mémorable, la décision du 16 juillet 1971, il a reconnu une valeur juridique au Préambule de la Constitution et par suite, aux différents textes auxquels renvoyait celui-ci, le Préambule de la Constitution de 1946 et la Déclaration des droits de l'homme et du citoyen de 1789. De là proviennent, depuis les années 1970, les principales évolutions de la norme suprême, en dehors de toute révision en bonne et due forme – au point que le droit constitutionnel contemporain se résume désormais, pour une partie notable de la doctrine, à l'étude du Conseil constitutionnel et de sa jurisprudence.

Sous-section 3

Les révisions

Sa situation singulière, au sommet de l'échelle des normes, fait que la constitution doit établir elle-même les modalités de sa révision et déterminer son étendue éventuelle – alors que pour toutes les règles inférieures, lois, règlements, arrêtés, etc., c'est par définition une autre norme, supérieure, qui énonce ces modalités.

A. Les modalités de révision

On retrouve ici la distinction entre constitutions « souples », qui peuvent être aisément révisées, selon des procédures identiques à celles utilisées pour modifier les lois ordinaires, et constitutions « rigides » qui, elles, exigent pour ce faire des procédures spéciales. C'est bien entendu à elles seules qu'on s'intéressera ici, pour souligner la diversité des modalités de révision susceptibles d'être prévues : diversité dont on ne peut que tracer un tableau très général en reprenant les trois moments successifs du processus, l'initiative, la révision proprement dite et la ratification.

Le premier point consiste à établir qui peut lancer le processus de révision, et comment. Sur un plan organique, l'initiative de la révision peut appartenir aux organes constitués ordinaires : c'est le cas en France où, en vertu de l'article 89 alinéa 1er de la Constitution de 1958, cette compétence appartient soit au président de la République sur proposition du Premier ministre, soit aux membres du Parlement. Mais cette compétence peut aussi être dévolue à des organes spécifiques : ainsi, en Suisse, où le processus peut être initié par une pétition ayant recueilli plus de cent mille signatures.

Sur le plan procédural, ensuite, les constitutions prévoient parfois des conditions de délai. Tout dépend de la manière dont est conçue la norme fondamentale, plus ou moins sacrée et intouchable. On distingue ici trois cas de figure.

Dans un premier cas, aucune condition de délai n'est prévue. On peut réviser la Constitution aussi souvent qu'on le désire. En l'espèce, l'idée directrice est qu'un texte ne vaut quc parce qu'il est utile, et qu'il doit donc pouvoir être adapté quand on le veut, dès que cela paraît avantageux – le risque, en cas de révisions trop fréquentes, étant de désacraliser la norme suprême, et donc, en définitive, de lui faire perdre une part de son efficacité.

La perspective inverse est celle que l'on découvre, de manière éclatante, dans les constitutions françaises de l'époque révolutionnaire. Dans celle du 3 septembre 1791, le vœu de révision, qui lance la procédure, doit avoir été émis de façon uniforme par trois législatures successives, chacune d'elles ayant une durée de deux ans. Concrètement, il faudra donc près de six ans pour prendre l'initiative d'une révision, la Constitution précisant toutefois, pour plus de sûreté, que « la prochaine législature et la suivante ne pourront proposer la réforme d'aucun article constitutionnel » (titre VII, article 3). La signification est claire : on doit toucher le moins possible au texte fondateur, qui ne doit être modifié que si cela apparaît à tous *évidemment nécessaire* – thématique de l'unanimité qui renvoie notamment aux théories du contrat social. De nos jours, ce type de limitation apparaît moins fréquent, même s'il continue de se rencontrer dans certaines constitutions, comme celle du Portugal, dont l'article 284 alinéa 1 exige que cinq ans se soient écoulés depuis la date de la précédente révision.

Enfin, on trouve dans certains textes constitutionnels une obligation plus originale, énonçant qu'il faut réviser la constitution à intervalles réguliers. Il n'y a plus ici de délai minimum, mais un délai maximum. L'idée avait déjà été défendue au XVIIIe siècle par Condorcet, en lien avec le thème du progrès : comme tout s'améliore graduellement, et en particulier la raison humaine, il faut que les constitutions suivent le mouvement de l'histoire, et qu'elles soient régulièrement remises à jour. C'est ce que prévoyait également, dans son article 135, la Constitution polonaise de 1921.

Un fois le processus lancé, la révision proprement dite peut être réalisée soit par des organes spécifiques, soit par des procédures particulières, soit par une combinaison des deux.

Les organes spécifiques peuvent être spécialement *élus* pour l'occasion (ainsi, la « Convention » évoquée à l'article 5 de la Constitution des États-Unis, ou l'« Assemblée de révision » prévue par la Constitution de 1791), ou bien spécialement *réunis* pour y procéder (par exemple, l'« Assemblée nationale » réunissant à Versailles la Chambre des députés et le Sénat prévue par l'article 8 de la loi constitutionnelle du 25 février 1875, ou le « Congrès » de l'article 89 alinéa 3 de la Constitution de 1958). Quant aux procédures spéciales, elles peuvent consister dans l'exigence de majorités accrues, la révision étant adoptée non par une majorité simple, mais par les deux tiers des présents (Constitution allemande de 1919, article 76), ou par les trois cinquièmes des suffrages exprimés (Constitution de 1958, article 89 alinéa 3).

Phase ultime, la ratification de la révision par le souverain lui-même n'est pas toujours exigée. En France, l'article 89 alinéa 3 permet précisément d'éviter d'en référer au peuple. Cette procédure s'est avérée très utile pour faire passer des révisions dont on pouvait craindre qu'elles ne recueilleraient pas l'assentiment populaire, mais elle apparaît critiquable, tant au regard du principe démocratique, puisque le souverain se trouve délibérément mis sur la touche, que de l'esprit de la Ve République, qui exige que toutes les révisions significatives soient confirmées par référendum.

Pour apaiser ce genre de critiques, on a imaginé certains remèdes, comme celui qui figure à l'article 138 de la Constitution italienne. Une révision peut être adoptée par le Parlement, mais il est alors possible à un cinquième des membres de l'une des deux Chambres, à cinq conseils régionaux ou à cinq cent mille électeurs de demander, dans un délai de trois mois, que cette révision soit ratifiée par référendum.

Quand la ratification est obligatoire, ou qu'on choisit de s'y soumettre (par exemple, en septembre 2000, lorsqu'on a eu recours, pour la première fois sous la Ve République, à la procédure du référendum constituant de l'article 89 alinéa 2), elle sera effectuée soit par le peuple, soit, dans le cadre des systèmes fédéraux, par les États fédérés.

B. Les restrictions

Une constitution peut faire l'objet d'une révision, mais tout n'y est pas révisable, pour deux raisons parallèles. D'abord, parce que les constitutions établissent parfois des règles qu'elles interdisent de réviser. Ensuite, parce que au-delà d'un certain point, au-delà d'un certain niveau de remise en cause de la constitution matérielle, il ne s'agit plus à proprement parler d'une révision, mais de l'élaboration d'une nouvelle constitution.

1. *Les interdits*

Les interdits se rencontrent dans de nombreuses constitutions écrites, anciennes ou contemporaines.

Parmi les premières, on peut citer l'ancêtre des constitutions écrites modernes, l'*Instrument of Government* promulgué en Angleterre en 1654. Au sein de ce texte, le « Protecteur » Oliver Cromwell distinguait un certain nombre de dispositions fondamentales insusceptibles de révision : le gouvernement par une seule personne et par le Parlement, la non-permanence de ce dernier et la liberté de conscience. À ces règles étaient opposées les autres dispositions de la Constitution, susceptibles de révision par décision conjointe du Protecteur, chef de l'exécutif, et du Parlement[1].

Autre exemple significatif, la Constitution espagnole de 1812, modèle de nombreuses Constitutions libérales du XIXe siècle, prévoit dans son article 4 que « *la Nation est obligée* de conserver et de protéger, par des lois sages et justes, la liberté civile, la propriété ainsi que les autres droits légitimes de tous les individus qui la composent[2]. » Le souverain renonce par là,

---

1. Cité *in* A. Esmein, « Les Constitutions du Protectorat de Cromwell », *RDP*, 1899, p. 211. Esmein précise toutefois que cette distinction ne figure pas dans l'*Instrument* lui-même, mais résulte de l'interprétation imposée par Cromwell.

2. *Constitution politique de la Monarchie espagnole, promulguée à Cadix, le 19 de mars 1812,* trad. P. Delasteyrie, Paris, Chez tous les marchands de nouveautés, 1814.

de lui-même et de manière expresse, à abuser de son pouvoir. L'Acte additionnel aux Constitutions de l'Empire (22 avril 1815) promulgué par Napoléon durant les Cent Jours offre un cas de figure un peu différent, puisque ce n'est pas le souverain qui s'oblige à quoi que ce soit, mais ses futurs représentants à qui il interdit, par avance, de commettre certains actes : « le peuple français déclare que, dans la délégation qu'il a faite et qu'il fait de ses pouvoirs, il n'a pas entendu et il n'entend pas donner le droit [de rétablir les Bourbons, la noblesse, les droits féodaux, les dîmes, le culte dominant, etc.]. Il interdit formellement au gouvernement, aux Chambres et aux citoyens toute proposition à cet égard » (art. 67).

À notre époque, de tels interdits figurent encore dans de nombreuses constitutions. Dans celle du 4 octobre 1958, l'article 89 alinéa 5 dispose que la forme républicaine du gouvernement n'est pas susceptible de révision. Cet article reprend une disposition introduite dans la Constitution de 1875 par l'article 2 de la loi de révision du 14 août 1884. À l'époque, les républicains, devenus majoritaires, voulaient empêcher tout retour impromptu à la monarchie ou à l'empire, que le texte initial de la Constitution leur semblait susceptible de permettre. Cet interdit, qui sera repris par la Constitution de 1946 avant de l'être par celle de 1958, indique clairement l'objectif de ce type de limite : il s'agit de soustraire à toute remise en cause le principe fondamental du régime. On observe ainsi que la Constitution du royaume du Maroc, imitée à beaucoup d'égards de la Constitution française de 1958, dispose en son article 106 que « la forme monarchique de l'État ainsi que les dispositions relatives à la religion musulmane ne peuvent faire l'objet d'une révision constitutionnelle ».

Toutefois, si leur finalité est claire, de tels interdits n'en posent pas moins un certain nombre de problèmes.

Le moindre est celui de leur étendue, c'est-à-dire, de la signification exacte de ces interdits. Ainsi, à propos de la « forme républicaine » évoquée dans l'article 89 alinéa 5, on a pu se demander s'il s'agissait simplement de prohiber un retour à la monarchie, comme c'était le cas à l'origine dans la loi du 14 août 1884, ou bien, beaucoup plus largement, d'empêcher toute remise en question des « principes républicains » : égalité, liberté, etc. Mais dans ce cas, l'incertitude et le caractère indéfiniment extensible de ces principes – qui pourraient s'étendre notamment au principe de l'intangibilité de la souveraineté nationale – risqueraient de bloquer toute transformation de la constitution.

Autre question, celle de la possibilité même de tels interdits. N'y a-t-il pas une contradiction à ce que le constituant dispose que les constituants de l'avenir ne pourront faire telle chose, c'est-à-dire qu'ils n'auront pas le droit de défaire ce que lui a fait ? De quel droit le souverain, se prononçant par référendum en 1958, pourrait-il s'interdire de se prononcer sur la même question par référendum en l'an 2002 ? C'est la raison pour laquelle, explique Dicey, les nombreuses tentatives faites en Angleterre en ce sens se sont toujours soldées par des échecs : « la raison logique pour laquelle le Parlement a échoué dans ses efforts de passer des *Acts* immuables, c'est qu'un pouvoir souverain ne peut pas, tout en conservant son caractère souverain, restreindre ses propres pouvoirs par quelque disposition particulière[1] ».

Le seul moyen d'échapper à cette impossibilité serait de considérer que ces principes ont acquis une valeur supra-constitutionnelle. C'est ainsi qu'Esmein, à propos de l'interdit figurant dans la loi du 14 août 1884, écrit que désormais « le principe même de la République n'est contenu dans aucun article précis et

1. A.V. Dicey, *Introduction à l'étude…*, *op. cit.*, p. 61.

particulier des lois constitutionnelles. *Il est en dehors et au-dessus d'eux et domine la Constitution tout entière*[1] ». Mais Esmein ne dit pas qui a bien pu le placer au-dessus de la constitution elle-même, et donc, de la volonté du constituant. Seul le renvoi à un principe transcendant, c'est-à-dire au droit naturel, permettrait, logiquement, de fonder un tel interdit (voir *Supra-constitutionnalité*, p. 326).

Dans l'hypothèse inverse, il serait toujours possible au constituant, quel qu'il soit, de s'en affranchir, de manière très simple : en révisant, au préalable, l'article de la constitution qui énonce l'interdit – puisqu'on suppose qu'il n'est pas interdit de le réviser – et ainsi, en faisant disparaître ce dernier.

Pourtant, la remise en cause d'un interdit constitutionnel, qui a normalement pour objet de protéger le principe fondamental du système, suscite une dernière question : pourrait-on encore parler d'une simple révision, alors qu'il s'agirait en réalité de bouleverser l'équilibre et l'idée directrice de la constitution matérielle ? Et l'on débouche ici sur un autre type de limite.

2. *Les limitations*

Pour qu'il y ait révision, il faut en effet que cette dernière respecte l'identité globale de la constitution[2] : elle ne doit entraîner ni l'abrogation de l'ancienne constitution, ni l'établissement d'une nouvelle. Autrement dit, on ne saurait parler de révision qu'à l'intérieur de certaines limites, qualitatives et quantitatives.

La révision ne pourra, en premier lieu, remettre en cause certaines dispositions particulièrement fonda-

---

1. A. Esmein, *Éléments de droit constitutionnel*, Paris, Librairie de la société du recueil général des lois et arrêts, 1896, p. 813.
2. Voir C. Schmitt, *Théorie de la Constitution*, *op. cit.*, p. 141.

mentales (la forme républicaine du gouvernement en France, la structure fédérale en Allemagne). À ce propos, il faut souligner l'importance inégale, et donc, la hiérarchie au moins implicite des règles figurant dans chaque constitution. Dans la Constitution du 4 octobre 1958, par exemple, il n'est pas contestable que les dispositions relatives à la souveraineté, à la forme républicaine et au caractère démocratique de l'État, ou encore aux missions générales du Président (art. 5) sont au moins matériellement supérieures à celles qui fixent la date des sessions parlementaires ou les détails proceduraux du vote de la loi. Par suite, on doit se demander si certaines dispositions essentielles ne sont pas, par principe ou par nature, insusceptibles de révision, même lorsque cette dernière n'a pas été expressément interdite. Il se pourrait d'ailleurs qu'elles ne l'aient pas été, parce qu'elles paraissaient si évidemment fondamentales, qu'on ne pouvait imaginer qu'elles soient révisées : ainsi, le principe de la souveraineté nationale figurant dans l'article 3, dont la remise en cause supposerait aussi, par contrecoup, celle de l'existence même de l'État, et donc de l'autorité de celui qui procède à la révision.

Parallèlement, une révision ne saurait modifier un nombre trop important de dispositions constitutionnelles : là encore, le principe d'identité de la constitution risquerait d'être remis en cause. Pourtant, ce point paraît moins assuré que le précédent, surtout si cette transformation s'effectue peu à peu. En outre, il peut arriver qu'une telle révision soit expressément prévue. C'est ainsi que l'article 118 de la Constitution suisse de 1874 dispose que celle-ci peut être révisée en tout temps, *totalement* ou *partiellement*, la Constitution prévoyant d'ailleurs des procédures distinctes pour procéder à une révision totale, ou partielle. Dans le premier cas, sera tout d'abord exigé un référendum, sauf s'il y a accord entre les deux composantes de l'Assemblée fédérale. En cas de réponse favorable, les deux Conseils qui forment ladite Assemblée sont entièrement renouvelés, en vue de travailler à la révision (acquérant ainsi, en quelque sorte, le statut d'Assemblée constituante). Enfin, la Constitution révisée entre en vigueur lorsqu'elle a été « acceptée » par la majorité des électeurs et la majorité des cantons (art. 123). Mais, en définitive, la complexité et la lourdeur de la procédure ne font que confirmer ce qu'on a dit plus haut : car on voit mal ce qui distingue fondamentalement une révision de ce type, de l'élaboration d'une constitution nouvelle.

Section III

La protection de la constitution

D'innombrables dangers menacent l'existence ou le bon fonctionnement d'une constitution. Des dangers extérieurs, d'abord : c'est ainsi que les constitutions des États fédérés se trouvent menacées en permanence par l'hégémonie de la fédération. Sur un plan parallèle, Pierre Mazeaud a pu souligner « l'inconstitutionnalité insidieuse [1] » résultant de la multiplication de textes communautaires d'applicabilité directe introduits dans l'ordre juridique national, et théoriquement dotés d'une valeur supérieure aux règles françaises : mouvement massif qui risque de miner, peu à peu, le « socle constitutionnel ». Mais le danger vient aussi de l'intérieur, des organes constitués eux-mêmes, qui peuvent ne pas respecter la constitution dont ils tirent leurs pouvoirs, ou encore de personnes physiques ou morales désireuses de la détruire par des moyens contraires à ceux qu'elle prévoit ou qu'elle autorise. Ainsi des partis révolutionnaires, hostiles à la

1. *Le Monde*, 20 janvier 1996.

constitution ou aux principes qu'elle énonce : rappelons à ce propos qu'en vertu de l'article 4 de la Constitution de 1958, les partis politiques « doivent respecter les principes de la souveraineté nationale et de la démocratie », et qu'en Allemagne l'article 21 de la loi fondamentale de 1949 dispose qu'il est interdit aux partis, sous peine de dissolution par le Tribunal constitutionnel fédéral, de poursuivre des objectifs contraires à l'ordre libéral.

À ces dangers correspondent des modes de protection spécifiques. Car il n'est pas, ou il n'est plus possible de s'en tenir au consensus qui, longtemps, fut la seule protection de la Constitution anglaise. Depuis que les grands États modernes sont entrés, vers la fin du XIXe siècle, dans ce qu'on appelle l'« ère des masses », ils se trouvent confrontés à la disparition inéluctable de la cohérence culturelle, politique et sociale que présuppose un tel consensus, et donc à la nécessité d'organiser une protection de l'ordre constitutionnel – qui sera mise en œuvre par des organes tantôt politiques, tantôt juridictionnels.

Sous-section 1

La protection par les organes politiques

Certains organes se voient investis, à cet égard, d'un rôle général. C'est ainsi qu'en vertu de l'article 5 de la Constitution de 1958, « le président de la République veille au respect de la Constitution ». Il est, rappelait Georges Pompidou peu après son élection, « gardien et garant[1] » de la Constitution. L'article 5 et la remarque de Pompidou se situent dans le prolongement d'une tradition dont on perçoit déjà l'écho chez Jules Ferry, qui proclamait en 1877 que le chef de l'État se doit

1. Conférence de presse du 10 juillet 1969.

d'être « le gardien scrupuleux et le fidèle défenseur[1] » de la Constitution, ou dans le message à la Chambre du président Alexandre Millerand en 1924[2]. Pourtant, on peut légitimement s'interroger sur la consistance d'une telle affirmation : bien souvent, il s'agira d'une pétition de principe, et celui qui devrait être le gardien de la Constitution a parfois été, notamment sous la Ve République, le premier à prendre ses aises avec elle, lorsqu'il a eu intérêt à le faire[3].

Plus incertaine encore apparaît la protection directe par le peuple que prévoient certaines constitutions, qui disposent que les sujets ont le droit de désobéir à une autorité qui ne respecterait pas leurs propres dispositions. On en trouve un exemple ancien en Hongrie, avec l'article XXXI de la Bulle d'or de 1222, qui reconnaît le droit de désobéir aux lois qui lui seraient contraires[4]. Mais les manifestations les plus spectaculaires de ce devoir de résistance figurent dans les Constitutions françaises de 1793 (art. 123 : la République française « remet le dépôt de sa Constitution sous la garde de toutes les vertus »), de

---

1. *JO*, CD, déb., 19 juin 1877, p. 4506.

2. « Respectueux de la Constitution dont je dois être le gardien, je resterai toujours dans le rôle qu'elle m'assigne » (cité in *RPP*, 1924, n° 356, p. 108).

3. À ce propos, on est tenté d'établir un parallèle avec la Constitution marocaine. En vertu de l'article 19 de cette dernière, le roi « veille au respect de l'Islam et de la Constitution ». Contrôle qui, écrit M. Guibal, apparaît « en porte-à-faux, parce qu'il est à la fois global et partiel. Global, du point de vue des règles de références. Les règles constitutionnelles dont il doit assurer le respect sont toutes les règles suprêmes, qu'elles soient ou non formellement constitutionnelles. Partiel, ce contrôle l'est par son objet. Les actes et les comportements dont le roi apprécie la constitutionnalité sont seulement ceux qui ne lui sont pas imputables directement [...]. En cette matière [...], on ne peut être à la fois contrôleur et contrôlé ; un autocontrôle, factice par nature, ne saurait former une technique satisfaisante » (« La suprématie constitutionnelle au Maroc », *Revue juridique indépendance et coopération*, t. XXXII, n° 3, 1978, p. 905).

4. Voir A. de Bertha, *La Constitution hongroise*, Plon, 1898, p. 11.

1795 (art. 377 : « le peuple remet le dépôt de la présente Constitution [...] à la vigilance des pères de famille [...], au courage de tous les Français ») et de 1848 (art. 110). Protection hautement incertaine, dans la mesure où cet appel à la révolte civique est voué à rester lettre morte, ou à être écrasé par ceux-là mêmes qui l'ont fait inscrire dans la Constitution...

Sur ce plan, la protection assurée par des organes politiques spécifiques paraît, du moins au premier abord, un peu plus efficace – même si l'on constate rapidement qu'il ne s'agit que d'une illusion. On peut en donner deux illustrations caractéristiques : les Sénats napoléoniens, et, dans le cadre de la Constitution soviétique du 31 janvier 1924, le Praesidium du Comité central.

A. Les Sénats napoléoniens

La Constitution du 22 frimaire an VIII (25 décembre 1799) prévoit l'institution d'un « Sénat conservateur », composé de 80 membres inamovibles nommés à vie par le Sénat lui-même (sur une liste de candidats proposés par le Corps législatif, le Tribunat et le Premier consul), inéligibles « à toute autre fonction publique » (art. 18). En vertu de l'article 21, cet organe « maintient ou annule tous les actes qui lui sont déférés comme *inconstitutionnels* par le Tribunat ou par le gouvernement ». Parallèlement, l'article 28 dispose que le Tribunat, l'organe chargé de la discussion des projets de loi, « défère au Sénat, pour cause d'inconstitutionnalité seulement, les listes d'éligibles, les actes du Corps législatif et ceux du gouvernement ». Ce mécanisme, inspiré par le projet de « jurie constitutionnaire » de l'abbé Sieyès, va s'avérer en pratique d'une efficacité très réduite : « Le Sénat, en fait, n'a pas été le conservateur de la Constitution, mais un agent actif de sa transformation en [...] un régime césarien plus accentué [1]. » L'échec est donc total, à la fois en raison de l'absence d'indépendance du Sénat, et du fait de la procédure, qui l'empêche de se saisir lui-même. Et d'autant plus complet que, de leur côté, les juridictions ordinaires invoquent alors la compétence *exclusive* du Sénat conservateur en la matière pour se déclarer elles-mêmes incompétentes pour connaître de l'inconstitutionnalité des actes du Corps législatif[2].

La Constitution imposée par le président Louis-Napoléon Bonaparte le 14 janvier 1852 s'inspire explicitement de celles du Premier Empire : « J'ai pris pour modèle, affirme le futur Napoléon III dans la proclamation qui forme le Préambule de la Constitution, les institutions politiques qui déjà, au commencement de ce siècle, dans des circonstances analogues, ont raffermi la société ébranlée et élevé la France à un haut degré de prospérité et de grandeur. » Puis il précise : « J'ai soumis à votre jugement les bases principales d'une Constitution empruntée à celle de l'an VIII. Approuvées par vous, elles vont devenir le fondement de notre Constitution politique ». Dans ce cadre, « le Sénat n'est plus le pâle reflet de la Chambre des députés, répétant, à quelques jours d'intervalle, les mêmes discussions sur un autre ton. Il est dépositaire du pacte fondamental et des libertés compatibles avec la Constitution [...]. Il intervient [...] pour expliquer le texte de la Constitution et assurer ce qui est nécessaire à sa marche. Il a le droit d'annuler tout acte arbitraire et illégal »[3].

Techniquement, le Sénat de 1852, « modérateur suprême », est « le gardien du pacte fondamental et des libertés publiques. Aucune loi ne peut être promulguée avant de lui avoir été soumise » (art. 25). On constate

1. J. Barthélémy, P. Duez, *Traité de droit constitutionnel*, Dalloz, 1933, p. 204.

2. Voir Cour de cassation, 1er floréal an X, cité *in* P. Laroque, « Les juges français et le contrôle de la loi », *RDP*, 1926, p. 724.

3. Napoléon III, *Œuvres*, Plon, 1863, p. 334, 336 et 339-340.

ici le caractère automatique de la saisine. Par ailleurs, le Sénat est également compétent pour régler « tout ce qui n'a pas été prévu par la Constitution et qui est nécessaire à sa marche » (art. 27 al. 2), pour déterminer « le sens des articles de la Constitution qui donnent lieu à différentes interprétations » (art. 27 al. 3), pour proposer des modifications à la Constitution (art. 31), pour annuler « tous les actes qui lui sont déférés comme inconstitutionnels par le gouvernement, ou dénoncés, pour la même cause, par les pétitions des citoyens » (art. 29) et, enfin, pour s'opposer à la promulgation « des lois qui seraient contraires ou qui porteraient atteinte à la Constitution » (art. 26 al. 1er).

En apparence, on pourrait supposer qu'il s'agit, cette fois, d'une garantie efficace. En réalité, cet organe n'aura que des résultats médiocres, les mêmes causes (en l'occurrence, la dépendance politique à l'égard du gouvernement) produisant des effets analogues [1].

B. Le Praesidium du Comité central

Même lorsque la constitution est explicitement désignée comme une norme suprême dont il faut assurer le respect, les protections de type exclusivement politique, comme celles que l'on vient d'évoquer, s'avèrent donc insuffisantes. Et il en va *a fortiori* de même lorsque la constitution est considérée avec moins de révérence – comme c'est le cas, par exemple, en Union soviétique, au lendemain de la Révolution de 1917. L'article 30 de la Constitution soviétique du 31 janvier 1924 dispose que le Praesidium du Comité central exécutif de l'URSS veille à l'application et au respect de la Constitution. Parallèlement, la Cour suprême de l'URSS a compétence pour apprécier, sur demande du Comité central,

---

1. Sur ce point, voir A. Ashworth, « Le contrôle de la constitutionnalité des lois par le Sénat du Second Empire », *RDP*, 1994, p. 45-102.

« la légalité, au point de vue constitutionnel, de telle ou telle décision prise par les Républiques de l'Union » (art. 43). Toutefois, l'organe effectivement compétent demeure le Praesidium, la Cour suprême n'ayant en l'occurrence qu'un rôle consultatif.

À l'époque, les observateurs soviétiques reconnaissent qu'un tel contrôle est indispensable pour assurer la cohérence d'un ordre juridique complexe – la Constitution attribuant un pouvoir législatif à dix organes différents. Pourtant, ce contrôle va s'avérer totalement aléatoire : il dépend en effet, non d'un principe stable de suprématie constitutionnelle, mais de l'opportunité politique, tant dans sa mise en œuvre que dans ses effets juridiques. Sur ce dernier point, commente à l'époque un juriste soviétique, « le fait de reconnaître la non-constitutionnalité d'un acte n'entraîne pas (nécessairement) son abrogation [...]. Il arrive fréquemment qu'un acte reconnu non constitutionnel par l'organe de contrôle, soit revêtu d'une forme légale, ou demeure en vigueur sans même subir de modifications ». Cette pratique manifeste le fait que ce contrôle « s'exerce surtout [...] dans le but d'une éducation constitutionnelle »[1] : et non point pour garantir coûte que coûte la primauté d'une Constitution qui, au fond, n'est aucunement conçue comme la loi fondamentale.

Sous-section 2

La protection par des organes juridictionnels

De nos jours, la protection de la constitution – dirigée pour l'essentiel contre des lois qui ne lui seraient pas conformes – s'exerce surtout par le biais d'organes

1. B. Mirkine-Guetzevitch, « Le contrôle de constitutionnalité des lois soviétiques », *RDP*, 1925, p. 690.

juridictionnels. Cela ne signifie nullement qu'une telle protection est d'invention récente. Même si les termes actuels ne sont pas utilisés, c'est bien à un tel contrôle que procédaient les « parlements » d'Ancien Régime lorsqu'ils vérifiaient la conformité des traités ou des ordonnances royales aux lois fondamentales du royaume.

On considère en général que coexistent deux principaux systèmes de protection constitutionnelle, que l'on rattache au « modèle américain » ou au « modèle européen ». C'est à ces deux mécanismes que l'on s'intéressera d'abord, avant d'évoquer ce que fut, sur ce point, la (décevante) pratique française, de la IIIe République à la naissance de la Ve.

A. Les deux modèles

Les deux modèles présentent, au premier abord, des différences sensibles. Pourtant, celles-ci s'avèrent finalement moins décisives que leurs caractéristiques communes.

1. *Les différences*

a. Le modèle américain

Le premier et le plus ancien des deux, le modèle américain, fut initié, on l'a vu plus haut, par la célèbre décision de la Cour suprême des États-Unis, *Marbury v/Madison* (1803), qui, à travers une interprétation finaliste et créatrice de la Constitution fédérale de 1787, a posé le principe d'un tel contrôle.

Cette décision capitale avait été justifiée par avance dans un passage essentiel du *Fédéraliste*, le bréviaire théorique du constitutionnalisme américain. Son importance est telle qu'il faut en citer un large extrait :

« Il n'est pas de proposition plus évidemment vraie que tout acte d'une autorité déléguée, contraire aux termes de la commission en vertu de laquelle elle est exercée, est nul. Donc, nul acte législatif, contraire à la constitution, ne peut être valable. Nier cela, ce serait affirmer que le délégué est supérieur à son commettant, que le serviteur est au-dessus de son maître ; que les représentants du peuple sont supérieurs au peuple lui-même ; que des hommes qui agissent en vertu de pouvoirs peuvent faire non seulement ce que ces pouvoirs ne les autorisent pas à faire, mais encore ce qu'ils leur défendent.

Une constitution est, en fait, et doit être regardée par les juges comme une loi fondamentale. Dès lors, c'est à eux qu'il appartient d'en déterminer le sens, aussi bien que le sens de toute loi particulière émanant du Corps législatif. S'il se trouve entre les deux une contradiction absolue, celle qui a un caractère obligatoire et une valeur supérieure doit naturellement être préférée ; ou, en d'autres termes, la constitution doit être préférée à la loi, l'intention du peuple à l'intention de ses agents. Cette conclusion ne suppose nullement une supériorité du pouvoir judiciaire sur le pouvoir législatif. Elle suppose seulement que le pouvoir du peuple est supérieur à tous deux, et que, lorsque la volonté de la législature, exprimée dans ses lois, est en opposition avec celle du peuple, déclarée dans la constitution, c'est à la dernière plutôt qu'aux premières que les juges doivent obéir. Leurs décisions doivent être réglées par les lois fondamentales, plutôt que par celles qui ne sont pas fondamentales [1]. »

C'est donc ce principe de suprématie constitutionnelle qui va être formulé expressément, quinze ans plus tard, dans l'arrêt *Marbury v/Madison* : « il est certain que ceux qui élaborent les constitutions écrites les conçoivent comme devant former le droit fondamental et suprême de la Nation et que, par conséquent, le

1. Hamilton, *in* Hamilton, Madison et Jay, *Le Fédéraliste*, trad. G. Jèze, Économica, 1988, n° 78.

principe d'un tel gouvernement est qu'un acte législatif contraire à la constitution est nul. Ce principe est consubstantiel à toute constitution écrite et doit, par conséquent, être considéré par cette Cour comme l'un des principes fondamentaux de notre société ». D'où « le principe, présumé essentiel, dans toutes les Constitutions écrites, qu'une loi contraire à la constitution est nulle »[1], et que les tribunaux, liés par ce principe, sont donc obligés, à leur niveau, de mettre en œuvre cette suprématie à l'occasion des procès dont ils sont saisis.

Ce modèle américain apparaît ainsi caractérisé par quatre éléments essentiels[2].

En premier lieu, il s'agit d'un contrôle « concret », qui va s'exercer à l'occasion d'un litige particulier, lorsqu'un requérant se prétend lésé, lors d'un procès, par une violation de la constitution. En second lieu et par conséquent, ce contrôle est « diffus », pouvant être exercé par tout tribunal (devant lequel ce procès est susceptible d'avoir lieu). La Cour suprême, située aux États-Unis au sommet de la hiérarchie judiciaire fédérale, ne se prononce en définitive que sur un petit nombre d'affaires. Autre conséquence essentielle, il s'agit d'un contrôle *a posteriori*, et par *voie d'exception*. En effet, à l'occasion dudit procès, le requérant ne conteste pas directement la validité de la loi non conforme à la constitution, il demande simplement qu'on lui fasse exception, c'est-à-dire que cette loi, en raison de son inconstitutionnalité, ne lui soit pas appliquée dans le cas d'espèce. Enfin, dernière conséquence, la décision prise par un tribunal constatant l'inconstitutionnalité de la loi ne vaudra que pour l'espèce jugée – le tribunal refusant, dans ce procès particulier, d'ap-

---

1. Opinion de la cour lue par son président, le Chief Justice Marshall, cité *in* É. Zoller, *Grands Arrêts…*, *op. cit.*, p. 102 et 106.
2. Sur ces points, voir L. Favoreu, *Droit constitutionnel*, *op. cit.*, p. 231 sq.

pliquer la règle qu'il a jugée non conforme. Sa décision n'a ainsi qu'une « autorité relative de chose jugée » : ce qui signifie qu'un autre tribunal, dans un autre État fédéré par exemple, pourra parfaitement juger en sens inverse. C'est ici qu'intervient la Cour suprême, qui assure un rôle régulateur et uniformisateur de la jurisprudence. Si la Cour ne peut donc annuler la loi, elle pourra du moins, par le biais de l'exception, en bloquer toute application effective – et donc, en pratique, contraindre le législateur à l'abroger.

Ce que l'on peut noter pour conclure ce premier point, c'est que le modèle américain, longtemps confiné dans son pays d'origine, a été largement exporté à partir du début du XXe siècle en Amérique du Sud[1], mais aussi en Europe : en Grèce[2], en Roumanie[3], ou encore en Allemagne[4]. Après la Seconde Guerre mondiale, enfin, son territoire d'influence s'est trouvé modifié, mais aussi considérablement élargi[5].

b. Le modèle européen

La dénomination, quoique habituelle, semble assez peu fondée – dans la mesure où ce type de contrôle se

1. Voir A. Esmein, *RPP*, 1904, t. XXXIX, p. 130, à propos de la décision de la Cour suprême de justice argentine du 5 septembre 1903.

2. Aréopage, Arrêt n° 145, 1904, in *RDP*, t. XXII, 1905, p. 31 : « les tribunaux [...] ont le pouvoir de ne point tenir compte des lois contraires à la Constitution, et de proclamer le droit violé par la loi inconstitutionnelle mais garanti par la Constitution ».

3. Voir, à propos de la jurisprudence du tribunal civil d'Ilfov, G. Jèze, « La vérification de la constitutionnalité des lois par les tribunaux en Roumanie », *RDP*, t. XXIX, 1912, p. 138 sq.

4. Voir la décision du tribunal du Reich, 4 novembre 1925, cité *in* L. Favoreu, *Les Cours constitutionnelles*, PUF, Que sais-je ?, 1996, p. 7.

5. Voir L. Favoreu, *Droit constitutionnel*, *op. cit.*, p. 234-236.

rencontre hors d'Europe [1], et qu'inversement de nombreux pays européens, et au premier chef la Grande-Bretagne et les Pays-Bas, ne l'ont pas adopté ou lui ont préféré le modèle américain. Quoi qu'il en soit, le « modèle européen » présente, lui aussi, quatre caractères dominants, qui semblent l'opposer point par point au modèle concurrent.

Il s'agit, tout d'abord, d'un contrôle « concentré », exercé, non par l'ensemble des tribunaux ordinaires, mais par une Cour constitutionnelle spécifique, disposant du monopole de l'appréciation de la constitutionnalité des lois, et située à l'extérieur de l'appareil juridictionnel ordinaire. Celle-ci effectue un contrôle abstrait, par *voie d'action* : ce qui signifie qu'il s'exerce en dehors de tout litige particulier. Il s'agit, a-t-on dit, d'un procès fait à la loi, qui se trouve directement visée, c'est-à-dire d'une confrontation immédiate entre la norme légale et la norme constitutionnelle. Ce contrôle direct, qui, le cas échéant, aboutira à l'annulation de la norme légale contraire à la constitution, ne peut en principe être exercé qu'*a priori* : *avant la promulgation* de la loi, et donc, avant que celle-ci ait commencé à produire des effets de droit. L'idée étant ici qu'une annulation de la loi postérieure à son entrée en vigueur entraînerait, par contrecoup, l'invalidation en cascade des actes pris sur son fondement, puis des actes pris sur le fondement des actes précédents, etc. Le principe de sécurité juridique justifie donc le caractère *a priori* du contrôle – ou, tout au plus, l'existence de délais de recours suffisamment réduits (trente jours en Italie, trois mois en Espagne). Enfin, comme on vient de le laisser entendre, la décision de la Cour a en principe l'autorité absolue de la chose jugée. Elle vaut pour tous, particuliers ou institutions,

1. Voir les Cours suprêmes prévues par la Constitution bolivienne du 27 octobre 1880 ou la Constitution colombienne du 5 août 1886.

et pas seulement pour le requérant. Cette conséquence est d'ailleurs parfaitement logique, puisque la décision conduit à l'annulation de la loi contraire, qui disparaît complètement de l'ordre juridique.

2. *Les rapprochements*

Au premier abord, tout semble donc opposer les deux modèles. Pourtant, on s'aperçoit bientôt que l'opposition doit être nuancée, ces modèles présentant plusieurs caractères communs [1]. Le premier concerne les finalités du contrôle, le second, le rôle assigné à l'organe qui en est chargé, le troisième tenant à l'organisation et au statut de celui-ci.

a. Des finalités communes

Le modèle européen a été largement inspiré, ou du moins justifié, par les théories de Hans Kelsen : l'idée de l'État comme ordre juridique dominé par la constitution implique nécessairement la cohérence de celui-ci, et donc, le contrôle de constitutionnalité qui conditionne une telle cohérence.

Cependant, par-delà cette vision du droit, le modèle européen, tout comme le modèle américain, se rattache au fond à une certaine conception idéologique et politique que l'on pourrait qualifier de « libérale ». Celle-ci se traduit par une certaine méfiance à l'égard du pouvoir politique en général – dont Montesquieu, inspirateur essentiel des constituants américains, enseignait qu'il est toujours prêt à « abuser », à repousser, inlassablement, les limites de ses propres compétences. Dans le cas particulier des États-Unis, c'est le

1. Sur cette convergence, et l'abandon de l'opposition entre les deux modèles, voir F. Rubio Llorente, « Tendances actuelles de la juridiction constitutionnelle en Europe », *AIJC*, n° 12, 1996, p. 11 sq.

pouvoir fédéral qui apparaît comme l'objet privilégié de cette méfiance : un pouvoir suspect, et souvent à juste titre, de vouloir, malgré la constitution, imposer son hégémonie aux États fédérés[1]. Enfin, cette méfiance prend pour cible la démocratie, c'est-à-dire la « loi du nombre ». Contre l'affirmation de Rousseau, pour qui la « volonté générale » ne peut errer, étant toujours ce qu'elle doit être, les promoteurs d'un tel contrôle ont une conscience aiguë des dangers que peut représenter une majorité, en particulier pour les libertés et les droits protégés par la constitution.

b. Des missions comparables

Les missions assignées aux juridictions compétentes se rapportent à la finalité commune que l'on vient d'évoquer : faire respecter l'ordre constitutionnel, aux différents niveaux où il se manifeste, par tous ceux qui seraient susceptibles de le mettre en cause (même s'il s'agit de la majorité du Parlement ou du gouvernement en place). D'où la coexistence de trois contentieux principaux – qui, naturellement, peuvent ne pas relever tous les trois de la compétence de telle ou telle Cour constitutionnelle.

Le premier contentieux majeur est, dans les démocraties représentatives, celui des élections et, plus généralement, de la vie politique. C'est ainsi que les Cours constitutionnelles pourront être amenées à contrôler les formes et les résultats des diverses expressions de la volonté populaire, mais aussi, le cas échéant, la conformité à l'ordre constitutionnel des partis politiques. Cette mission a une dimension poli-

---

1. Même si cette perspective est à nuancer au XIXe siècle, elle se manifeste clairement au XXe, notamment au moment du New Deal (voir Cour suprême, *Carter v/Carter Coal Co*, 1936, cité *in* É. Zoller, *Grand Arrêts...*, *op. cit.*, p. 450), puis, à nouveau, ces dernières années, avec le renouveau du fédéralisme (voir *US v/Lopez*, 1995, cité *ibid.*, p. 1171-1189).

tique évidente, la défense de l'ordre constitutionnel se confondant ici avec celle du système politique en vigueur, et justifiant la neutralisation de tous ceux qui prétendent le contester.

Le second contentieux est celui de la répartition (verticale) des pouvoirs, en particulier dans les systèmes fédéraux. À l'origine, aux États-Unis, il s'agissait de la tâche essentielle de la Cour suprême. Plus généralement, il ne saurait exister de système fédéral dépourvu d'une instance de ce type : dans le cas contraire, en effet, les empiétements inévitables et permanents de l'un des deux étages sur les compétences de l'autre auraient rapidement raison de l'équilibre instable qui caractérise précisément les fédérations. Mais on retrouve ce type de contentieux dans le cadre de certains États unitaires décentralisés, lorsque le principe de cette décentralisation se trouve inscrit dans la constitution (Espagne, Italie) ou susceptible de lui être rattaché (France). La protection des compétences dévolues aux collectivités locales est alors impliquée par le respect dû à l'ordre constitutionnel qui les leur attribue.

Mais c'est le contentieux de la constitutionnalité des lois qui forme le noyau dur de la compétence des Cours constitutionnelles. Il répond à un triple objectif : maintenir l'équilibre institutionnel établi par la constitution, garantir l'intangibilité de celle-ci, et protéger les droits fondamentaux qu'elle promeut. À ce propos, il faut noter que cette protection des droits suppose que ceux-ci se trouvent énoncés dans la constitution elle-même, au sens formel : c'est-à-dire dans le texte de référence sur la base duquel s'opérera le contrôle qui va leur attribuer une valeur juridique.

c. Des organes analogues

La ressemblance des fins et celle des missions explique les analogies que l'on retrouve, par-delà l'opposition des modèles, dans l'organisation de la plupart des organes juridictionnels chargés de protéger la constitution.

C'est ainsi que la nomination des membres de la Cour constitutionnelle manifeste généralement la dimension politique de leur mission. Aux États-Unis, par exemple, aucune condition d'âge ni de formation n'est imposée par la Constitution pour devenir membre de la Cour suprême. Les neuf juges sont présentés par le Président, le Sénat étant de son côté libre de confirmer ou non les candidats, après une audition approfondie[1]. De même, en Russie, en vertu de la loi du 21 juillet 1994, les dix-neuf juges sont nommés par le Conseil de la fédération sur présentation du président de la Russie. En Italie, trois membres sont nommés par le Président, trois par le Parlement, trois par les plus hautes juridictions du pays. En France, enfin, les membres du Conseil constitutionnel sont désignés exclusivement par des politiques, trois, dont le président, par le chef de l'État, trois par le président de l'Assemblée nationale, et trois par le président du Sénat.

La nomination, on le voit, associe le plus souvent le pouvoir exécutif et le pouvoir législatif. Mais quoi qu'il en soit, la présence du politique demeure inévitablement lourde – et elle risque ainsi toujours d'hypothéquer, en même temps que leur indépendance, la crédibilité de ces institutions.

Celle-ci a ainsi été très vivement contestée, en France, au début de la Ve République : et de fait, au moins jusqu'au départ du général de Gaulle en 1969, le Conseil constitutionnel va se montrer un allié indéfectible de l'exécutif. Cependant, existe-t-il un moyen juridique de garantir avec certitude cette indépen-

---

1. De 1789 à 1996, seuls vingt-huit candidats ont été rejetés par le Sénat, le dernier en date étant le très conservateur juge Bork, proposé, en vain, par le président Reagan.

dance ? Sans doute pas. En fait, les règles assurant l'indépendance des magistrats ne fonctionnent correctement qu'en période normale. On en trouve un bon exemple dans les avanies subies par la Cour suprême durant l'expérience Roosevelt : d'abord très rétive à l'impérialisme présidentiel[1], la Cour, comprenant qu'elle se trouve face à un Président déterminé et fort capable de lui nuire – en faisant voter une loi lui permettant de procéder à la nomination de nouveaux juges acquis à sa politique –, sera finalement contrainte de se soumettre. De façon générale, le droit constitutionnel n'est pas fait pour les temps de crise. On ne le respecte qu'aussi longtemps qu'il n'est pas gênant.

Toutefois, même en temps normal, les Cours constitutionnelles ne peuvent prétendre à l'indépendance qui conditionne leur autorité que si leurs membres bénéficient d'un statut protecteur, notamment quant à la durée de leur mandat. À cet égard, deux solutions sont actuellement pratiquées. D'une part, la nomination à vie (États-Unis) ou jusqu'à l'âge de la retraite (Autriche, Belgique), ce qui, en pratique, revient au même : une fois en place, le juge, qui n'a plus rien à craindre de ceux qui l'ont nommé, ne leur doit donc plus rien[2]. D'autre part, la nomination pour un mandat long (neuf ans en France, douze ans en RFA ou en Russie) et non renouvelable. Ici, c'est sur-

---

1. Voir les arrêts *Panama Refining Co v/Ryan* (1935), et *Schechter Poultry Corp. v/US* (1935), cité *in* É. Zoller, *Grands Arrêts…*, *op. cit.*, n°s 22 et 23.

2. Le résultat, c'est que des juges nommés en fonction de ce qu'on croyait être leurs opinions politiques ont pu changer de perspective, et ainsi, décevoir cruellement ceux qui les avaient nommés. L'exemple le plus frappant est celui du président Warren, nommé en 1953 par Eisenhower. Présumé conservateur, c'est Warren qui va entraîner la Cour suprême dans une évolution radicalement progressiste, notamment en matière de discrimination raciale, de liberté sexuelle, religieuse, etc.

tout le non-renouvellement qui importe, car c'est lui qui garantit l'indépendance du magistrat. Nommé à vie, un juge n'a plus rien à craindre ; non renouvelable, il n'a plus rien à espérer. Il sait que, même servile ou complaisant, il ne restera pas plus longtemps en place, et que, par suite, il est inutile de l'être. À l'inverse, il n'est pas nécessaire de souligner les dangers d'un mandat renouvelable, qui peut pousser ceux qui espèrent être reconduits à adopter un comportement partial, sinon partisan.

Symétriquement, l'autre garantie essentielle de l'indépendance des magistrats tient à leur *inamovibilité*. Celle-ci est assurée en principe, mais elle ne saurait être absolue, le magistrat pouvant commettre des actes rendant impossible son maintien en place. En fait, tout dépendra ici des limites, plus ou moins étroites et précises, assignées au principe d'inamovibilité. Aux États-Unis, par exemple, la Constitution prévoit la possibilité de procéder à une destitution, l'*impeachment*, mais seulement pour « trahison, corruption ou autres hauts crimes et délits » (art. II, section 4). Le juge sera alors mis en accusation par la Chambre des représentants, la destitution étant prononcée par le Sénat. Mais l'hypothèse est plus qu'improbable : une seule tentative est allée jusqu'au bout, en 1804, et elle se solda par un acquittement. Les limites à l'inamovibilité sont beaucoup plus incertaines dans le système établi en Pologne par la loi du 29 avril 1985. La Diète dispose en effet d'un pouvoir significatif, le juge pouvant être destitué en cas de « manquement à son serment ». Or, ce manquement est défini et apprécié souverainement par la Diète – d'où la crainte, à terme, d'un véritable contrôle politique de celle-ci sur la Cour constitutionnelle [1].

1. Voir J.-P. Massias, *Droit constitutionnel des États de l'Europe de l'Est*, PUF, Droit fondamental, 1999, p. 100-101.

En conclusion, on doit donc s'interroger sur la pertinence de la distinction entre les deux modèles, américain et européen : non seulement du fait des ressemblances et des similitudes que l'on vient d'énumérer, mais aussi parce que des systèmes de plus en plus nombreux semblent combiner certains éléments soi-disant caractéristiques de l'un et de l'autre – aussi bien sur le plan des modalités du contrôle, que sur celui de la saisine. Du côté du modèle européen, on a pu noter, par exemple, l'apparition de nombreux systèmes mixtes, combinant, par exemple, contrôle diffus et contrôle concentré (Grèce, Chypre, Malte), ou encore, comme en Espagne ou en RFA, ouvrant le recours à tous les citoyens, devant la juridiction constitutionnelle, pour la défense de leurs droits constitutionnels reconnus (autrement dit, admettant l'existence d'un contrôle concret). Du côté américain, on a observé aussi que la Cour suprême s'intéressait désormais rarement aux litiges ne comportant aucune question de constitutionnalité – apparaissant de moins en moins comme une juridiction ordinaire [1]...

B. Les pratiques françaises

On a évoqué plus haut la protection politique de la constitution dont était chargé le Sénat des constitutions napoléoniennes (1799-1814, puis 1852-1870), et l'inefficacité patente de ce type de contrôle. Inefficacité si manifeste que l'on va, dès le XIXe siècle, songer à mettre en place d'autres systèmes, en s'inspirant de la pratique américaine, qui fascine les élites libérales. Pourtant, cette solution se heurte, sous la IIIe République, à de fortes objections doctrinales. Et

1. Voir L. Favoreu, *Droit constitutionnel*, *op. cit.*, p. 244-246.

en définitive, l'histoire française du contrôle juridictionnel de constitutionnalité des lois apparaît, jusqu'en 1958, comme celle d'une série de rendez-vous manqués [1].

1. *La controverse doctrinale*

Dès les débuts de la IIIe République, se dessine un courant favorable à l'introduction en France d'un contrôle à l'américaine par voie d'exception : un courant qui, au départ, coïncide avec une mouvance libérale et conservatrice, méfiante à l'égard des débordements toujours redoutables de la démocratie de masse. « Il n'y a, commente ainsi le constitutionnaliste monarchiste Saint-Girons en 1884, aucune garantie judiciaire contre les excès de l'omnipotence parlementaire. Notre législation présente, sur ce point, une véritable lacune qui n'existe pas aux États-Unis » – qu'il suggère donc d'imiter : « l'autorité judiciaire ne peut oublier qu'elle doit aussi observer la constitution et, pour rester fidèle à celle-ci, elle est obligée de ne pas appliquer la loi [...], de la dépouiller de toute valeur obligatoire à l'égard du plaideur qui en prouve l'inconstitutionnalité ». La primauté de la constitution étant alors affirmée par voie d'exception, et la décision n'étant valable que pour le requérant, cette intervention, explique Saint-Girons, ne conduirait pas à conférer à l'autorité judiciaire une supériorité sur le pouvoir législatif : « nous n'assistons pas à une discussion solennelle et retentissante, comme si nous étions dans un Sénat, gardien de la constitution ou dans une Haute Cour d'État, investie de cette même fonction ». Cependant, même limitée de cette

1. Sur le premier d'entre eux, voir L. Jaume, « Sieyès et le sens du jury constitutionnaire : une réinterprétation », *Historia Constitucional*, n° 3, juin 2002.

manière, « et bien que la loi continue de subsister »[1], cette procédure lui paraît une garantie irremplaçable pour la sauvegarde des droits du citoyen.

Cette thématique, reprise par la pensée libérale tout au long de la IIIe République, se diffusera assez largement dans la doctrine publiciste : on la retrouve chez des auteurs aussi différents que Duguit, Hauriou, Saleilles ou Berthélémy. Pourtant, elle est encore loin de faire l'unanimité. C'est ainsi qu'après Esmein, strict défenseur de l'orthodoxie parlementaire, Carré de Malberg, s'il admet bien l'opportunité politique et morale d'un tel contrôle[2], n'en conteste pas moins la validité juridique au regard des dispositions expresses de la Constitution, et spécialement de l'article 8 alinéa 1er de la loi constitutionnelle du 25 février 1875, selon laquelle il appartient au Parlement de réviser la Constitution. Quant à Édouard Lambert, il va, en se référant à l'exemple américain, jusqu'à condamner l'opportunité d'un mécanisme qui, affirme-t-il, conduit à l'instauration inévitable d'un « gouvernement des juges ».

Mais au-delà des controverses doctrinales, qu'en fut-il effectivement de ce contrôle ?

2. *La mise en œuvre*

Si souhaitable parût-il, un contrôle de constitutionnalité, même exercé par voie d'exception, semble effectivement contraire aux dispositions constitution-

---

1. A. Saint-Girons, *Manuel de droit constitutionnel*, Larose et Forcel, 1884, p. 579 et 580.

2. « Contre ce régime de domination législative absolue du Parlement, singulièrement choquant pour tous ceux qui ont le sentiment de l'« État de droit » et qui aspirent à en assurer la réalisation intégrale pour la sûreté du droit individuel » (« La constitutionnalité des lois et la Constitution de 1875 », *RPP*, 1927, t. CXXVIII, p. 346).

nelles alors en vigueur. C'est pourquoi la plupart de ses partisans se placent d'emblée sur le terrain de la révision de la Constitution. L'une des premières offensives majeures émane du député conservateur Charles Benoist, qui dépose en 1903 une proposition de loi constitutionnelle réclamant l'instauration d'« une Cour suprême qui connaîtrait des atteintes portées aux droits et aux libertés des citoyens, tels qu'ils résultent de la déclaration des droits du 3 septembre 1791 [1] ».

Cependant, aucune de ces (nombreuses) tentatives n'aboutira. Et sur ce plan, la IIIe République se clôt sur un arrêt de principe qui répond expressément, par la négative, à la question de la compétence des juridictions ordinaires en matière de contrôle de constitutionnalité. Il s'agit de l'arrêt Arrighi, rendu le 6 novembre 1936 par le Conseil d'État qui, à un moyen invoquant le caractère inconstitutionnel d'une loi, réplique sèchement « qu'en l'état actuel du droit public français, ce moyen n'est pas de nature à être contesté devant le Conseil d'État statuant au contentieux ». « Quelque atteinte qu'aient pu recevoir certaines idées peut-être trop absolues sur la souveraineté de la loi, observe le commissaire du gouvernement Latournerie dans ses conclusions, il ne reste pas moins que, dans les théories et aussi dans la pratique de notre droit public, le Parlement reste l'expression de la volonté générale et ne relève à ce titre que de lui-même et de cette volonté [2]. »

Assez paradoxalement, c'est au régime de Vichy qu'il appartiendra, le premier, d'intégrer le principe d'un tel contrôle dans le droit positif, ou plutôt, dans

---

1. *JO*, CD, doc., 1903, annexe n° 712.

2. CE, *Arrighi*, 6 novembre 1936, *D.*, 1938, III, 1, note Eisenmann, concl. Latournerie (p. 7). Cette solution sera reprise par le Conseil d'État dans un arrêt d'Assemblée *Vincent* du 22 mars 1944, *S.*, 1945, III, p. 53, note Charlier, cond. Detton.

ce qui aurait pu le devenir. Rédigé en 1943, en vertu de la loi constitutionnelle du 10 juillet 1940, le projet de Constitution du maréchal Pétain dispose en effet, dans son article 11, que « le maintien des droits et des libertés ainsi que le respect de la constitution sont garantis par une Cour suprême devant laquelle tout citoyen peut introduire un recours[1] ». Dans son contenu, cet article 11 ne présente rien de bien nouveau : inspiré du modèle américain, il reprend au mot près les projets des publicistes libéraux de la IIIe République. En tout cas, il ne suffit pas à lever la malédiction qui, en France, pèse sur ce type de contrôle, puisque le projet de constitution ne sera ni promulgué, ni ratifié par la nation...

Au moment où le gouvernement Pétain imagine la création d'une Cour suprême, les projets de la résistance conçoivent des institutions souvent analogues[2]. À la Libération, l'Assemblée nationale constituante élue en octobre 1945 ne peut donc faire l'économie d'une réflexion sur ce point. Lors de l'élaboration du projet de Constitution du 19 avril 1946, elle écarte cependant, fidèle à la tradition républicaine qui fait de la loi du Parlement la règle par excellence, le principe d'un contrôle par une Cour suprême ou par les tribunaux judiciaires. C'est en partie pour cette raison que les démocrates chrétiens du MRP vont s'opposer au projet de Constitution, qui sera finalement rejeté par le peuple français par le référendum du 5 mai 1946.

La deuxième Assemblée constituante, élue le 2 juin 1946, reprend donc l'examen du problème. Lors des débats qui ont lieu au sein de la Commission de la

---

1 Voir J. Bougrab, *Aux origines de la Constitution de la IVe République*, Dalloz, 2002, p. 186-187 et 554-555.

2. Voir F. Rouvillois, « Michel Debré et le contrôle de constitutionnalité », *RFDC*, n° 46, 2001, p. 227-235.

constitution, le président de cette dernière, André Philip, s'empresse de rappeler quc « l'expérience américaine de la Cour suprême a prouvé qu'il était dangereux de confier le contrôle de la constitutionnalité à un pouvoir judiciaire ». Même le démocrate chrétien Coste-Floret, après avoir déclaré son attachement au principe de la constitutionnalité des lois, concède que le garant de celle-ci « ne peut pas être une Cour suprême de justice : c'est là une procédure anti-démocratique ». La Commission se prononcera finalement pour un contrôle par voie de référendum. Parallèlement, elle tient à souligner que le contrôle « serait très difficile à appliquer sur tout ce qui touche à la déclaration des droits »[1] – d'où la nécessité de le borner à « ce qui a trait à l'organisation des pouvoirs publics ». Mais le projet de la Commission s'avère trop ambigu et trop complexe, et c'est finalement une solution intermédiaire, résultat d'un compromis entre différentes approches antagonistes[2], qui est inscrit dans la Constitution du 27 octobre 1946. Une solution qui, fait significatif, sera intégrée dans le titre XI, consacré à la révision de la Constitution.

En vertu de l'article 91, est donc organisé un Comité constitutionnel, composé de trois membres de droit (le président de la République et les présidents des deux assemblées), et de dix membres élus (sept par l'Assemblée nationale, trois par le Conseil de la République). Saisi suivant des conditions très restrictives (art. 92), le Comité est chargé d'examiner « si les lois votées par l'Assemblée nationale supposent une révision de la Constitution » (art. 91 al. 3). Autrement dit, bien que le terme de contrôle de constitutionnalité des lois ait été soigneusement évité, il détermine si

1. Assemblée nationale constituante, compte rendu analytique, imprimerie de l'ANC, 1946, p. 101-102.

2. Voir P. Williams, *La Vie politique sous la IVe République*, trad. S. et A. Dutheillet de Lamothe, Armand Colin, 1971, p. 523.

la loi est « conforme aux dispositions des titres I à X de la présente Constitution » (art. 93 al. 3). Ce qui, comme le réclamait la Commission, implique que la loi n'est pas contrôlée au regard du Préambule de la Constitution. Quant aux effets de ce contrôle, ils paraissent très respectueux de la primauté de la loi : lorsqu'elle est jugée contraire à la Constitution, c'est en effet cette dernière qui, le cas échéant, devra être révisée – c'est-à-dire mise en accord avec la plus récente expression de la volonté du souverain. Et c'est ainsi que l'article 93 dispose dans ses alinéas 1 et 2 : « la loi, qui, de l'avis du Comité, implique une révision de la Constitution, est renvoyée à l'Assemblée nationale pour nouvelle délibération »; « si le Parlement maintient son premier vote, la loi ne peut être promulguée avant que la présente Constitution n'ait été révisée dans les formes prévues à l'article 90 ».

Mais ce mécanisme va, lui aussi, rester pratiquement lettre morte. En 1948, la loi Reynaud, conférant au gouvernement des pouvoirs spéciaux, fut jugée par certains, à raison sans doute, contraire à l'article 13 de la Constitution en vertu duquel l'Assemblée nationale ne pouvait déléguer le droit de voter la loi. On tenta de la déférer au Comité constitutionnel, mais des sénateurs modérés parvinrent à bloquer la saisine – permettant, note alors un observateur, de constater « sur le vif le caractère politique de [son] intervention [1] ». En 1951, à nouveau, on tenta de saisir le Comité de la loi Barangé, comme contraire au principe de laïcité inscrit dans l'article 1er de la Constitution – en vain, là encore... De façon générale, ce système de garantie constitutionnelle se solda donc par un échec cuisant – dont les constituants de 1958 sauront tenir compte.

1. R. Pinto, « La loi du 17 août 1948 », *RDP*, 1948, p. 540.

Chapitre II

UN POUVOIR DÉLIMITÉ ET JUSTIFIÉ

Alors que ce que nous venons d'évoquer relève pour l'essentiel de la technique juridique – même si cette dernière n'est jamais détachable de l'histoire où elle s'applique –, les deux points qu'il nous faut maintenant étudier ressortissent plutôt de l'*idéologie*. C'est en effet pour des raisons essentiellement idéologiques que l'on va entreprendre de séparer les pouvoirs, présupposant qu'il n'est pas bon que ces derniers soient réunis entre les mains d'un seul et même organe (section I). De même, c'est sur un plan idéologique que l'on se situe lorsqu'on prétend justifier telle forme de pouvoir, ou discréditer telle autre, en faisant appel à la notion de légitimité (section II).

Section I

La séparation des pouvoirs

La doctrine de la séparation des pouvoirs a une grande importance, aussi bien pour la théorie du droit constitutionnel (notamment, parce qu'elle fonde la typologie classique des régimes représentatifs) que pour sa pratique. Pourtant, elle soulève des difficultés qui ne peuvent se résoudre que lorsqu'on la replace dans l'histoire constitutionnelle. Celle-ci montre en effet que cette doctrine, après être devenue un dogme vers la fin du XVIIIe siècle, fut ensuite réévaluée à la baisse sans pour autant disparaître (sous-section 1). Elle indique en outre que, parallèlement au principe de séparation, sont apparues certaines pratiques de substitution, relevant, fondamentalement, de la même logique (sous-section 2).

Sous-section 1

Les destins du principe

A. La naissance du dogme

Entre le moment où elle apparaît, au cours du XVIIe siècle, et la fin de la Révolution française, la doctrine de la séparation des pouvoirs subit une mutation profonde : simple instrument pour ses inventeurs, elle finit par devenir, pour certains de leurs disciples, un dogme sacré.

1. *De l'instrument...*

Lorsqu'elle est inventée, ou plutôt réinventée [1], dans la seconde moitié du XVIIe siècle en Angleterre, dans la première moitié du XVIIIe en France (l'*Esprit des lois* de Montesquieu paraît en 1748), l'idée d'une séparation se rattache à un sentiment d'hostilité, ou du moins de méfiance, à l'égard de toute concentration du pouvoir. Ce pouvoir peut être celui du monarque : c'est pour s'opposer aux tendances absolutistes des Stuarts qu'est déclenchée, en 1688, la *Glorious Revolution*, et c'est cette opposition que John Locke va entreprendre de justifier théoriquement dans son célèbre *Essai sur le gouvernement civil* (1690). Pareillement, c'est pour des-

1. Puisqu'elle ne fait, dans une certaine mesure, que renouer avec la vieille théorie antique du régime mixte, garant de la modération du pouvoir.

serrer l'absolutisme qu'il reproche à la monarchie bourbonienne que Montesquieu se fera le promoteur de la séparation des pouvoirs. Mais cette autorité virtuellement menaçante pourrait tout aussi bien être celle d'une Assemblée parlementaire (*Esprit des lois*, livre XI, chap. VI) : c'est par réaction à l'omnipotence du « Long Parlement », assemblée unique et souveraine qui s'arrogeait tous les pouvoirs, que Cromwell inscrit dans l'article 1er de l'*Instrument of Government* (1654) le principe d'une séparation – entre un Parlement, titulaire seulement partiel de la fonction législative, et un exécutif qui, au contraire, est considérablement renforcé afin de lui faire contrepoids. Et l'on comprend ainsi que l'objectif de la séparation n'est pas la contestation de la seule monarchie, mais celle de l'absolutisme en général, et des risques qui lui sont inhérents. Sa finalité est simple : assurer un certain équilibre au sein de l'État afin de garantir la stabilité constitutionnelle, mais surtout de protéger les droits des sujets des éventuels abus de pouvoir.

Le danger vient, estiment ses inventeurs, d'une concentration de tous les pouvoirs entre les mains d'un seul organe, qui pourrait à la fois faire les lois, les exécuter, et juger ceux qui ne les respecteraient pas. Dans cette perspective, le mécanisme de séparation vise simplement à empêcher le résultat (dangereux) d'une telle situation. Il faut ici revenir à Montesquieu : « lorsque dans la même personne ou dans le même corps de magistrature la puissance législative est réunie à la puissance exécutrice, il n'y a point de liberté, parce qu'on peut craindre que le même monarque ou le même sénat ne fasse des lois tyranniques pour les exécuter tyranniquement. Il n'y a point encore de liberté si la puissance de juger n'est pas séparée de la puissance législative et de l'exécutrice [...]. *Tout serait perdu* si le même homme, ou le même corps des principaux, ou des nobles, ou du peuple, exerçait ces trois pouvoirs : celui de faire les lois, celui d'exécuter les résolutions publiques, et celui de juger les crimes ou les différends des particuliers ».

Pour éviter la catastrophe, il suffira donc, à l'inverse, qu'un même organe ne dispose pas de la totalité de ces pouvoirs. Séparation *minimale* : celle-ci a un caractère purement négatif, et instrumental. Il n'est pas question de confier à un organe spécialisé la totalité d'une des trois fonctions, que lui seul exercera (au point de se confondre avec elle : on parle couramment du « pouvoir législatif » pour désigner le « corps légiférant »), et de le priver de toute intervention sur les autres fonctions. Il s'agit plus modestement d'opérer un fractionnement *suffisant* et, parallèlement, de ménager des « freins et contrepoids » assez puissants pour éviter une déviance. Peu importe que cette séparation soit approximative et souple : tout ce qu'on lui demande, c'est d'être efficace.

2 ... *au dogme*

Cette vision des choses semble encore prévaloir au début de la Révolution française[1]. Ainsi, lorsque l'article 16 de la Déclaration des droits de l'homme et du citoyen évoque la séparation des pouvoirs, c'est en lien avec la « garantie des droits », en l'envisageant moins comme une *finalité* distincte, que comme un *moyen* institutionnel indispensable à la réalisation de cette garantie. C'est également dans cette perspective que l'on va organiser les rapports entre les pouvoirs dans le cadre de la Constitution française de 1791, ou encore, quelques années plus tôt, dans celui de la Constitution fédérale américaine de 1787, marquée par la pensée de Montesquieu.

---

1. Voir, sur ces points, M. Troper, *La Séparation des pouvoirs et l'histoire constitutionnelle française*, LGDJ, 1980.

Dans ces deux Constitutions, le principe de séparation se traduit d'abord par l'absence d'intervention de l'exécutif dans la fonction législative [1]. Celui-ci ne dispose d'aucun pouvoir d'initiative, lequel n'appartient qu'au Corps législatif lui-même, y compris en matière de lois de finances [2]. Il n'en dispose même pas de façon indirecte, du fait de l'incompatibilité entre les fonctions de ministre, et plus généralement d'agent de l'exécutif, et celles de membre du Corps législatif [3]. Réciproquement, le législateur ne pourra intervenir dans la fonction exécutrice. Ainsi, il ne peut ni blâmer directement, ni, *a fortiori*, renverser les ministres, qui dépendent exclusivement du chef du pouvoir exécutif, le roi dans la Constitution de 1791, le président des États-Unis dans la Constitution fédérale de 1787 [4]. En résumé, dans ces deux Constitutions, le principe de séparation semble se réaliser assez strictement, chaque pouvoir étant attribué dans sa totalité à un organe particulier [5].

Pourtant, malgré les apparences, cette séparation est encore peu rigoureuse, étant assortie de limites significatives. C'est ainsi par exemple que le titulaire du pouvoir exécutif, roi ou président, conserve un droit de veto sur les lois adoptées par le législateur. On retrouve ici l'écho de Montesquieu : « Si la puissance exécutrice n'a pas le droit d'arrêter les entreprises du

---

1. Constitution de 1791, titre III, chapitre III, section 1, article 1er; Constitution de 1787, article III, section 1.

2. « On pensait que permettre [à l'exécutif] de proposer les lois, c'était le plus souvent lui permettre de les imposer en fait à l'acceptation du Corps législatif; l'initiative gouvernementale devait annihiler naturellement l'initiative parlementaire » (A. Esmein, *Éléments…, op. cit.*, p. 379).

3. Constitution de 1791, titre III, chapitre III, section 4, article 2; Constitution de 1787, article I, section 6.

4. Constitution de 1791, titre III, chapitre III, section 4, article 1er; Constitution de 1787, article II, section 1.

5. Constitution de 1791, titre III, articles 3, 4 et 5; Constitution de 1787, article Ier, section 1, article II, section 1, article II, section 1.

pouvoir législatif, celui-ci sera *despotique* ; car comme il pourra se donner tout le pouvoir qu'il peut imaginer, il anéantira les autres puissances » (*Esprit des lois*, livre XI, chap. VI). Le veto est conçu, il est vrai, de manière différente dans ces deux Constitutions. Dans celle des États-Unis, la loi que le Président a refusé de promulguer reviendra devant les chambres, qui l'examineront à nouveau. Si elle recueille, dans l'une et l'autre, une majorité des deux tiers, le veto présidentiel sera surmonté, et la loi devra être promulguée. En France, cette question du veto fut, au début de la Révolution, l'une des plus vivement controversées, notamment au sein du premier « Comité » qui prépare le projet de Constitution (juillet-septembre 1789). D'après l'aile droite de ce Comité, le roi devrait disposer d'un veto *absolu*, considéré comme le seul moyen de « garantir la lenteur et la prudence dans la confection des lois » : d'assurer, en la limitant, la séparation des pouvoirs. À l'inverse, l'abbé Sieyès, à l'aile gauche du Comité, repousse toute forme de veto, même simplement suspensif et temporaire, « au nom d'une intransigeante métaphysique de la séparation des pouvoirs »[1]. C'est finalement une solution intermédiaire qui l'emporte : le roi peut, dans un délai de deux mois, refuser son consentement aux textes adoptés par le Corps législatif. Mais « ce refus n'est que suspensif[2] ». Lorsque la loi, votée par deux législatures successives, est adoptée dans les mêmes termes par une troisième, « le roi sera censé avoir donné la sanction » : son veto est levé.

Si les techniques d'intervention diffèrent, les résultats sont similaires : le roi ou le président ne peuvent s'opposer durablement à une loi évidemment néces-

---

1. Cité *in* J.-J. Chevallier, *Histoire des institutions et des régimes politiques de la France, de 1789 à nos jours*, Dalloz, 6e éd., 1981, p. 45.

2. Constitution de 1791, titre III, chapitre 3, section III, article 2.

saire – cette évidence étant supposée démontrée par son adoption à la majorité des deux tiers aux États-Unis, et par son vote réitéré à trois reprises en France. Le résultat est analogue, mais également l'esprit : la séparation des pouvoirs doit être conçue d'une manière souple et relative si l'on veut qu'elle assure la fonction pour laquelle elle est conçue : interdire tout glissement vers le despotisme.

En France, pourtant, la transformation de la théorie de la séparation en une vision plus radicale, dogmatique et non plus instrumentale, est en train de s'opérer. Cette mutation se manifeste avec éclat – après l'intermède de la Constitution jacobine du 24 juin 1793 – dans la Constitution directoriale du 5 fructidor an III (22 août 1795), que précède une déclaration des droits et des devoirs de l'homme et du citoyen proclamant que « la garantie sociale ne peut exister si la division des pouvoirs n'est pas établie » (art. 22). Dans ce long texte, on retrouve les mêmes principes que dans les Constitutions de 1787 et de 1791, mais assortis de dispositions qui en renforcent encore la portée pratique et symbolique. C'est ainsi que les membres du Directoire, l'organe exécutif, ne peuvent ni participer à la fonction législative, ni pénétrer dans l'enceinte des deux assemblées, le Conseil des Anciens et le Conseil des Cinq-Cents [1]. Parallèlement, disparaissent les aménagements au principe établis dans les Constitutions de 1787 et 1791. Le droit de veto, en particulier, est retiré au Directoire, obligé de promulguer les lois votées dans les deux jours qui suivent leur réception, et dans la journée si elles sont précédées d'un décret d'urgence (art. 128 et 129).

La Constitution de l'an III impose ainsi « la séparation la plus rigide qu'on eût jamais connu : elle traduit

---

1. Article 160; solution inverse dans la Constitution de 1791, titre III, chapitre III, section 4, article 10.

une préoccupation, qui va jusqu'à la manie, de morceler, d'émietter, de diviser les organes de l'État [1] ». Les résultats ne se feront pas attendre : les quatre années que durera cette Constitution ne seront qu'une suite de coups d'État, aucun moyen n'ayant été prévu pour résoudre les conflits entre exécutif et législatif.

Avec cette Constitution, le moyen est devenu un principe, qui semble valoir pour lui-même, presque indépendamment de l'objectif en vue duquel il a été conçu, et qui du coup acquiert une rigidité qui lui était étrangère à l'origine. C'est sur cette base que seront organisés un certain nombre de systèmes politiques, du XIXe au début du XXe siècle.

À ce propos, il faut reconnaître tout de même que la plupart des Constitutions qui s'en réclameront montreront plus de prudence et de retenue que celle de l'an III. Même la Constitution française du 4 novembre 1848, qui proclame que « la séparation des pouvoirs est la première condition d'un gouvernement libre » (art. 19) [2], aménage certains éléments de collaboration entre l'exécutif et le législatif. Toutefois, et c'est ce qui importe, le principe lui-même ne semble plus susceptible de discussion. Il apparaît comme un dogme si unanimement admis, que l'on reproche simplement à ses adversaires politiques de ne pas le respecter aussi bien qu'on aurait pu le faire soi-même. Dans un essai paru en 1851, Louis-Napoléon Bonaparte écrit ainsi que la Constitution de 1848, bien qu'elle ait solennellement reconnu le principe de séparation des pouvoirs,

1. J.-J. Chevallier, *Histoire des institutions...*, *op. cit.*, p. 88. Voir *contra*, M. Troper, « La séparation des pouvoirs dans la Constitution de l'an III », *in* G. Conac, J.-P. Machelon, *La Constitution de l'an III*, PUF, 1999, p. 57 sq.

2. « Article adopté, observe P. Bastid, comme l'énoncé d'un *axiome* que personne ne discute et dont personne ne cherche à déterminer la portée exacte [...]. Et c'est là sans doute, dans tous les débats constitutionnels de 1848, la lacune la plus surprenante » (P. Bastid, *Doctrines et institutions politiques de la Seconde République*, Hachette, 1945, t. I, p. 246).

« les confond tous ». Alors qu'à l'inverse, l'esprit des Constitutions napoléoniennes, qu'il se propose de restaurer en révisant la Constitution de 1848 « n'est pas autre chose que le principe même de la liberté [...] car ces institutions séparent complètement le pouvoir exécutif du pouvoir législatif[1] ».

En réalité, la Constitution du 14 janvier 1852, établie à la suite du coup d'État bonapartiste du 2 décembre 1851, ne respectera pas plus strictement que sa devancière le principe dont elle se réclame[2] : prévoyant par exemple que « le président de la République gouverne au moyen des ministres, du Conseil d'État, du Sénat et du Corps législatif » (art. 3) et que « la puissance législative s'exerce collectivement par le président de la République, le Sénat et le Corps législatif » (art. 4).

Le principe de séparation apparaît ainsi comme un dogme dont on sait empiriquement qu'il est impossible de le respecter à la lettre. Mais alors, ne faut-il pas aller plus loin, et contester le dogme lui-même ?

B. Contestations du principe

Cette contestation du dogme de la séparation des pouvoirs apparaît très tôt, comme un contre-courant d'abord discret, puis de plus en plus visible. Elle se situe à la fois sur un plan théorique, et pratique.

1. *Sur un plan théorique*

Sur un plan théorique, la séparation des pouvoirs peut être jugée contraire aux principes de l'unicité et de

---

1. Louis-Napoléon Bonaparte (attribué à), *La Révision de la Constitution*, Plon, [1851], p. 37-38.

2. Voir titre Ier, article 1 : « La Constitution reconnaît, confirme et garantit les grands principes proclamés en 1789, et qui sont la base du droit public des Français. »

l'indivisibilité du souverain. On découvre ici l'une de ces fameuses ironies de l'Histoire. En France, sous l'Ancien Régime, la théorie de la séparation des pouvoirs visait essentiellement à enlever au roi-souverain une part de son autorité pour l'attribuer à d'autres organes et assurer ainsi la liberté. Mais une fois le monarque remplacé par le peuple comme titulaire de la souveraineté, comment faire ? Faut-il conserver le principe, à l'instar des libéraux, mais au risque d'apparaître anti-démocrate – puisque dans cette hypothèse la séparation postule que le peuple est imparfait, susceptible de se tromper, d'abuser lui aussi de son pouvoir ? Ou faut-il y renoncer, au nom du principe démocratique et de l'infaillibilité de la volonté populaire, mais au risque de mettre en péril les libertés des individus et les droits de la minorité ? Cette dernière option est celle que choisissent les jacobins en 1793-1794, ou les bolcheviques après la Révolution d'octobre.

Sur ce point, les premiers peuvent à bon droit se réclamer de Jean-Jacques Rousseau. Celui-ci n'admettait en effet qu'une dissociation purement technique entre le pouvoir législatif, confondu avec la souveraineté, et le pouvoir d'exécuter la loi en adoptant des actes particuliers d'application, le second étant évidemment subordonné au premier[1]. Telle est précisément l'idée que consacre la Constitution jacobine du 24 juin 1793. À ce propos, on constate d'abord que le principe de séparation disparaît de la Déclaration des droits. Contrairement à ce qui sera le cas dans la Constitution de 1795, la garantie sociale n'est pas subordonnée à la division des pouvoirs, elle « repose sur la souveraineté nationale » (art. 23), et exige seulement que « les limites des fonctions publiques » soient « clairement déterminées par la loi » (art. 24). Pour le reste, le régime instauré par la Constitution de

1. Sur ce point, *Lettres écrites de la Montagne*, deuxième partie, lettre 7, cité *in* A. Esmein, *Éléments...*, *op. cit.*, p. 367.

1793 se caractérise sur tous les plans par la confusion des pouvoirs entre les mains d'un Corps législatif « un, indivisible et permanent » (art. 39), qui assure à lui seul la fonction législative, mais qui, par ailleurs, nomme, dirige, contrôle et remplace à son gré le « Conseil exécutif » – lequel, très symboliquement, siège auprès de lui (art. 75) (sur le régime d'assemblée, voir troisième partie, chapitre II).

Telle est aussi, à peu de choses près, la perspective adoptée par le droit soviétique, un siècle et demi plus tard : « notre Constitution, basée sur la dictature du prolétariat, [...] n'admet pas la séparation des pouvoirs, c'est-à-dire, le système d'une série d'institutions politiques qui s'équilibrent mutuellement », « en contradiction avec les intérêts de la classe ouvrière » [1], qui exigent impérieusement que l'État des prolétaires soit le plus fort possible.

La fonction historique de la doctrine de la séparation est accomplie. Celle-ci ne peut plus être, désormais, qu'un obstacle à la pleine réalisation de la démocratie nouvelle.

2. *Sur un plan pratique*

Mais parallèlement à cette contestation de principe, on voit se dessiner depuis la fin du XIXe siècle, en particulier dans le monde anglo-saxon, une remise en cause de la séparation des pouvoirs fondée sur des arguments d'ordre pratique.

Une première critique prend le contre-pied de l'idée suivant laquelle le régime parlementaire, dont l'Angleterre constitue le *modèle* irrécusable, se caractériserait par une séparation souple des pouvoirs (qui le

1. V. Dialo, cité *in* B. Mirkine-Guetzévitch, « Le contrôle de constitutionnalité dans la Constitution soviétique », *RDP*, 1925, p. 686 et 693.

distinguerait à la fois du gouvernement présidentiel, à séparation stricte, et du régime d'assemblée, marqué par la confusion des pouvoirs). Depuis la seconde moitié du XIXe siècle, une part notable de la doctrine anglaise réfute explicitement cette interprétation de la Constitution britannique. L'un de ses principaux représentants, W. Bagehot, soulignait ainsi que c'est par erreur qu'on a vu dans la séparation le principe du système politique anglais, qui consiste en réalité dans la « fusion » de l'exécutif et du législatif, et plus précisément dans le fait que « c'est la Chambre des communes qui gouverne ». Celle-ci, « maintenant, est le vrai souverain, [...] qui nomme le véritable pouvoir exécutif », le Cabinet et le Premier ministre. C'est ce qui distingue le système britannique du régime présidentiel à l'américaine, et c'est aussi ce qui explique l'infériorité marquée de ce dernier, qui « non seulement suscite au pouvoir exécutif l'antagonisme du pouvoir législatif et l'affaiblit d'autant, mais [qui] l'affaiblit encore en diminuant sa valeur intrinsèque », tout en réduisant aussi l'autorité du législateur. Voilà pourquoi Bagehot, s'adressant à Prévost-Paradol et aux réformateurs français de son époque, leur conseille instamment de ne pas réitérer « cette faute commise en 1848, qui consiste dans la juxtaposition d'un pouvoir exécutif et d'un pouvoir législatif tout à fait indépendants l'un de l'autre »[1]. Ce qui, vaille que vaille, fonctionne aux États-Unis, ne saurait marcher correctement en France.

Est-on d'ailleurs bien sûr que cela fonctionne outre-Atlantique? C'est ce que conteste, à la fin du XIXe

---

1. W. Bagehot, *La Constitution anglaise*, trad. M. Gaulhiac, Germer-Baillière, 1869, p. 20, 28, 30, 31, 204 et 206, et Introduction, p. II et III; sur la persistance de cette conception, voir le développement de H. Laski, *Le Gouvernement parlementaire en Angleterre*, trad. J. Cadart, J. Prélot, PUF, 1950, p. 140 : la séparation mène « à la confusion de la responsabilité et souvent à l'absence d'une direction nette ».

siècle, un universitaire qui deviendra quelques années plus tard président des États-Unis, Woodrow Wilson. Désirant créer « un Congrès qui ne fût pas esclave et un gouvernement qui ne fût pas despotique », les constituants de 1787 « crurent, comme il fallait s'y attendre, qu'une séparation absolue entre ces deux branches du système était le seul moyen efficace pour atteindre le but désiré ». Mais le résultat de cette séparation complète, c'est, un siècle plus tard, « l'éparpillement des fonctions », « l'émiettement de l'autorité » et la dilution de la responsabilité politique, chaque pouvoir pouvant rejeter sur l'autre ses erreurs et ses insuffisances. Ces défauts, note encore Wilson, se font sentir à tout moment, même dans les affaires courantes, mais ils risquent d'avoir des conséquences graves en cas de crise. La séparation apparaît donc d'autant plus dangereuse qu'elle favorise en fait, contrairement à ce que prévoit la Constitution, l'hégémonie du Congrès : autrement dit, « la création d'un mécanisme de gouvernement fragile et extra-constitutionnel »[1].

La prédominance du Congrès fera d'ailleurs bientôt place à celle, tout aussi contestable au regard de la lettre de la Constitution, du Président – et ce, grâce à la politique menée par Wilson lui-même, puis surtout, à partir des années 1930, à la faveur de la crise économique qui contraindra l'État fédéral à remettre en cause certaines conséquences majeures du principe de séparation[2].

En France, au même moment et pour des causes analogues, la pratique de la séparation des pouvoirs est également battue en brèche. Déjà, la Première

1. W. Wilson, *Le Gouvernement congressionnel* [1890], Giard et Brière, 1900, p. 302, 328 et 331.

2. C'est précisément ce que lui reproche la Cour suprême dans l'une des décisions les plus retentissantes de l'époque du New Deal, *Schechter Poultry v/US*, 1935 (cité *in* É. Zoller, *Grands Arrêts...*, *op. cit.*, p. 429).

Guerre mondiale avait poussé en avant des hommes d'État qui, comme Clemenceau, s'étaient approprié l'essentiel du pouvoir politique aux dépens d'un Parlement réduit, durant ces années, à une simple fonction de contrôle. Cette primauté du pouvoir exécutif, remise en cause après la guerre, va cependant réapparaître dès la fin des années vingt, et là encore, sur fond de crise politique, économique et sociale. C'est ce qu'atteste de manière spectaculaire, à partir de 1926, la pratique des « décrets-lois », qui attribue au gouvernement le pouvoir de prendre des actes ayant la même valeur que la loi dans tel ou tel domaine particulier (fiscalité, grands travaux, etc.). Des actes qui, bien qu'émanant de l'exécutif, n'en sont pas moins susceptibles de modifier ou d'abroger des lois existantes : ce qui, entre autres choses, implique une remise en cause directe du principe de séparation des pouvoirs, l'exécutif ayant alors la possibilité d'énoncer les règles générales qu'il lui appartiendra, ensuite, de mettre en application. Cette tendance se prolongera durant l'entre-deux-guerres, puis pendant et après la Seconde Guerre mondiale. En fait, plus il y a de problèmes, plus ces problèmes sont difficiles, plus le pouvoir doit être concentré s'il entend assurer correctement sa fonction – et plus le dogme de la séparation s'avère inadéquat. Une séparation absolue n'a jamais été possible, mais elle l'est encore moins que par le passé, dans le contexte d'un État interventionniste, confronté à tout moment à des questions graves qui exigent des réponses rapides.

Sous-section 2

Des pratiques de substitution

La théorie de la séparation des pouvoirs semble ainsi contestée de toutes parts. En définitive, sa principale fonction actuelle paraît d'ordre didactique : le principe permet d'établir un critère de distinction, artificiel mais simple, entre les différents types de régimes représentatifs. Cependant, on a déjà entrevu avec Bagehot, et on reverra plus loin, que cette distinction elle-même ne correspond pas exactement à la réalité, et qu'elle n'a, bien sûr, aucun caractère prescriptif (un régime n'est pas « faux », « bâtard », ou « moins bon », lorsqu'il n'entre pas dans les catégories établies en fonction de la théorie de la séparation des pouvoirs).

Au fond, plutôt qu'au principe de séparation, il faudrait peut-être s'intéresser, en deçà de la théorie, aux différentes pratiques de la dissociation, ou de la division du pouvoir, qui paraissent à bien des égards relever de la même logique. Il s'agit en effet, là aussi, d'éviter que le pouvoir n'abuse de lui-même, et de protéger plus efficacement les droits des personnes, susceptibles d'être mis en cause par l'État : en bref, il s'agit de contraindre mécaniquement celui-ci à la prudence.

Parmi ces pratiques de la dissociation, certaines sont assez récentes : on peut signaler, en France, le développement foudroyant, au sein de l'administration centrale, des « autorités administratives indépendantes ». D'autres sont beaucoup plus anciennes, comme le principe traditionnel de la séparation des autorités administratives et judiciaires, qui remonte au début de la Révolution française – et dont l'étude, comme d'ailleurs celle des autorités administratives indépendantes, relève habituellement du droit administratif[1]. Ou encore, le bicamérisme, c'est-à-dire, la division du Parlement en deux chambres ou deux assemblées, sur lequel il faut s'arrêter un instant.

---

1. Voir B. Seiller, *Droit administratif, op. cit.*, t. I, p. 105-107, 219 sq., et 298, et, pour une approche globale, O. Gohin, *Institutions administratives*, LGDJ, 4e éd., 2002, p. 229-263.

A. Le principe du bicamérisme

L'idée de diviser le Corps législatif en deux chambres distinctes et séparées trouve (en général) son origine dans le modèle anglais – où, depuis le XIVe siècle, coexistent une chambre basse, la Chambre des communes, et une chambre haute, la Chambre des lords. Toutefois, l'existence d'une seconde chambre, parallèlement à l'Assemblée élue par le peuple ou représentant celui-ci, a été utilisée dans des perspectives et en vue d'objectifs très divers : tantôt, comme en Angleterre, pour assurer une représentation politique à l'aristocratie ou aux grands notables (avec des dénominations significatives : Chambre des seigneurs en Prusse [1], Chambre des pairs en France, sous l'empire des Chartes de 1814 et 1830) ; tantôt, dans le cadre de systèmes fédératifs, pour permettre aux États fédérés de participer effectivement au fonctionnement de la fédération (Sénat américain, Bundesrat allemand, etc.) ; tantôt, enfin, pour accorder une représentation aux collectivités territoriales décentralisées, aux intérêts locaux, voire économiques ou culturels (voir le Sénat français actuel, et le projet de révision constitutionnelle d'avril 1969). Toutefois, par-delà cette fonction de représentation, la division du corps légiférant, observait Esmein, « a tout d'abord pour but d'*affaiblir la puissance effective du pouvoir législatif*, laquelle est immense et, par conséquent, dangereuse, dans le gouvernement représentatif [2] ». Ainsi, on retrouve exactement l'objectif qui justifiait, pour ses premiers défenseurs, la séparation des pouvoirs. Autre illustration de cette coïncidence : en 1848, alors que la Révolution vient de renverser la monarchie de Juillet,

---

1. En vertu de la Constitution prussienne du 31 janvier 1850, celle-ci comprenait trois cent deux membres nommés par le roi parmi les grandes familles nobles.

2. A. Esmein, *Éléments...*, *op. cit.*, p. 91.

Alexis de Tocqueville, l'auteur de *La Démocratie en Amérique*, devient membre de la Commission chargée d'élaborer le projet de constitution. Il y eut alors, raconte-t-il, « une grave discussion. Elle porta sur le système de la Chambre unique ». Pourquoi cette gravité ? Parce que, derrière la question de l'unicité ou de la dualité du Corps législatif, il y a l'opposition entre deux conceptions du pouvoir. D'une part, associé au bicamérisme, « le système savant et un peu compliqué des contrepoids », qui permet d'avoir « des pouvoirs contenus, et par conséquent prudents et modérés ». D'autre part, liée au monocamérisme, « la théorie plus simple où on livre le pouvoir à un pouvoir homogène dans toutes ses parties, sans barrières, et par conséquent impétueux [...] et irrésistible »[1].

B. Expérimentations françaises

C'est en raison de ce dilemme que la question du bicamérisme court tout au long de l'histoire constitutionnelle française, parallèlement à celle de la séparation des pouvoirs, mais sans toutefois coïncider exactement avec celle-ci. Car dans la tradition républicaine française, le bicamérisme est perçu comme réduisant les pouvoirs du Parlement, représentant du peuple, alors que la séparation des pouvoirs est plutôt conçue, du moins à l'origine, comme une machine de guerre contre l'exécutif.

C'est ainsi qu'en 1789 Sieyès, défenseur dogmatique de la séparation des pouvoirs, s'oppose radicalement à la division du Parlement en deux chambres. « La souveraineté, explique alors Rabaut Saint-Étienne, est une chose une et simple, puisque c'est la collection de tous sans excepter un seul ; *donc le pou-*

---

1. *Souvenirs d'Alexis de Tocqueville*, Calmann-Lévy, 1893, p. 268 et 269.

voir législatif est un et simple[1]. » C'est cette opinion que retranscrit, avec insistance, la Constitution du 3 septembre 1791 : « l'Assemblée nationale formant le Corps législatif est permanente *et n'est composée que d'une chambre*[2] ». On retrouve une configuration analogue dans la Constitution de 1848, également respectueuse du dogme de la séparation des pouvoirs, mais pareillement hostile au bicamérisme : « le peuple français, précise son article 20, délègue le pouvoir législatif à une assemblée unique ». Dans l'une et l'autre Constitution, il est vrai, l'Assemblée se trouvait confrontée à un pouvoir exécutif fort et indépendant – incarné par le roi en 1791, par le président de la République en 1848.

Dans la Constitution jacobine de 1793 (art. 39), en revanche, tout comme en 1946 (art. 66), dans le projet de la première Assemblée constituante, le refus du bicamérisme va de pair avec la condamnation de la séparation des pouvoirs – celle-ci étant devenue inutile dès lors que la totalité du pouvoir appartient au peuple, celui-là s'avérant incompatible avec le principe de l'unité du souverain comme avec les exigences de l'efficacité, particulièrement pressantes en période révolutionnaire. Une même logique, celle du régime d'Assemblée, sous-tend ces deux textes.

À cet égard, il faut noter que l'un comme l'autre seront remplacés par des constitutions qui, en réaction, renouent avec le bicamérisme. Ce qui diffère, c'est l'amplitude de la réaction. Celle qui suit la chute de Robespierre en 1794 est évidemment considérable : la Constitution de 1795, pour ne plus avoir à subir le despotisme d'une Assemblée unique, instaure un système bicaméral égalitaire (art. 44) où la chambre haute, le Conseil des Anciens, composé de deux cent

1. Cité *in* A. Laquièze, « L'histoire du bicaméralisme en France », *RPP*, n° 1007, 2000, p. 23.

2. Titre III, chapitre Ier, article 1er.

cinquante membres âgés d'au moins quarante ans, mariés ou veufs, est seule dotée du pouvoir d'approuver ou de rejeter les « résolutions » émanant de la chambre basse, le Conseil des Cinq-Cents, suivant une procédure visant à empêcher tout emportement (art. 91). Alors que le Conseil des Cinq-Cents forme « l'imagination de la République », le Conseil des Anciens doit en être « la Raison[1] ».

En 1946, la réaction fait suite à l'échec du projet d'avril 1946, rejeté par référendum le 5 mai notamment du fait de l'absence d'une deuxième chambre, que les modérés du MRP avaient jugée lourde de menaces. La Constitution du 27 octobre 1946 dispose par conséquent que « le Parlement se compose de l'Assemblée nationale et du Conseil de la République » (art. 6). Bicamérisme donc, mais très inégalitaire, du moins au départ, puisque le « Conseil de la République » n'aura, jusqu'à la révision du 7 décembre 1954, qu'un rôle consultatif dans la procédure législative (art. 20).

À cet égard, la Constitution du 4 octobre 1958 renoue, par-delà la IVe République, avec le bicamérisme quasi égalitaire de la Constitution de 1875 : symboliquement, le Sénat retrouve son nom traditionnel; quant au principal privilège de l'Assemblée, il consiste, en cas de désaccord persistant avec le Sénat, dans le fait de pouvoir « statuer définitivement » sur un projet ou une proposition de loi (art. 45 al. 4) – mais uniquement à condition que le gouvernement le lui demande. Le bicamérisme n'est surmonté que lorsqu'il y a collaboration entre les pouvoirs (voir *Droit constitutionnel. La Ve République*, p. 219-220).

---

1. Boissy d'Anglas, cité *in* A. Laquièze, « L'histoire du bicaméralisme… », art. cité, p. 16.

Section II

La justification du pouvoir

À la jonction de la science politique, de la philosophie politique et du droit constitutionnel, l'une des questions cruciales que pose le pouvoir est celle de l'obéissance. À qui, et pourquoi obéir? Pourquoi accepter de se plier à la volonté de tel individu, qui a adopté un décret ou voté une loi, ou de tel juge qui a prononcé une peine contre celui qui n'a pas obéi à telle règle édictée par un autre? Suivant le lieu ou l'époque, la réponse variera du tout au tout. Le citoyen X répondra qu'il *doit obéir* (et accepter une sanction en cas de désobéissance, etc.) parce que celui qui fait la loi est le fils de son père qui lui-même tenait ce pouvoir du sien; ou parce qu'il est membre de l'une des familles nobles inscrites au Livre d'or de Venise; ou parce qu'il a été reconnu par le collège des prêtres comme la nouvelle réincarnation du Bouddha; ou parce qu'il a été tiré au sort; ou encore, parce qu'il a été désigné par une majorité des habitants majeurs d'une circonscription, inscrit sur les listes électorales, ayant voté suivant une procédure déterminée... Ces hypothèses, parmi d'innombrables autres, conduisent à souligner deux points : d'une part la nécessité d'une telle justification, de l'autre les difficultés qu'elle pose.

Sous-section 1

Nécessité d'une justification

Pourquoi obéir? Dans des conditions normales, la question ne se posera même pas : on obéit par habitude, sans réfléchir, parce que « c'est comme ça », parce qu'il y a un État, un pouvoir, et qu'il serait au fond infiniment *plus difficile* et plus désavantageux de ne pas obéir. Ce n'est que dans des conditions exceptionnelles que la question resurgit dans toute son acuité : par exemple, en cas de guerre, pour ceux qui sont appelés sous les drapeaux, ou lorsque le pouvoir politique exige, en temps de crise, des sacrifices importants de la part des individus. Deux réponses viennent alors à l'esprit : la force, ou le droit. J'obéis, parce que j'y suis contraint ; ou bien, parce que j'y suis juridiquement « obligé ».

A. La force

On peut obéir, d'abord, parce que l'on y est contraint par la force, c'est-à-dire par la menace d'une sanction coercitive en cas de désobéissance : si je ne paie pas mes impôts, je serai condamné à en payer deux fois plus, etc., jusqu'à une éventuelle privation de liberté. La force, à cet égard, s'avère à la fois indispensable, et insuffisante. Indispensable, dans la mesure où une règle dépourvue de sanction risquerait d'être systématiquement bafouée par ses destinataires. Et ce qui vaut pour une règle de droit en particulier vaut *a fortiori* pour le système dans son ensemble : sans la force, ou plutôt, sans la *possibilité* d'un recours à cette dernière, l'État cesserait aussitôt de fonctionner et d'assurer les tâches indispensables qui sont les siennes. Mais en même temps, la force est insuffisante : au niveau global de l'État, elle ne saurait être qu'un auxiliaire, et non point la seule, ni même la principale raison de l'obéissance. Il en va ainsi, du moins, dès lors que l'on se situe dans un système complexe : c'est-à-dire en dehors de systèmes « sous-développés » (économiquement, culturellement, etc.) où, en effet, une minorité armée et active pourrait régner par la force pure sur un peuple d'esclaves incapables d'opposer une résistance significative à sa volonté : c'est le cas des « despotismes orientaux » évoqués par les philosophes des Lumières, ou encore des empires africains d'avant la colonisation. Mais dès que le système est sorti de cet état de sous-développement, ce despotisme pur devient impossible : il impliquerait une dépense d'énergie beaucoup trop considérable pour être maintenu durablement (supposant un personnel excessivement nombreux, etc.). En fait, l'usage permanent de la violence conduit à *user* très rapidement le pouvoir. Un régime qui ne tiendrait que sur la force ne pourrait subsister plus de quelques mois. Pour durer, il faut autre chose, qui s'ajoute, ou mieux encore qui se substitue à la force pour faire accepter aux sujets les exigences du pouvoir.

B. Le droit ?

Le terme doit être précisé : le droit en question, c'est celui que les gouvernés reconnaissent aux gouvernants, le droit de diriger, de faire des lois et de les sanctionner ; droit qui, de l'autre côté, implique qu'ils reconnaissent en principe devoir obéir aux ordres des gouvernants. « Parmi toutes les inégalités humaines, écrivait l'historien italien Ferrero, aucune n'est aussi importante par ses conséquences *et n'a autant besoin de se justifier devant la raison* que celle établie par le pouvoir. Sauf quelques rares exceptions, un homme en vaut un autre : pourquoi ceux-ci ont-ils le droit de commander et les autres, le devoir d'obéir ? […] *Les principes de légitimité* sont des réponses à ces questions [1]. » Ces principes sont ce qu'il appelle joliment « les génies invisibles de la cité » : les conditions de son fonctionnement paisible et efficace, des conditions

1. G. Ferrero, *Pouvoir, les génies invisibles de la cité*, New York, Brentano's, 1942, p. 32.

sans lesquelles la société serait perpétuellement condamnée à la violence révolutionnaire.

C'est aussi pour cela qu'il fallait préciser le terme « droit » : la légitimité ne saurait être confondue avec la *légalité*, qui est le respect de la loi en vigueur, établie par le pouvoir en place. L'une et l'autre peuvent coïncider (la loi peut être légitime) ou non (elle peut avoir été faite par un pouvoir qui sera considéré comme illégitime, ou être elle-même contraire au principe de légitimité : c'est même l'un des thèmes favoris de la réflexion politique occidentale depuis l'*Antigone* de Sophocle...). Mais en tout cas, ces deux notions sont autonomes. La légitimité, en effet, se situe au-delà du juridique : étant ce qui fonde le droit, elle est par conséquent étrangère à ce dernier. Ce qui, en retour, suscite un certain nombre de questions.

Sous-section 2

La notion de légitimité et ses difficultés

Depuis Max Weber, on a pris l'habitude de distinguer trois types de légitimité : une légitimité *traditionnelle*, résultant d'une vision magique de la nature et de la société, une légitimité *charismatique* liée à l'« aura », à la personnalité d'un « homme fort » ou « providentiel », et enfin une légitimité *moderne*, fondée sur la raison, et tendant à se confondre avec la légalité. Mais cette approche, comme le reconnaissait Ferrero, s'avère discutable : toute légitimité comporte en effet, en proportions variables, une part de rationalité et une part d'irrationnel, de magie ou de mythe. Prenons par exemple le tirage au sort, utilisé dans les cités grecques pour désigner les membres des organes législatifs : cette procédure apparaît évidemment liée à une vision mythique, le hasard étant le biais par lequel les dieux vont désigner ceux qu'ils préfèrent à la tête de la cité ; mais elle comporte également une dimension rationnelle : car c'est aussi le seul moyen d'empêcher toute différenciation entre les gouvernés et les gouvernants, qui doivent avant tout se ressembler, être *semblables* les uns aux autres – le choix des gouvernants par l'élection risquant, à l'inverse, de conférer le pouvoir à une aristocratie, celle des meilleurs, des plus compétents ou des plus séduisants...

En fait, plus encore qu'entre des légitimités rationnelles ou irrationnelles, il semble qu'il faille distinguer entre des légitimités « formelles », et des légitimités « matérielles », qui en dernière analyse présenteront toutes un même caractère subjectif.

A. Les deux légitimités

Ce qui distingue la légitimité formelle de la légitimité matérielle, c'est que la première s'apprécie *a priori*, et la seconde, *a posteriori*.

1. *La légitimité formelle*

La légitimité formelle suppose qu'un système politique, un pouvoir, et donc, les actes qui en émanent, sont *légitimes* si le pouvoir en question est organisé suivant une certaine *forme*, et en particulier s'il a une certaine origine. Par exemple, dans la monarchie française d'Ancien Régime, le roi, souverain, est légitime en ce qu'il tient son pouvoir de Dieu, dont il est le « lieu-tenant » dans son royaume : origine et mission divines, manifestées par le sacre du roi à Reims (ce qui va rendre le roi « sacré »). Autre exemple, les systèmes démocratiques contemporains : le pouvoir est jugé légitime si, et dès lors qu'il appartient au peuple, autrement dit si la seule différence entre gouvernants et gouvernés est établie par ces derniers, au moyen de l'élection. D'où l'idée qu'en démocratie seuls les organes élus disposent d'une « légitimité », et qu'inversement les instances juridictionnelles ou techniques sont « illégitimes » dans la mesure où elles ne procèdent pas directement du peuple.

Dans ces deux cas, on est présence d'une légitimité *a priori*, qui tient à l'origine du pouvoir ou à la désignation de son titulaire. *A priori*, c'est-à-dire indépendante de ce que ce pouvoir pourrait faire ou réaliser : ce dernier restera légitime même s'il s'avère catastrophique…

2. *La légitimité matérielle*

La légitimité matérielle relève de la perspective inverse : un système n'est légitime que s'il parvient à réaliser telle chose, considérée comme le critère objectif de sa légitimité. Par exemple, dans la pensée libérale, le pouvoir n'est légitime que dans la mesure où il parvient à promouvoir les libertés et à garantir les droits individuels. C'est la raison pour laquelle ce courant s'est toujours montré relativement indifférent à la *forme* du pouvoir : il n'est attentif qu'à sa capacité concrète à assurer les libertés des sujets. Par suite, peu importe que ce pouvoir soit, ou non, une démocratie en bonne et due forme, dès lors que cette structure politique ne garantit pas nécessairement son aptitude à assurer une telle protection : dès lors que certains systèmes démocratiques ont pu s'avérer franchement despotiques ou totalitaires (Terreur, système soviétique ou chinois, etc.), alors qu'à l'inverse des systèmes non démocratiques (monarchie constitutionnelle ou « limitée ») se sont montrés très favorables à l'épanouissement de ces libertés. Dans cette même perspective libérale, on insistera également sur la légitimité du juge, notamment constitutionnel, qui, quoique non élu, apparaît comme le défenseur privilégié des droits et des libertés fondamentales.

Autre exemple : le système peut être considéré comme légitime dans la mesure où il parvient à assurer le « Salut public ». C'est ainsi, affirme le philosophe royaliste Charles Maurras, que « le gouvernement légitime est celui qui nous *sauve*, l'usurpateur illégitime est celui qui nous *perd* ». « Le gouvernement légitime, écrit-il encore, c'est celui qui fait ce qu'il y a à faire, celui qui le fait bien, celui qui réussit dans l'œuvre du bien public. *Sa légitimité se vérifie par son utilité* »[1], par sa capacité à assurer le salut et la prospérité de la nation. D'où, malgré les apparences, des positions relativement nuancées sur la question de la forme du gouvernement. Selon Maurras, pourtant monarchiste, le pouvoir légitime a pu, un bref moment, être celui de Robespierre, de Lazare Carnot et du Comité de Salut public, en 1793-1794, face à l'invasion étrangère; cela peut être un système républicain, en Suisse ou aux États-Unis. En revanche, pour la France du XXe siècle, il estime que cela ne saurait être qu'une monarchie héréditaire et décentralisée. On note ici l'ordre du raisonnement : tout ce qui importe, c'est le résultat, le salut de la nation. C'est en fonction de cela que Maurras *conclut* à la nécessité, et donc à la *légitimité*, de la monarchie.

Dernier exemple d'une telle approche, le système exposé au début du siècle par le publiciste Léon Duguit. Pour lui, le pouvoir politique, quelle que soit sa forme, n'est « jamais légitime par son origine. Monarchie, aristocratie, démocratie, royauté, république, les différentes formes de pouvoir politique [...] n'ont pas plus l'une que l'autre en elles-mêmes le caractère d'un gouvernement légitime [...]. Mais si le pouvoir politique n'est jamais légitime par son origine, il peut devenir légitime par son exercice[2] » :

1. Ch. Maurras, *Petit manuel de l'enquête sur la monarchie*, Versailles, Bibliothèque des Œuvres politiques, 1928, p. 113 et 115.

2. Cité *in* E. Villey, « La souveraineté nationale », *RDP*, 1904, p. 20.

lorsque sa pratique se conforme à ce que Duguit appelle la « solidarité sociale ».

Dans beaucoup d'hypothèses, on constate toutefois une combinaison, un panachage entre ces deux types de légitimité, formelle et matérielle. Ainsi, dans la conception « post-moderne » de la démocratie contemporaine, la simple origine élective du pouvoir paraît insuffisante à conférer une pleine légitimité à ce dernier, qui doit également, entre autres, se conformer à la norme constitutionnelle et respecter les libertés garanties par cette dernière [1]. Mais tel est aussi le cas de la conception « gaullienne » de la légitimité, synthétisée dans le discours de Bayeux où le Général explique que la légitimité résulte *à la fois* du *service*, de la capacité des gouvernants à réaliser le bien commun, et de l'*adhésion* populaire, du consentement du peuple au pouvoir et à son action.

B. La dimension subjective de la légitimité

À ce stade de la réflexion, il faut d'abord constater une première évidence : la légitimité n'a jamais un contenu objectif, stable et universel. De même, par exemple, que la « beauté » ou la « vertu », il s'agit toujours d'une qualité relative, qui dépend d'un certain environnement culturel, d'un certain système de valeurs, variable avec le temps, le lieu, mais aussi les personnes qui la considèrent. Il n'y a pas de système légitime ou illégitime *en soi* : mais seulement par rapport à tel *critère*, lui-même subjectif. C'est ce que

1. C'est ce qui est apparu, au soir du 21 avril 2002, lorsqu'il est devenu juridiquement possible que Jean-Marie Le Pen soit élu à la présidence de la République. La question était alors simple : si celui-ci était élu par une majorité de Français, de manière démocratique, serait-il légitime, et aurait-on par conséquent l'obligation de lui obéir?

reconnaissait Duguit à propos de la légitimité démocratique. « En dépit des affirmations de savants auteurs qui [...] écrivent : "la loi de la majorité est une de ces idées simples qui se font accepter d'emblée", nous pensons que le pouvoir de la majorité sur un seul ou sur quelques-uns *n'est pas plus légitime en soi* que le pouvoir d'un seul ou de quelques-uns sur la majorité. Or, quoi qu'on fasse, tout gouvernement démocratique aboutit au pouvoir de la majorité ; le gouvernement démocratique peut présenter sur les autres des avantages de fait, il n'est pas comme tel plus légitime qu'eux[1]. »

Il n'y a pas de pouvoir légitime *en soi*. En revanche, tout système est légitime pour lui-même, et pour ceux qui le défendent : même si, par ailleurs, il apparaît absurde, néfaste ou criminel. Le système nazi, considéré comme l'exemple type d'un pouvoir illégitime, n'était pas perçu comme tel par ses partisans, ni, du reste, par la grande majorité des Allemands entre 1933 et 1945. Et il ne saurait en être autrement que si l'on suppose l'existence de principes transcendants du Bien et du Mal politique : le système légitime serait alors celui qui se conforme aux premiers, le gouvernement illégitime celui qui les transgresse. Mais il s'agit, une fois encore, d'un choix d'ordre subjectif, dès lors que ces principes de droit naturel ne s'imposent pas de manière universelle, intemporelle et évidente.

La seconde remarque que suscite ce problème, c'est qu'une idée de légitimité, quelle qu'elle soit, a pour fonction essentielle de justifier le pouvoir et l'obéissance qui lui est due par les gouvernés. Autrement dit, cette « idée » ne vaut que dans la mesure où elle est reconnue et admise, dans tel système particulier, par l'immense majorité de la population. Il y a nécessairement un rapport étroit entre légitimité et consente-

1. L. Duguit, *RDP*, t. XII, 1899, p. 527.

ment : lorsque cette « idée de légitimité » est mise en doute par le groupe social, on assiste, soit à une situation révolutionnaire, à la disparition de l'ordre ancien et à un changement de constitution ; soit à une situation d'« ingouvernabilité », les sujets se montrant de moins en moins disposés à obéir aux règles et aux ordres émis par le pouvoir. La légitimité se rapproche, à beaucoup d'égards, de la religion. Lorsque la population cesse de croire, lorsqu'elle n'adhère plus de manière consciente et enthousiaste au système en vigueur, il en résulte, au mieux, une montée de l'indifférence, un repli sur soi-même ou sur d'autres solidarités, où les aspirations individuelles trouveront à se réaliser de manière plus satisfaisante. Telle est, dans une certaine mesure, la situation actuelle, où les citoyens, victimes du « désenchantement démocratique », se trouvent poussés soit vers l'abstention, soit vers des partis protestataires ou « dissidents »[1].

1. Sur ce point, voir C. Boutin et F. Rouvillois (dir.) , *L'Abstention électorale, apaisement ou épuisement ?*, F.-X. de Guibert, 2002.

TROISIÈME PARTIE

LA DÉMOCRATIE

Pour une idée, notamment politique, le succès est à la fois la meilleure et la pire des choses. La meilleure, puisqu'il prouve qu'elle a atteint ses objectifs, mais la pire, aussi, dans la mesure où elle est alors condamnée à se diluer, à sombrer peu à peu dans l'incertitude, la polysémie, l'indifférenciation. Or, tel est précisément le sort de l'idée de démocratie dans les temps modernes. Après avoir été longtemps un thème de combat, utilisé de façon limitée et doté d'un sens précis, elle finit par devenir, en France, à partir de la seconde moitié du XIXe siècle, un lieu commun, employé n'importe comment et pour n'importe quoi. « Son caractère plurivoque fait qu'elle accueille *en outre* » – outre ce qui la caractérise effectivement – d'autres idéaux : « en définitive, tout ce qui est idéal, beau et sympathique [1] », y compris en dehors de la sphère du politique : on parle de démocratiser le foie gras et le secteur public, le tennis ou les vacances lointaines… Le mot démocratie et l'adjectif démocratique en viennent à désigner toute manifestation de la justice, du progrès ou du bien, en quelque domaine que ce soit.

Cet éclatement du sens se double, en effet, d'une quasi-sacralisation : on a parlé à ce propos de démocratie religieuse ou de religion démocratique, une reli-

1. C. Schmitt, *Théorie de la Constitution*, *op. cit.*, p. 363.

gion d'autant plus facile à observer que le dogme et les rites sont plus vagucs. Il cst sculcment entendu qu'on ne peut être *contre* la démocratie : mais on ne se préoccupe pas pour autant de savoir ce qu'elle est, ni même ce qu'on entend par là.

Cependant, la polysémie, combinée à la sacralisation, a pour effet de nuire à l'appréhension rationnelle, précise et critique de cette notion : ce qui s'avère gênant pour des juristes, et singulièrement pour ceux qui s'intéressent à un droit constitutionnel qui de nos jours se ramène pour l'essentiel au droit de la démocratie. C'est pourquoi il faudra d'abord tenter d'examiner ce qui se cache derrière ce mot et son utilisation systématique (chapitre I) ; après quoi, on pourra s'arrêter à ce qui nous intéresse spécifiquement en tant que constitutionnalistes : les modalités d'organisation d'une certaine forme de démocratie, actuellement dominante, la démocratie « représentative » (chapitre II) ; puis aux pratiques de cette forme dans le cadre français, avant l'élaboration de la Constitution de 1958 (chapitre III).

Chapitre I

LA DÉMOCRATIE : UNE NOTION OUVERTE

Dans ce premier point, on va tenter de cerner la définition de la démocratie (section I), avant de constater qu'il existe, dans le cadre strict de cette dernière, différentes catégories de régimes méritant plus ou moins complètement ce qualificatif (section II).

Section I

Définir la démocratie

Il est toujours délicat de prétendre donner *une* définition d'un concept, d'un courant ou d'un système idéologique. Notamment parce que cela suppose qu'il n'existe qu'une (seule) définition « véritable », et que ceux qui utilisent le mot avec un autre sens se trompent. Voilà pourquoi certains renoncent à choisir, et se contentent, modestement, de reprendre le « sens ordinaire ». Mais le problème rebondit : car ce dernier est souvent multiple, contradictoire, et objet de polémiques. C'est précisément le cas pour le terme « démocratie » : avant les années 1990, on opposait fréquemment les démocraties populaires, ou socialistes (de l'Est), aux démocraties libérales, ou capitalistes (de l'Ouest), chacun des deux camps revendiquant l'exclusivité de la démocratie, et considérant que seul son système correspondait à la notion, qu'il définissait, bien sûr, tout autrement que son adversaire. C'est la raison pour laquelle on se trouve finalement contraint de déterminer un *sens* – susceptible de satisfaire au mieux les exigences logiques et scientifiques. Sans cela, l'impasse serait inévitable, et il deviendrait impossible de poursuivre la réflexion.

Lorsqu'il s'agit de définir une idée, l'histoire, et spécialement l'étymologie, s'avèrent fréquemment d'un grand secours. Tel est le cas en l'occurrence : le terme français démocratie vient en droite ligne du grec, qui désigne par là le pouvoir (ou la domination : *kratos*) du peuple (*demos*). La démocratie, comme on va essayer de le montrer, se ramène très exactement à ces deux éléments, ni plus ni moins : à l'idée que le pouvoir souverain doit être détenu et exercé, en droit comme en fait, *par le peuple*. Elle se résume au fond à la fameuse formule du président Lincoln, reprise dans la

Constitution de 1958 : « le pouvoir du peuple, pour le peuple, par le peuple ». Notons que l'élément intermédiaire, « pour le peuple », n'est pas spécifique : Aristote a montré que d'autres régimes peuvent avoir l'intérêt du peuple, c'est-à-dire le bien commun, pour objectif et pour raison d'être. Ce qu'il faut retenir de la formule, ce sont ses deux éléments objectifs : un pouvoir (venant) *du* peuple, (exercé) *par* le peuple.

La démocratie ne se définit que par cela, à l'exclusion de toute autre détermination : l'origine et le titulaire du pouvoir constituent des éléments à la fois *nécessaires* (en ce qu'ils permettent d'opposer la démocratie à d'autres formes de gouvernement), et *suffisants,* tout régime de ce type devant être qualifié de démocratie, quels que soient par ailleurs son mode d'organisation (démocratie pluraliste ou non, directe ou représentative, à pouvoirs séparés ou confondus), sa politique, ses choix économiques ou son comportement à l'égard des droits de l'homme… Tels sont les deux points (nécessité et suffisance) qu'il nous faut préciser maintenant.

Sous-section 1

La démocratie et l'origine de la souveraineté

A. Démocratie et égalité

La démocratie, on vient de le rappeler, se définit par l'origine et le titulaire de la souveraineté. À cet égard, elle se distingue classiquement d'autres types de régimes : ceux dans lesquels la souveraineté appartient à un seul (les monarchies), et ceux où elle est entre les mains d'une fraction seulement de la population (les oligarchies). Toutefois, cette définition par l'*origine* du pouvoir implique un certain nombre de présupposés, idéologiques ou philosophiques, de sorte que ces derniers peuvent apparaître à leur tour comme des éléments de définition complémentaires. En fait, ces présupposés renvoient aux idées d'*égalité*, d'*identité* et d'*homogénéité* du groupe social.

C'est parce que tous les hommes sont supposés égaux, qu'il paraît juste que le pouvoir n'appartienne pas à certains en particulier : c'est-à-dire qu'il soit également réparti entre tous. Inversement, si l'on n'admettait pas cette identité entre les hommes, la démocratie apparaîtrait non seulement absurde, mais injuste. De même, c'est parce que les hommes sont supposés foncièrement « semblables », que ce qui est jugé bon par la majorité est aussi présumé bon (objectivement) pour la minorité. On devine ici à l'œuvre la notion rousseauiste de « volonté générale ». Étant tous « pareils », « tous veulent la même chose, donc concrètement, personne n'est mis en minorité; celui qui s'y trouve s'est (simplement) trompé sur sa vraie volonté [1] » : il n'a pas voulu ce qu'il aurait *dû* vouloir, ce qu'il voulait au fond de lui-même sans en prendre clairement conscience. C'est aussi pour cela qu'il est possible de concevoir que la décision soit prise par les plus *nombreux* : ce qui implique en effet qu'une voix est *identique* à une autre, quel que soit son auteur, et donc *additionnable* à n'importe quelle autre (étant entendu qu'on ne peut additionner que des éléments qualitativement identiques). La « loi du nombre » évacue le qualitatif au profit du quantitatif, qui importe seul : dans la formule « *un* homme, *une* voix », c'est au fond le *chiffre* qui compte...

Ainsi, conclut Schmitt, tout doit se rapporter « à la notion démocratique fondamentale, celle d'égalité [2] ». C'est d'ailleurs en ce sens que l'on peut interpréter la fameuse affirmation de Montesquieu *(Esprit des lois*,

1. C. Schmitt, *Théorie de la Constitution, op. cit.*, p. 367.
2. *Ibid.*, p. 363.

livre III, chap. III), suivant laquelle la *vertu* constitue le ressort et le principe du gouvernement démocratique : la vertu, c'est-à-dire, en l'occurrence, le renoncement à l'« ambition », au désir d'*être plus* que les autres, et à l'« avarice », au désir d'*avoir plus* qu'autrui. La « vertu » est le principe de la démocratie dans la mesure où elle est la condition de l'*égalité,* sans laquelle la démocratie (véritable) serait à la fois inconcevable et impraticable.

B. Les autres déterminations

Si la notion de démocratie est indissociable du principe d'égalité, en revanche elle semble sans liens nécessaires avec l'idée de *liberté*. À cet égard, cette dernière apparaît en effet, soit comme une conséquence dérivée, soit, même, dans un rapport de contradiction. Une conséquence dérivée, si l'on considère que, les citoyens étant égaux, identiques, la décision de la majorité sera de ce fait, nécessairement et logiquement, celle de tous : en obéissant, chacun n'obéit qu'à lui-même ; n'étant soumis qu'à lui-même, il demeure ainsi parfaitement libre. Ce raisonnement repose sur une fiction, brillamment formulée par Rousseau dans *Du contrat social* : « l'obéissance à la loi qu'on s'est prescrite est liberté ». Ce qui implique une conséquence logique : « quiconque refusera d'obéir […] y sera contraint par tout le corps [social] : ce qui ne signifie autre chose, *sinon qu'on le forcera à être libre* » (livre I, chap. VIII et chap. VI). Le rapport entre démocratie et liberté, on le voit, peut être plus ambigu qu'on ne le pense, et il arrivera même qu'il soit expressément conçu sur le mode de l'opposition. Un contemporain de Rousseau, Mably, expliquait ainsi que seule la contrainte peut conserver l'égalité, la vertu, et donc, les conditions nécessaires à la démocratie. Et il précisait que cette contradiction ne serait surmontée que par la suite, lorsque les hommes, devenus plus responsables, plus adultes, seraient susceptibles de vouloir la vertu, et ainsi, de combiner la liberté et l'égalité. C'est également à cette conclusion qu'en vient Kelsen : en démocratie, la liberté doit bénéficier au plus grand nombre, ce qui peut signifier qu'en revanche elle ne profitera pas à la minorité. « Même un État où la puissance étatique sur l'individu recevrait une extension illimitée, c'est-à-dire où la "liberté" individuelle serait totalement anéantie et l'idéal libéral intégralement nié, pourrait encore constituer une démocratie, pourvu que l'ordre étatique fût créé par les individus qui y sont soumis [1]. »

De même, la conformité à la raison ne caractérise pas spécifiquement la démocratie. D'une part, celle-ci n'est pas le seul régime politique à prétendre à la rationalité : beaucoup d'autres systèmes s'en sont également prévalus, qu'il s'agisse de régimes aristocratiques, au nom de la compétence des meilleurs et de leur capacité à assurer au mieux le bien de tous, ou de régimes monarchiques, au nom de la nécessité de soustraire le titulaire du pouvoir souverain aux influences extérieures et au hasard de renouvellements incessants. D'autre part, la démocratie repose, comme d'ailleurs toute forme politique, sur des postulats métaphysiques indémontrables (les principes d'égalité et d'identité évoqués plus haut) ; et en outre, y compris dans ses manifestations les plus modernes, elle renvoie à un certain nombre de mythes, sans lesquels elle ne saurait fonctionner. Que l'on songe par exemple au phénomène de l'« anthropomorphisation » de l'électorat – utilisée comme une clé indispensable

1. H. Kelsen, *La Démocratie, op. cit.*, p. 9-10. Et, ajoute-t-il, « la tendance du pouvoir démocratique à l'expansion, l'histoire le montre, n'est pas moindre que celle du pouvoir autocratique [...]. La liberté de l'individu [...] recule peu à peu à l'arrière-plan, refoulée par la liberté de la collectivité ».

pour décrypter et interpréter la « volonté » du corps politique lors des consultations électorales [1]. Pourtant, c'est à bon droit que l'on peut qualifier de mythique « l'idée selon laquelle le résultat global d'une élection pourrait être le produit d'une *intention délibérée* d'un électorat anthropomorphisé et perçu comme un acteur individuel [...]. Un résultat qui est l'effet de l'agrégation de millions de décisions individuelles est ainsi analysé comme s'il s'agissait d'une volonté individuelle du corps électoral, d'un peuple souverain [2] ». Illusion fascinante, certes, mais probablement indispensable au jeu démocratique, à ses mécanismes de légitimation, sinon inhérente à la notion même de démocratie...

Sous-section 2

L'origine comme critère exclusif

Ainsi, la démocratie ne se définit ni par sa rationalité propre ni par son lien avec le principe de liberté, mais exclusivement par l'origine et le titulaire du pouvoir souverain. Ce qui conduit à en adopter une conception à la fois plus large et plus étroite que celle communément admise.

---

1. Qui a pu faire écrire à des observateurs pourtant lucides, à l'occasion d'une élection législative, que l'électorat, « avec l'intelligence mystérieuse qui le caractérise, a pesé en faveur d'une victoire limitée du parti socialiste » (S. July, *Libération*, 6 juin 1988), ou encore, lors du référendum de septembre 1992, que l'opinion publique est « suffisamment responsable pour ne rien casser d'irrémédiable, mais assez turbulente pour secouer le cocotier bruxellois » (*ibid.*, 22 septembre 1992).

2. D. Gaxie, *Préfaces*, septembre-octobre 1988, p. 84-85.

A. Une définition plus large

Plus large puisqu'on ne saurait, une fois acceptée cette définition, exclure de la catégorie qu'elle détermine les « démocraties populaires » socialistes, anciennes ou actuelles.

Celles-ci se sont toujours proclamées fidèles au principe démocratique, ajoutant en outre que la démocratie, fondée sur l'égalité politique entre les citoyens et sur l'identité du peuple avec lui-même, ne saurait exister sans l'égalité économique (et donc sans la suppression de la propriété privée des moyens de production), ni sans la disparition du conflit entre les classes. Tant que ce conflit subsiste, l'identité et l'égalité ne sont qu'un leurre : c'est pourquoi les régimes libéraux et capitalistes, dans la mesure où ils perpétuent l'inégalité et l'aliénation, ne sont, selon la pensée marxiste, que des démocraties « formelles » : des simulacres où le pouvoir, par-delà les alternances, demeure en réalité entre les mains de la même classe dominante.

À cela, la critique occidentale a souvent répliqué que c'étaient au contraire les démocraties populaires qui étaient fictives : notamment parce qu'elles interdisaient les oppositions, réduisaient les libertés individuelles et le droit de propriété, empêchaient le pluralisme et la libre expression des opinions. Mais l'argument n'est que partiellement pertinent, puisqu'il se fonde sur la valeur de *liberté*, qui, on l'a vu, n'est ni spécifique ni caractéristique de la démocratie. Et l'on arrive donc à la conclusion suivante, qui implique un élargissement de la notion de démocratie par rapport au discours habituel : sur un plan théorique, les démocraties populaires sont au moins autant des démocraties que les régimes libéraux [1] – les

---

1. C'est ce que reconnaît très justement M. Duverger : « car démocratie veut dire gouvernement du peuple et la démocratie

uns comme les autres reconnaissant dans le peuple la seule origine légitime de toute autorité.

B. Une définition plus étroite

Si, en revanche, on se situe sur un plan pratique ou empirique, on est conduit à la conclusion inverse : ni les démocraties populaires, ni les libérales ne sont réellement, ou du moins pleinement, démocratiques. Ce qui n'est pas très étonnant si l'on se souvient que Rousseau, le philosophe par excellence de la démocratie, laissait entendre qu'il s'agit au fond d'un idéal impossible, définitivement hors d'atteinte (*Du contrat social*, livre II, chap. VII). Ni les unes ni les autres : les démocraties populaires, parce que sous couvert d'*égalité* elles ont en fait instauré des oligarchies implacables[1], confisquant au peuple la réalité du pouvoir ; les démocraties libérales, parce que, au nom de la *liberté*, elles ont restreint le pouvoir du peuple à un rituel répété à dates fixes, la désignation de représentants qui seront les seuls véritables titulaires de la souveraineté. Elles l'ont fait en s'inspirant de Montesquieu, qui écrivait dans l'*Esprit des lois* que « le peuple est admirable pour choisir ceux à qui il doit

---

totalitaire voit précisément dans le peuple la source du pouvoir et reconnaît comme légitimes tous les actes d'un gouvernement qui émane authentiquement de lui » (M. Duverger, « Démocratie libérale et démocratie totalitaire », *La Vie intellectuelle*, juillet 1948, p. 62). Elle accomplit donc plus exactement que les démocraties libérales les deux postulats impliqués par la souveraineté populaire : « le peuple peut tout faire, la volonté de la majorité exprime la volonté du peuple entier » (p. 63). À cet égard, conclut-il, la démocratie soviétique totalitaire lui apparaît comme la véritable continuatrice du rousseauisme, et l'héritière légitime de la Révolution française (p. 70).

1. La fameuse « nomenklatura », dominée par le parti communiste, « avant-garde » éclairée et toute-puissante de la classe ouvrière.

confier quelque partie de son autorité ». Mais il n'est compétent que pour déléguer son pouvoir; en revanche, « saura-t-il conduire une affaire, connaître les lieux, les moments, en profiter? Non, il ne le saura pas » (livre II, chap. II). Bref, le peuple ne saurait se gouverner lui-même. Telle est la thèse dominante de la philosophie libérale, qui, on l'a dit, place la valeur de liberté par-dessus tout, et qui, pour ce motif, se méfie toujours de la masse, jugeant que seul l'individu est doué de raison et digne de confiance. Il s'agit d'une distinction essentielle : fondé sur l'idée de liberté et sur la crainte que l'on n'y porte atteinte, le libéralisme ne se confond nullement avec la pensée démocratique, centrée sur le thème de l'égalité et sur la volonté de la promouvoir à tout prix. Ces deux courants peuvent, certes, se combiner plus ou moins, comme c'est le cas dans les démocraties libérales contemporaines. Mais, en dernière analyse, ils sont fondamentalement contradictoires[1] : il s'agira toujours de faire prévaloir l'un des deux éléments sur l'autre. Sur un plan très concret, et pour reprendre le fil de notre raisonnement, il faut constater que la participation politique du peuple dans les démocraties occidentales s'avère en définitive réduite : au point qu'on a pu s'interroger, par-delà les incessantes pétitions de principe, sur la persistance contemporaine de la démocratie...

Au terme de ce développement, on peut donc noter que la notion de démocratie paraît en pratique plus

1. Sur l'opposition caractéristique de la pensée libérale à la démocratie, voir E. Burke, *Réflexions sur la Révolution française*, trad. J. d'Anglejan, Nouvelle Librairie nationale, 1912, p. 203, qui écrit par exemple que « la démocratie absolue ne doit pas plus que la monarchie absolue être comptée parmi les formes légitimes de gouvernement [...]. La démocratie présente, sur beaucoup de points, une ressemblance frappante avec la tyrannie. Je suis, en tout cas, certain que dans une démocratie la majorité des citoyens est capable d'exercer sur la minorité les plus cruelles oppressions toutes les fois que se produisent, ce qui doit arriver souvent, de fortes divisions ».

étroite qu'on ne le dit, et en théorie plus large qu'on ne le pense. Tel est peut-être, du reste, le paradoxe majeur de la démocratie, aussi valorisée dans son principe qu'elle est insaisissable en pratique. C'est cependant sur le plan théorique (et donc dans le cadre d'une définition large) qu'il faut demeurer lorsqu'on veut énumérer les différentes catégories de démocratie.

Section II

Les différents types de démocratie

Si l'on fait abstraction des catégories d'ordre idéologique (démocratie « bourgeoise », « socialiste ») ou sociologique (démocraties du tiers-monde, des pays riches, occidentales ou orientales, mono ou pluri-partisanes) pour s'en tenir au juridique, une césure apparaît réellement fondamentale : celle qui oppose les démocraties directes aux démocraties représentatives (sous-section 1), distinction que prolonge pour partie l'opposition, classique, entre souveraineté populaire et souveraineté nationale (sous-section 2).

Sous-section 1

Démocratie directe ou représentative

Dans la perspective d'une typologie, on doit commencer par distinguer les deux formes « pures » que sont la démocratie directe et la démocratie représentative – non sans souligner, d'emblée, que la réalité est toujours plus complexe, du fait de la fréquente combinaison de ces deux types dans ce qu'on appelle la démocratie « semi-directe », ou « semi-représentative ».

A. La démocratie directe

Dans la démocratie directe, le « peuple » exerce lui-même, *directement,* son pouvoir souverain, sans passer par des intermédiaires ou des délégués. Du moins, c'est lui qui établit la loi. Telle est d'ailleurs, selon la théorie démocratique, la garantie de la justice et de la valeur de celle-ci : c'est parce qu'elle est faite par tous et applicable à chacun que la loi est forcément telle qu'elle doit être, et que chacun, en lui obéissant, n'obéit en définitive qu'à lui-même. Sur le plan des principes, la démocratie directe constitue donc la forme la moins discutable de démocratie – et même, selon certains, la seule véritable : c'est ainsi que l'entendait Rousseau, mais aussi, au XXe siècle, l'un des principaux théoriciens de la Ve République, René Capitant, pour qui toute démocratie digne de ce nom devrait au moins *tendre* vers cet idéal.

Toute la difficulté tient ici, en effet, à la mise en œuvre du principe, qui paraît pratiquement impossible en dehors de très petits États, et qui se limite nécessairement à la fonction législative.

La démocratie directe n'est applicable que dans des États de petite taille : fait significatif, c'est à Athènes, autour du Ve siècle avant J.-C., dans une cité qui ne compte que quelques milliers de citoyens, que l'on invente cette forme de gouvernement. Mais dès que l'on dépasse un certain seuil, celle-ci s'avère impraticable, tout simplement parce qu'il n'est pas possible de réunir fréquemment, en un seul lieu, une population nombreuse et trop disséminée. En outre, le fonctionnement effectif d'une telle démocratie suppose une réelle identité entre les citoyens : c'est-à-dire une forte cohérence culturelle, religieuse, linguistique, ethnique et, dans une certaine mesure, économique au sein du groupe social. C'est parce que ces conditions ne peuvent plus être satisfaites dans le cadre des grands États modernes, que cette forme a quasiment disparu. Au XVIIe siècle, où l'on n'employait généralement le terme de démocratie que pour désigner la forme directe[1], on la considérait déjà comme un lointain souvenir ou comme une curiosité exotique, intransposable aux sociétés développées. De nos jours, ces survivances ont fini par relever du folklore, même dans les cantons suisses reculés et peu peuplés où elles avaient longtemps subsisté. Dans le demi-canton d'Appenzell Rhodes-Extérieures, par exemple, il n'existait pas d'assemblée législative : c'est le peuple lui-même qui, à dates régulières, se réunissait en Assemblée nationale (« *Landsgemeinde* ») pour y exercer son pouvoir souverain. La Constitution de 1872 de ce canton déclarait encore que « la puissance étatique réside essentiellement dans le peuple, et est exercée par lui dans la *Landsgemeinde* ». Mais quelques années plus tard, l'article 1er de la Constitution de 1908 disposait que le « peuple exerce ce pouvoir, directement par la *Landsgemeinde*, indirectement par les autorités qu'il élit ». Même là, cette forme paraît donc en voie de disparition. C'est ainsi que le canton voisin de Schwyz, qui se gouvernait de la sorte depuis 1240, dut y renoncer en 1848, lorsque sa population atteignit cinquante-cinq mille habitants.

En outre, même dans les très petits États, la démocratie directe n'est au fond praticable que dans la fonction législative : lorsqu'il n'y a qu'à *voter* certains textes importants, ou certaines orientations majeures. La chose paraît déjà beaucoup plus délicate lorsqu'il s'agit de les *discuter* : comment, en effet, débattre posément

---

1. Que celui qui l'emploie soit un adversaire, ou un partisan de cette forme politique : parmi les seconds, on peut citer A. Sidney : « des hommes en petit nombre vivant dans l'enceinte d'une même ville ont […] mis en commun le droit qu'ils avaient de se gouverner eux-mêmes […], et, s'étant joints en un même corps, ont résolu d'exercer tous ensemble sur chaque particulier un pouvoir qui paraît utile à toute la société : c'est une parfaite démocratie » (*Discours sur le gouvernement*, La Haye, Van Dale, 1702, t. I, p. 61).

et raisonnablement au milieu d'une assemblée de plusieurs milliers de personnes? La Constitution d'Appenzell Rhodes-Extérieures tranchait cette question en interdisant toute discussion dans les *Landsgemeinde* (art. 45) – le peuple n'ayant ainsi que le pouvoir d'adopter, ou de rejeter, le projet qui lui est présenté. Mais *qui* sera habilité à lui présenter le texte sur lequel il doit se prononcer? Et l'on arrive ici à un constat capital : *par nature*, parce qu'elle implique des organes spécialisés, professionnels et permanents, la fonction exécutive échappe inévitablement à la démocratie directe [1]. Dans ce cadre, l'exécutif, délégué par le peuple à certains particuliers, restera en principe étroitement subordonné au Corps législatif (c'est-à-dire, au peuple lui-même), dont il se contentera d'appliquer les décisions. Mais la réalité est souvent toute différente : la tendance dominante au XXe siècle, liée à l'essor de l'interventionnisme étatique, a été au développement de l'exécutif – aux dépens du législatif, et donc, le cas échéant, de la démocratie directe...

Ainsi, cette dernière apparaît désormais, au mieux, comme un idéal qu'il ne s'agit plus d'atteindre, mais dont il faudrait se rapprocher dans la mesure du possible : par exemple, on y reviendra, en essayant d'introduire des éléments de démocratie directe au sein du système inverse, celui du régime représentatif.

B. La démocratie représentative

1. *La structure*

Dans sa structure, la démocratie représentative s'oppose trait pour trait à la démocratie directe, comme le

1. « Le gouvernement représentatif, constatait déjà Esmein, s'introduit nécessairement (dans les démocraties directes) pour

montre par exemple l'article 2 du Préambule du titre III de la Constitution de 1791, qui introduit cette forme et ce concept en droit français : « la Nation, de qui émanent tous les pouvoirs, *ne peut les exercer que par délégation. La constitution française est représentative* : *les représentants sont le corps législatif et le roi* ».

Cette formule, très absolue, commence par reconnaître que le pouvoir émane de la nation. Elle renvoie à l'article 1er, qui dispose que la souveraineté « *appartient à la Nation* », et se réclame ainsi du principe démocratique. En revanche, elle exclut tout exercice direct de ce pouvoir par son détenteur, qui devra l'exercer par délégation, autrement dit par l'*intermédiaire* de ses représentants : le pouvoir législatif étant « *délégué* à une Assemblée nationale composée de représentants temporaires » (art. 3), l'exécutif, « *délégué* au roi » (art. 4), et le pouvoir judiciaire, « *délégué* à des juges élus à temps par le peuple » (art. 5).

La notion de « représentation » est en partie issue du droit privé : les décisions du représentant sont alors supposées exprimer la *volonté* du représenté, et donc avoir le même sens que cette dernière, mais aussi la même valeur et les mêmes effets juridiques. Suivant cette fiction, le représentant, qui a pour mission de « vouloir pour la nation », est comme transparent : c'est la nation souveraine qui est censée s'exprimer par sa bouche, en même temps qu'elle lui « abandonne pour un temps le libre pouvoir de légiférer pour elle et en son nom[1] ».

Cette théorie produit un certain nombre de conséquences juridiques capitales. D'abord, les actes du représentant n'auront pas besoin, pour être valides et

---

l'exercice du pouvoir exécutif » (*Éléments...*, *op. cit.*, 4e éd., p. 20) ; Esmein note en outre que cette tendance historique a déjà été perçue et décrite par Rousseau, dans les *Lettres écrites de la Montagne*, deuxième partie, lettre 8.

1. A. Esmein, « Deux formes de gouvernement », *RDP*, n° 1, 1894, p. 15.

obligatoires, d'une ratification populaire – puisque, à travers eux, c'est le souverain qui s'exprime. D'où l'idée suivant laquelle la loi votée par le Parlement-représentant est « l'expression de la volonté générale » : exactement *comme si* elle avait été adoptée directement par le peuple-représenté. Dans cette perspective, un référendum de ratification serait donc à la fois *inutile*, et *aberrant*, le peuple ne pouvant vouloir autrement que ses représentants, et ne voulant que par eux – au point que ces derniers finissent d'ailleurs par se considérer comme souverains, et par se proclamer tels[1]. Dans le même sens, les actes des représentants ne sauraient en principe être sanctionnés ni contrôlés par qui que ce soit : ni par un juge, chargé de vérifier la constitutionnalité des lois, qui se situerait alors au-dessus du souverain lui-même, ni par le peuple, supposé avoir la même volonté que ceux qui le représentent.

Enfin, les représentants eux-mêmes « sont en principe irresponsables et, sauf de rares exceptions, inamovibles pendant toute la durée de leurs fonctions. C'est la condition même de leur indépendance[2] » – et la conséquence logique de la « fiction représentative ».

2. *Justifications et critiques*

Ainsi défini, on devine les arguments avancés en faveur de ce régime, mais aussi les critiques auxquelles il a pu donner lieu.

---

1. C'est le cas dans les régimes « ultra-représentatifs » de la IIIe et de la IVe République, où l'on finit par affirmer « l'identité entre le souverain, c'est-à-dire la Nation, et ses élus », c'est-à-dire le Parlement (G. Vedel, *Manuel élémentaire de droit constitutionnel*, *op. cit.*, p. 584).

2. A. Esmein, « Deux formes... », art. cité, p. 16.

Du côté des justifications, d'abord, on note que deux raisonnements antinomiques ont été développés. Selon certains, la démocratie représentative ne vaut que parce qu'on ne saurait faire autrement, comme un « pis-aller » auquel on se trouve contraint par l'impossibilité de pratiquer la démocratie directe dans les États modernes. À cette justification pragmatique, qui reste conforme à l'idéal démocratique, s'oppose la justification avancée par les tenants d'une perspective libérale. Pour ces derniers, en effet, cette forme politique a une valeur propre. En fait, estiment-ils, elle est même très supérieure à la démocratie directe, dans la mesure où celle-ci attribue le pouvoir dans sa totalité à une multitude incapable de résister à ses passions, de prendre des décisions rationnelles, de débattre et de discuter : et par conséquent, toujours menaçante pour les libertés des individus ou des minorités. Cette perspective libérale, développée en France au XVIIIe siècle dans le prolongement de la pensée de Montesquieu, fut ensuite régulièrement reprise : ainsi, par Esmein [1], au début de la IIIe République, ou encore, sous la IVe, par celui qui sera le principal rédacteur de la Constitution de 1958, Michel Debré – qui souligne alors les potentialités totalitaires de la démocratie directe, à laquelle il préfère le « gouvernement par délégation », « mécanisme fondamental [qui] permet seul, et l'État, et la liberté. [2] »

Mais, d'un autre côté, cette forme d'organisation a été vivement critiquée, en particulier par Rousseau,

---

1. « Cette représentation est conçue, non comme un succédané du gouvernement direct de la nation, mais comme un système de gouvernement préférable à celui-ci [...]. Lui seul peut assurer une législation éclairée, soigneusement préparée et utilement discutée, comme il peut seul procurer l'application intelligente et continue des lois » (*ibid.*, p. 16).

2. M. Debré, « Du gouvernement de la liberté », *RDP*, 1948, notamment p. 22-23.

qui la jugeait incompatible avec le principe démocratique et écrit dans *Du contrat social* : « Le souverain, qui n'est qu'un être collectif, *ne peut être représenté que par lui-même* ; le pouvoir peut bien se transmettre, *mais non la volonté.* Le souverain peut bien dire : « Je veux actuellement ce que veut tel homme » ; mais il ne peut pas dire : « Ce que cet homme voudra demain, je le voudrai encore » puisqu'il est *absurde que la volonté se donne des chaînes pour l'avenir* » (livre II, chap. I). La souveraineté, de même qu'elle ne saurait être aliénée, et pour cette raison même, ne peut être représentée : « la volonté générale ne se représente point [...]. Les députés du peuple ne sont donc point et ne peuvent pas être ses *représentants* ; ils ne sont que ses *commissaires* » : c'est-à-dire des commis, des subordonnés, qui vont agir, non point *à sa place*, mais *selon ses ordres.* Ce texte célèbre se conclut par une attaque en règle contre le système parlementaire britannique, qui pratique précisément le régime représentatif. « Le peuple anglais pense être libre ; il se trompe fort ; il ne l'est que durant les élections des membres du Parlement ; *sitôt qu'ils sont élus, il est esclave, il n'est rien* » (livre III, chap. XV).

C'est pour empêcher une telle dérive que les adversaires du régime représentatif se sont fréquemment interrogés sur le moyen de subordonner de façon effective les élus aux électeurs : l'un des plus couramment avancés consistant à les lier par un mandat *impératif,* et non pas *représentatif.*

Selon le mandat représentatif, le représentant, une fois élu, n'est contrôlé par les représentés qu'à l'occasion d'une éventuelle réélection : il doit en effet être libre de vouloir en dehors de toute contrainte extérieure, et pour cela, demeurer aussi *indépendant* que celui qu'il représente. Mais cette indépendance est perçue comme une usurpation injustifiable par les défenseurs d'une démocratie pure : c'est pourquoi ils entendent substituer au mandat représentatif un mandat *impératif*, en vertu duquel le représentant n'est élu que pour accomplir tel ou tel objectif, tel ou tel engagement, en vue desquels il a été désigné. L'élu ne peut alors aller au-delà ni faire autre chose que ce que ses électeurs lui ont demandé. Par suite, il demeure sous leur contrôle permanent, ses mandants pouvant à tout moment le révoquer s'il outrepasse manifestement ses fonctions et les termes de son mandat. C'est la solution que prône, à la tribune de la Convention, le très rousseauiste Robespierre, lorsqu'il proclame qu'« *un peuple dont les mandataires ne doivent compte à personne de leur gestion n'a point de Constitution* [...]. Je veux que tous les fonctionnaires publics nommés par le peuple puissent être révoqués par lui, selon des formes qui seront établies, *sans autres motifs que le droit imprescriptible qui lui appartient de révoquer ses mandataires*[1] ».

Ce système[2] fut notamment mis en œuvre, au XXe siècle, par les constitutions des pays socialistes, sous la forme du « droit de rappel », considéré comme l'« un des principes fondamentaux de la démocratie socialiste[3] ». C'est ainsi que, selon l'article 142 de la Constitution soviétique du 5 décembre 1936, « chaque député est tenu de rendre compte de son travail ainsi que du travail du soviet des députés des travailleurs ; il peut être rappelé à tout moment par décision de la majorité des électeurs... », à l'initiative des organisations de masse. « Le droit de rappel, soulignait le Préambule de la loi soviétique du 30 octobre 1959, exprime *la plénitude du pouvoir des travailleurs et*

---

1. Robespierre, « Sur le gouvernement représentatif », 10 mai 1793, in *Textes choisis*, Éditions sociales, 1957, t. II, p. 152-153.

2. Qui sera longtemps l'un des points forts du programme socialiste. Dans le « programme de Tours » (1903) du parti socialiste français, figure notamment la « réglementation par la loi du mandat législatif, révocable par un vote de la moitié plus un des électeurs inscrits » (cité in *JO, CD*, annexes, 1903, n° 1162, p. 2076).

3. Cité par N. Kroutogolov in *L'État soviétique et le droit*, *op. cit.*, p. 142.

la Constitution), et même local (avec l'article 72-1, alinéa 2, introduit dans la Constitution par la révision du 28 mars 2003). Dans les systèmes fédéraux, l'objet est susceptible de se démultiplier, puisqu'il peut arriver que le référendum soit en principe exclu au niveau fédéral (comme aux États-Unis), mais pratiqué par les États fédérés, ou du moins par certains d'entre eux.

2. *La valeur du référendum*

La réponse donnée par le peuple à la question qui lui a été posée aura souvent une valeur normative, décisionnelle : c'est du moins l'hypothèse la plus conforme au principe démocratique, puisqu'elle est la seule à permettre au Souverain de s'exprimer directement en tant que tel. Dans cette catégorie, on peut encore distinguer suivant la nature de la décision, qu consistera, soit dans la création d'une norme nouvell (voir les articles 11 et 89 de la Constitution de 1958) soit dans l'abrogation d'une norme préexistante. C'es ainsi que l'article 75 de la Constitution italienne d 27 décembre 1947 dispose qu'« il y a référendun populaire pour décider l'abrogation, totale ou par tielle, d'une loi ou d'un acte ayant force de loi, lors qu'il est requis par 500 000 électeurs ou par cin conseils régionaux [1] ». La singularité de cette formul tient à son agressivité, le référendum étant assimilé une arme dirigée contre la démocratie parlementair elle se pratique également dans vingt-quatre Éta américains, ainsi qu'en Suisse, pour les lois fédéral et les actes fédéraux à portée générale.

À l'inverse, la réponse donnée par le peuple pour n'avoir qu'une simple valeur consultative, le référe

1. Cet article renvoyait à une loi d'application qui ne fut adop qu'en 1970 (loi n° 352). Le premier référendum abrogatif eut li à propos de la loi sur le divorce, le 12 mai 1974. Depuis, une q rantaine de référendums abrogatifs ont été organisés en Italie.

garantit la responsabilité réelle du député devant ses électeurs [1]. » Quant à la Constitution soviétique du 7 octobre 1977, elle exigeait des élus qu'ils rendent compte à leurs mandants par un rapport semestriel, et prévoyait le rappel de ceux qui n'auraient pas « justifié la confiance des électeurs ». (Sur la pratique du mandat impératif dans le cadre du régime représentatif, voir *Mandat impératif*, dans *Droit constitutionnel. La Ve République*, p. 322-324.)

Pour conclure ces remarques sur le gouvernement représentatif, on constate donc que la critique la plus forte qui lui est faite est celle qui lui reproche d'usurper le pouvoir du peuple pour le confier à une oligarchie de représentants : à une « classe politique » stable (quand on est député, on essaie de le rester ou de le redevenir), homogène (dans son recrutement sociologique), structurée (grâce aux partis politiques) et même partiellement héréditaire... De Rousseau à nos jours, la démocratie représentative est accusée, pas toujours à tort, d'être (beaucoup) plus représentative que véritablement démocratique. C'est pourquoi on a tenté de contrer ces critiques en y introduisant une certaine dose de démocratie directe.

C. La démocratie semi-directe

Cette forme intermédiaire peut correspondre au désir de conserver certaines traditions de la démocratie directe au sein d'un système contraint d'évoluer vers le régime représentatif : c'est, par exemple, le cas

1. Cité par N. Kroutogolov, *op. cit.* On retrouve des dispositions analogues dans la Constitution bulgare du 4 décembre 1947, article 4 ; dans la Constitution roumaine du 17 avril 1948, article 4 ; ou encore, dans la Constitution yougoslave du 31 janvier 1946, article 7, alinéa 2. Par ailleurs, ce droit est également prévu, depuis le début du XXe siècle, dans les Constitutions de certains États fédérés américains (système du *recall*).

de la Suisse. Mais elle procède le plus souvent, comme on vient de le dire, d'une prise de conscience des défauts de la démocratie (purement) représentative, dans un contexte marqué par l'accession des masses à la vie politique. Autrement dit, elle résulte de la volonté d'intégrer, dans un système représentatif classique, certains éléments de démocratie directe, afin de lui conférer un surcroît de légitimité.

En France, mais, plus généralement, en Europe occidentale et en Amérique du Nord, ce mouvement se fait sentir au tournant du XIXe siècle, parallèlement à un certain désenchantement à l'égard de la démocratie représentative [1]. C'est ainsi qu'en 1894 l'un des plus grands juristes français, Raymond Saleilles, évoquant les débats suscités outre-Atlantique par la question du référendum, reconnaît que celle-ci « attire aujourd'hui de plus en plus l'attention [...]. Il s'agit en effet d'un régime politique qui [...] paraît être, sinon le dernier mot de la démocratie, du moins l'un de ses buts logiques, vers lesquels elle tend par une pente inévitable [2] ». « La vérité, poursuit Saleilles, est que *la conception même du gouvernement représentatif est en voie de se modifier, et que [...] l'on sent le besoin d'appuyer certaines lois importantes sur une autorité plus décisive* [que celle du Parlement], *celle des intéressés eux-mêmes* [3] ». Au même moment, une vague de « contagion démocratique » et populiste, sur le modèle suisse, envahit les États-Unis : elle consacre le référendum comme le moyen de combattre la corruption des élites et de renouer avec la tradition des Pères fondateurs (le référendum étant introduit dans les Constitutions des États du Dakota du Sud en 1896, de l'Utah en 1900,

1. Voir Y. Mény, « Initiative populaire, référendum et *recall* dans les États américains », *Pouvoirs*, n° 7, 1978, p. 108.

2. R. Saleilles, « Note sur E. P. Oberholtzer, *The Referendum in America* », *RDP*, n° 2, 1894, p. 342.

3. *Ibid.*, p. 350 ; voir de même J. Delpech, « Chronique constitutionnelle », *RDP*, n° 21, 1904, p. 124.

de l'Oregon en 1902, etc.) [1]. Et même la Grande-Bretagne, mère vénérable du système représentatif, se trouve touchée par cette mode, qui suscite certaines adhésions enthousiastes et prestigieuses [2].

Mais les modes passent. En Grande-Bretagne, ce mouvement doctrinal restera à peu près stérile ; et en France, il faudra finalement attendre la Ve République pour le voir aboutir de façon significative – par réaction au caractère « ultra-représentatif » de la IVe République (voir *Droit constitutionnel. La Ve République*, p. 45). La Constitution de 1958 va en effet mettre en place deux mécanismes complémentaires de référendum (visés par les articles 11 et 89), typiques de cette « démocratie semi-directe ». Cependant, si importante soit-elle, cette introduction du référendum demeure au fond assez mesurée – malgré le souhait de certains, comme René Capitant, mais conformément à la conception libérale défendue en particulier par Michel Debré. Car il existe plusieurs types de référendum, attribuant au peuple des pouvoirs plus ou moins étendus : or, ceux qu'établit la Constitution de 1958 occupent à cet égard une situation intermédiaire. Pour le démontrer il faut aller un peu plus avant, et envisager le mécanisme référendaire sous plusieurs angles : son objet, sa valeur et sa procédure.

1. *L'objet du référendum*

Le référendum, tout d'abord, pourra porter sur d objets variables : la question posée au peuple pe concerner des matières d'ordre constitutionnel (c'e le cas visé par l'article 89 de la Constitution de 1958 législatif (telle est l'hypothèse visée par l'article 11

1. Voir A. Auer, *Le Référendum et l'Initiative populaire aux États-Unis*, Bâle, Helbing et Lichtenhahn, 1989, p. 83-90.

2. Comme celle de Dicey, cité in *RDP*, n° 1, 1894, p. 611.

dum alors la signification d'un simple avis, d'un sondage grandeur nature, qui au fond n'apporte pas grand-chose au régime représentatif [1]. En France, telle est la procédure organisée, depuis la révision du 28 mars 2003, par les articles 72-1, al. 3, et 72-4, al. 2, sur des questions relatives à l'organisation des collectivités territoriales. Mais tel est aussi le cas en Espagne (article 92 de la Constitution du 29 décembre 1978), ou encore en Grande-Bretagne, où, en dehors de toute habilitation textuelle, plusieurs référendums ont été organisés durant les dernières décennies : en 1975, sur l'appartenance à la CEE ; en 1973 et 1998 en Irlande du Nord, en 1977 et 1997 en Écosse et au pays de Galles. Pour autant, la doctrine ne considère pas que ces référendums portent atteinte au principe fondamental du système britannique, celui de la souveraineté du Parlement : même s'il serait politiquement difficile de ne pas en tenir compte, l'opinion du peuple exprimée lors du référendum ne saurait être considérée comme obligeant juridiquement le gouvernement ou le Parlement [2].

3. *La procédure du référendum*

Ce qui importe réellement, dans la procédure référendaire, c'est de savoir *qui* va pouvoir poser une question au peuple. Sur ce point, on distingue trois cas de figure : le référendum automatique, le référendum d'initiative institutionnelle, et le référendum d'initiative populaire.

Dans la première hypothèse, la question de l'initiative ne se pose pas véritablement, dès lors que tout

1. Voir J.-M. Denquin, « Référendum consultatif », *Pouvoirs*, n° 77, 1996, p. 82.
2. H. Barnett, *Constitutional and Administrative Law*, Londres, Sidney, Cavendish Publishing, 3e éd., 2000, p. 269.

texte d'une certaine nature devra, en vertu de la constitution, être soumis à la confirmation populaire. C'est le cas dans un certain nombre de cantons suisses, où les lois doivent être obligatoirement soumises au vote du peuple[1]. Toujours en Suisse, mais cette fois au niveau fédéral, le référendum est obligatoire en matière de révision constitutionnelle – obligation perçue comme « un élément fondateur de l'identité de l'État suisse » en ce qu'elle « permet à la Constitution de conserver, malgré sa grande souplesse, sa légitimité[2] » : entre l'établissement de la Constitution de 1874 et la nouvelle Constitution, issue de la révision d'avril 1999, on ne compte pas moins de trois cent trente-quatre référendums constitutionnels fédéraux…

On peut parler d'un référendum d'initiative institutionnelle lorsque seules les instances suprêmes de l'État (ou, le cas échéant, d'une collectivité locale) peuvent décider de façon discrétionnaire d'y recourir, ou non – comme c'est le cas en France. Or, ce monopole induit généralement un usage restreint du référendum : dans ce cas, en effet, on n'y aura recours que lorsque la partie est gagnée d'avance[3], lorsque le jeu est sans risque et que le résultat escompté paraît susceptible de conforter l'assise et la légitimité de celui qui a posé la question. Sous la Ve République, on peut noter par exemple que les résultats des référendums ont toujours été positifs, à une exception près, celui d'avril 1969 sur la réforme du Sénat et la régionalisation. Mais c'est un cas à part, le général de Gaulle y

1. A. Auer, G. Malinverni et M. Hottelier, *Droit constitutionnel suisse*, *op. cit.*, t. I, p. 568. Tel est aussi le cas dans tous les États fédérés américains, à l'exception du Delaware, en matière de révision constitutionnelle émanant des législatures.

2. *Ibid.*, p. 252.

3. Sur l'extrême rareté des référendums « négatifs », voir C. Emeri et C. Bidegaray, « Du référendum négatif », *Pouvoirs*, n° 77, 1996, p. 61-76.

ayant procédé contre l'avis de ses plus proches conseillers, en sachant parfaitement qu'il courait à l'échec, d'autant qu'il avait promis de quitter l'Élysée en cas de réponse négative. Il faillit y avoir un deuxième cas, en septembre 1992, lors du référendum relatif à la ratification du traité de Maastricht : mais ce fut à la surprise générale, la plupart des grands partis et la quasi-totalité des médias ayant fait campagne pour le oui, qui n'obtint pourtant la majorité que d'extrême justesse.

Et l'on entrevoit ainsi à quel point le référendum d'initiative institutionnelle se rapproche finalement du *plébiscite*[1]. D'ordinaire, on oppose en effet de manière radicale le (bon) référendum, paré de toutes les vertus démocratiques, au (mauvais) plébiscite, associé au « césarisme démocratique » et fondant le pouvoir absolu d'un chef, dictateur, consul ou empereur, sur l'adhésion passionnelle et irréfléchie des masses. Techniquement, on explique en général que le référendum pose une question sur un *texte* (de loi ou de constitution), alors que le plébiscite demande au peuple de se prononcer sur une *personne*. Et on ajoute que, politiquement, le premier consisterait dans l'*exercice* du pouvoir par le peuple, alors que le second impliquerait un *dessaisissement* de celui-ci.

Pourtant, la distinction s'avère non seulement récente – les deux termes ont longtemps été utilisés l'un pour l'autre –, mais aussi fragile et contestable. D'abord, si l'on en revient à la notion de démocratie au sens strict, indépendamment de la thématique libérale qu'on y a rattaché, tous deux apparaissent également *démocratiques* : faisant l'un comme l'autre appel au peuple (voir l'étymologie du terme plébiscite) pour adopter une solution ou fonder un pouvoir, et donc,

1. Sur la distinction et ses limites, voir la thèse désormais classique de J.-M. Denquin, *Référendum et plébiscite, essai de théorie générale*, LGDJ, 1976.

présupposant en toute hypothèse sa souveraineté (du reste, le plébiscite diffère au fond très peu, comme l'ont souvent répété ses détracteurs, d'une élection du chef de l'État au suffrage universel direct par l'ensemble du corps électoral : la seule différence réelle tenant à la périodicité des consultations). À cet égard, les infractions éventuelles au principe démocratique se situent, non point dans l'*objet* de la consultation elle-même (texte ou personne), mais dans son *mode d'organisation*, dans la présence ou non de pressions, de fraudes, de trucages, etc. : or, ces pratiques peuvent affecter aussi bien un référendum qu'un plébiscite.

En réalité, les différences entre les deux mécanismes s'avèrent extrêmement ténues. Le référendum, on l'a dit, pose une question au peuple, alors que le plébiscite appelle à se prononcer sur un homme : mais la distinction est largement factice. Derrière la question posée, il y a en effet toujours (du moins, en cas d'initiative institutionnelle) *celui* qui la pose, généralement le chef de l'État[1]. Le fait est parfaitement clair sous la Ve République, inaugurée par le référendum du 28 septembre 1958. Ce jour-là, on demande aux Français de se prononcer sur le projet de Constitution, mais tous les électeurs savent que la véritable question est ailleurs, ou plutôt derrière : le général de Gaulle doit-il rester au pouvoir, étant entendu que son départ impliquerait un risque majeur de guerre civile? À l'époque, le référendum sera d'ailleurs fréquemment critiqué pour son allure plébiscitaire. Par la suite, à

1. On en a un exemple récent avec le référendum organisé en Tunisie le 26 mai 2002 à l'initiative du président Ben Ali, visant à modifier la Constitution, qui limitait à trois le nombre des mandats présidentiels, et fixait à soixante-dix ans l'âge limite des candidats. Formellement, il s'agissait bien, selon la définition classique, d'un référendum, et c'est ainsi que l'ont présenté les autorités tunisiennes. Pourtant, dominée par le Président, la consultation, qui obtiendra 99,52 % de votes favorables, sera qualifiée de plébiscite par ses adversaires et par les médias occidentaux.

chacun des référendums organisés par le général de Gaulle, la question de son départ sera posée au moins implicitement, jusqu'au dernier, le 27 avril 1969, dont l'échec conduira le Président à quitter ses fonctions. Réciproquement, dans le cas d'un plébiscite, il y a toujours, derrière l'homme sur lequel on se prononce, une doctrine, des options, une politique et un programme (voir *Droit constitutionnel. La Ve République*, p. 39-41).

Quant à l'idée suivant laquelle le référendum serait du côté de la raison, et le plébiscite du côté de la passion, de l'affectif, du charisme, ce que l'on vient de rappeler suffit à l'invalider. Dans l'un et l'autre cas, c'est le peuple qui se prononce : le niveau de rationalité demeure donc à peu près équivalent, c'est-à-dire assez limité – les personnes interrogées dans le cadre référendaire n'ayant souvent qu'une compréhension réduite des questions parfois extrêmement techniques et complexes qui leur sont soumises : combien d'électeurs interrogés en septembre 1958 avaient effectivement lu en détail, compris et médité les quatre-vingt-douze articles soumis à leur approbation ? Dans la plupart des cas, qu'on le déplore ou non, les raisons pour lesquelles on se décide n'ont pas grand-chose à voir avec la raison.

Ce n'est que lorsque l'initiative est *populaire*, c'est-à-dire lorsqu'il est déclenché par les citoyens eux-mêmes, que le référendum pourra véritablement se distinguer du plébiscite. En Suisse, ce mécanisme se pratique en particulier à l'échelon fédéral en matière constitutionnelle : en vertu des articles 138-1 et 139-1 de la Constitution, lorsque cent mille signatures ont été recueillies en faveur d'une révision dans le délai de dix-huit mois, celle-ci sera soumise pour approbation au peuple. De là, des référendums fréquents, sur des sujets très divers. Ce système peut paraître fort satisfaisant sur le plan des principes ; il l'est nettement moins en pratique, 90 % des référendums se soldant par des réponses négatives, et la participation électorale étant le plus souvent très réduite, à peine 40 % en moyenne. La multiplication des référendums finit par banaliser la procédure et faire tomber ce qui devrait être la participation démocratique par excellence dans une indifférence à peu près totale – au point d'apparaître comme un danger pour la crédibilité du système. Trop de démocratie tue la démocratie, du moins dans un monde moderne où la plupart des citoyens ont d'autres soucis que la participation directe aux affaires de l'État.

Sous-section 2

Souveraineté populaire, souveraineté nationale

L'opposition entre les deux grands types de démocratie, directe ou représentative, se prolonge par la distinction, presque aussi classique, entre les notions de « souveraineté populaire », généralement liée à la première, et de « souveraineté nationale », impliquée par la seconde. Distinction dont il faut rappeler les termes avant d'en signaler les limites.

A. Les termes de la distinction

Cette distinction répond à la question suivante : dans le cadre de la démocratie, *à qui* appartient le pouvoir suprême, la *souveraineté* – et donc, le cas échéant, *qui* pourra déléguer l'exercice de cette souveraineté? Est-ce le « peuple », actuel, vivant, c'est-à-dire les citoyens susceptibles de participer à la vie publique – comme l'affirment, à l'époque révolutionnaire, les jacobins, héritiers de la pensée de Rousseau [1] ? Ou est-

1. Voir Constitution du 24 juin 1793, article 7 : « Le peuple souverain est l'universalité des citoyens français ».

ce la « nation », entité abstraite, qui va bien au-delà des individus ou des citoyens actuellement vivants qui forment le peuple – ainsi que le proclamaient, toujours durant la Révolution, les théoriciens modérés, et comme l'a en effet formulé la Constitution de 1791 ? Ces deux conceptions s'opposent à la fois dans leur principe, dans leurs fondements idéologiques et dans leurs conséquences juridiques, notamment en ce qui concerne le statut du représentant et le droit de suffrage accordé aux citoyens.

1. *Le statut du représentant*

Si, en effet, c'est le peuple qui est souverain – c'est-à-dire, au fond, les individus qui le composent –, cela signifie que chacun d'entre eux dispose d'une fraction de la souveraineté, la même que n'importe quel autre citoyen. Tout citoyen a donc, en principe, le droit de l'exercer : ce qui implique que la démocratie directe est à la fois concevable et souhaitable, et qu'il faut pour le moins instituer des mécanismes de démocratie semi-directe [1]. Si toutefois il faut déléguer le pouvoir, l'élu représentera en principe les individus qui l'ont désigné, qui conservent alors sur lui un droit de regard permanent – d'où le mandat impératif, le droit de rappel, etc.

Si, au contraire, c'est la nation, entité abstraite, globale et fictive, qui est considérée comme l'unique titulaire de la souveraineté, il en ira tout autrement, puisqu'elle ne saurait par définition l'exercer directement elle-même. Les représentants deviennent donc nécessaires, et la démocratie directe, inconcevable – puisque les citoyens ne sont en rien titulaires de la souveraineté, ni même d'une fraction de celle-ci,

1. Voir Constitution du 24 juin 1793, articles 58 à 60, et article 19.

laquelle appartient en totalité à la nation. Dans ce cas de figure, le citoyen, lorsqu'il vote, ne le fait pas en son nom propre, ni en tant qu'habitant de telle circonscription déterminée, mais au *nom de la nation*, comme un instrument de celle-ci. Par suite, le député qu'il a contribué à élire ne le représente pas lui-même, mais la nation dans son ensemble. Il est député *de la nation* choisi dans le cadre d'une circonscription, et non point député *de cette circonscription*. Ce qui implique que ces électeurs ou cette circonscription ne sauraient exiger quoi que ce soit de celui qui, théoriquement, n'est pas *leur* député : notamment, ils ne devraient pas pouvoir lui demander de défendre leurs propres intérêts locaux...

2. *Le droit de suffrage*

On retrouve cette même opposition à propos du droit de suffrage. Si l'on admet que la souveraineté appartient au peuple, on ne peut faire autrement que d'affirmer le principe du suffrage universel : chaque citoyen disposant en tant que tel d'une fraction de la souveraineté, il a, comme tout autre citoyen, le droit de l'exercer. Un droit qui lui appartient *en tant que citoyen* : peu importe qu'il soit (intellectuellement ou culturellement) capable de l'exercer correctement, plus ou moins capable qu'un autre. Sur ce plan, la question de la compétence ne saurait entrer en ligne de compte. La seule limite résultera ici de la définition, plus ou moins étendue, que la loi donne du citoyen (nationalité, domicile, sexe, âge, moralité, etc.)[1].

À l'inverse, la théorie de la souveraineté nationale reflète sur ce plan l'idéologie libérale, relativement

1. Voir Constitution du 24 juin 1793, article 4 : « Tout homme né et domicilié en France, âgé de 21 ans accomplis ; tout étranger [...] domicilié en France depuis une année [...] est admis à l'exercice des droits de citoyen français ».

pessimiste à l'égard de la nature humaine, et plutôt méfiante vis-à-vis des masses. Elle conduit à ne conférer le plein droit de suffrage qu'à ceux qui sont *capables* d'exprimer, et donc de *comprendre*, quels sont l'intérêt et la volonté de la nation (au nom de laquelle ils participent au vote). D'où l'idée que le suffrage n'est plus un *droit subjectif* inhérent à l'individu, mais un *devoir civique* réservé aux seuls citoyens « actifs [1] », par opposition aux citoyens « passifs », aux citoyens les plus éclairés (la richesse étant habituellement considérée comme le critère de cette capacité, en même temps que le motif qui poussera ces citoyens à voter le plus raisonnablement possible). Cette théorie s'est traduite, en France, par la pratique du suffrage censitaire (n'étaient électeurs que ceux qui payaient un certain montant d'impôts directs, à l'exclusion de tous les autres), dominante de 1791 à 1848 – le suffrage universel ne parvenant à s'implanter qu'à partir de la IIe République, la Constitution du 4 novembre 1848 proclamant alors que « le suffrage est direct et universel » (art. 24) (voir *Suffrage universel*, p. 322).

B. Les limites de la distinction

La distinction entre ces deux types de souveraineté doit pourtant être nuancée et relativisée.

Elle doit l'être, d'abord, pour une raison d'ordre théorique : cette distinction n'est pas une loi naturelle dont découleraient nécessairement certaines conséquences, mais une construction intellectuelle visant à justifier une certaine solution institutionnelle – en l'espèce, la démocratie « limitée » que constitue le régime représentatif. À cet égard, on ne peut d'ailleurs que constater le caractère flou, incertain, des deux notions clés que sont le « peuple » et la « nation ». À la

1. Constitution de 1791, titre III, section 2, article 2.

rigueur, il serait possible de les utiliser l'une pour l'autre, et au-delà, de s'en servir pour justifier à peu près n'importe quoi : le primat de l'oligarchie ou la domination des masses, l'exclusion des aristocrates (Sieyès, Robespierre), celle des bourgeois (Lénine) ou celle des juifs (Hitler). Tout dépend, on l'a dit, de la manière dont on définit la nation ou le peuple…

Mais il faut aussi relativiser l'opposition pour des raisons historiques. Au fond, jamais, à l'exception peut-être de la Constitution de 1791, cette distinction ne fit l'objet d'une application intégrale, ni dans un sens (les Constitutions affirmant le principe de la souveraineté populaire comportent toutes des caractéristiques *a priori* inhérentes à la souveraineté nationale) [1], ni dans l'autre (le mandat impératif, par exemple, se trouve pratiqué dans les Constitutions se réclamant de la souveraineté nationale : voir *Souveraineté nationale*, p. 318). On constate donc un certain défaut de cohérence : le « principe », même lorsqu'il est effectivement proclamé, est bien loin d'entraîner de façon automatique les « conséquences » (ou l'ensemble des conséquences) qu'on lui rattache en théorie. On se situe, on le sait, dans un domaine où la logique ne domine pas.

Depuis la Constitution du 27 octobre 1946, du reste, le droit positif français combine (paradoxalement ?) les deux principes, en proclamant que « la souveraineté nationale appartient au peuple, qui l'exerce par ses représentants ». Faut-il y voir la manifestation de l'émergence d'une démocratie semi-directe ? En réalité, cette association révèle le caractère essentiellement « rhétorique » de ces notions, qui ont pour l'essentiel une fonction instrumentale : justifier et légitimer un certain type d'aménagement de la démocratie.

---

1. Voir Constitution du 24 juin 1793, article 29 : « Chaque député appartient à la nation entière ».

Chapitre II

MODALITÉS DE LA DÉMOCRATIE REPRÉSENTATIVE

Dans ce cadre, on examinera successivement le problème particulier des modalités de la représentation (section I), puis celui, plus général, des différents types de régimes représentatifs (section II).

Section I

La représentation

On a déjà entrevu ce qu'est le principe de la représentation ; il reste à en évoquer les deux termes : le représentant, et auparavant, le représenté.

Sous-section 1

Le représenté

À ce propos, on peut faire retour à ce que l'on vient d'évoquer (chapitre I, section II). Le représenté, on l'a vu, n'est pas nécessairement un individu, citoyen ou membre du corps électoral. Cela peut être également (et c'est même nécessairement, dans le cadre de la théorie de la souveraineté nationale), la *nation* en tant que telle, les individus composant cette dernière n'étant alors que les instruments de désignation des représentants ; ou encore, certains groupes infra-étatiques, comme la famille, selon les théories favorables au vote familial (le chef de famille bénéficiant alors, au nom de cette dernière, de plusieurs voix). Néanmoins, même dans ces hypothèses, c'est finalement toujours à travers l'individu électeur que va se réaliser le mécanisme de la représentation.

Dans le système représentatif, sa fonction se limite à peu près à désigner des représentants : à être un électeur, qui s'exprimera par le vote, suivant un certain mode de scrutin.

A. Le vote

Le vote n'a pas toujours été considéré comme le mode de désignation démocratique par excellence. Dans les démocraties modèles que furent les cités grecques, on jugeait souvent ce mode de désignation inégalitaire et aristocratique, puisque conduisant à désigner, comme représentants, non des *semblables*, mais des *supérieurs*, choisis pour leur compétence, c'est-à-dire pour l'aptitude particulière qui les différencie des représentés, pour ce qui les place au-dessus de la foule... D'où une préférence marquée pour le tirage au sort, seul mode de désignation radicalement égalitaire et démocratique. Mais ce système (comme du reste la démocratie directe, mais pour d'autres raisons) n'est praticable qu'au sein de groupes sociaux homogènes – où l'identité et l'égalité apparaissent d'emblée comme des réalités incontestables. La raison en est simple : on aura sinon du mal à obéir à quelqu'un qu'on n'a pas choisi, et qui est trop différent de soi. Ne bénéficiant plus de cette homogénéité, les démocraties contemporaines, pluralistes et multiculturelles sont donc contraintes de s'en remettre au vote. Mais à un vote que l'on va organiser afin de le rendre (au moins en apparence) aussi égalitaire que possible.

Dans le système français actuel, par exemple, le vote, évoqué par l'article 3 de la Constitution de 1958, se caractérise par un certain nombre de traits : le suffrage « est toujours universel, égal et secret ».

Il est toujours *universel* : ce qui signifie que tous les citoyens « jouissant de leurs droits civils et politiques, et n'étant dans aucun cas d'incapacité prévu par la loi » (code électoral, article L. 2) sont titulaires du droit de vote : première manifestation, capitale, du principe égalitaire. En revanche, selon l'article 3 de la Constitution, le suffrage pourra être direct ou indirect : direct dans le cas d'une élection législative ou présidentielle, indirect dans celui d'une élection sénatoriale, les sénateurs étant élus par des élus (représentants des conseils municipaux, conseillers généraux, régionaux, députés, etc.). Mais cette élection à deux degrés ne remet pas en cause l'universalité du suffrage.

Le suffrage est *égal* : nul n'aura donc un droit supérieur (ou inférieur) aux autres, quels que soient ses capacités, ses titres ou sa situation. À cet égard, la démocratie se résume au principe « un homme, une voix », ce qui exclut par définition les systèmes de vote plural, ou encore, malgré les souhaits de certains, le vote familial. Pourtant, en pratique, ce principe d'égalité apparaît inévitablement relatif – du fait du découpage électoral, et des inégalités de représentation qui en découlent mécaniquement : pour qu'il en aille autrement, il faudrait, par exemple pour les élections législatives, que les cinq cent soixante-dix-sept circonscriptions comptent exactement le même nombre d'électeurs. Faute de pouvoir y parvenir, le Conseil constitutionnel se contente d'exiger une égalité approximative[1]. En outre, cette égalité peut être remise en cause pour d'autres raisons. Un exemple fréquemment évoqué à cet égard est celui de l'élection présidentielle aux États-Unis : le Président y est en effet élu par des « grands électeurs », eux-mêmes dési-

1. Conseil constitutionnel, 86-208 DC, 1er juillet 1986, *Rec.* p. 78, et 86-218 DC, 18 novembre 1986, *Rec.* p. 167.

gnés, dans chaque État, par la population. Or, cette élection à deux degrés, héritée d'unc tradition libérale et fédéraliste remontant aux constituants de 1787, contrevient au principe d'égalité, les petits États bénéficiant en effet, en proportion de leur population, d'un nombre de grands électeurs supérieur à celui des grands États. Ce mécanisme à deux tours, et la situation inégalitaire qu'il entraîne, a du reste été souvent contesté, y compris par la Cour suprême[1] et par certains Présidents, comme Nixon ; pourtant, du fait de la pression des petits États représentés au Sénat, la réforme n'a pu, jusqu'à ce jour, aboutir.

Le suffrage, enfin, est *secret* : ce qui, là encore, vise à garantir, en même temps que la liberté du vote, l'égalité entre les électeurs, les plus faibles ne devant pas être soumis aux pressions des plus forts, ce qui pourrait être le cas si le scrutin était public (voir *Vote secret*, p. 329).

B. Le mode de scrutin

Malgré le principe d'égalité, qui, du moins en théorie, détermine son organisation, le vote aura des effets variables suivant le *mode de scrutin* adopté : c'est-à-dire selon la technique de calcul par laquelle on va obtenir le résultat électoral, le rapport entre le nombre de suffrages et l'attribution des sièges. D'où l'importance cruciale de cette question, dont Tocqueville disait qu'elle était la loi fondamentale de la démocratie. Une question dont il faut souligner d'emblée l'absence de neutralité politique et idéologique, comme on va le constater en analysant les trois principaux modes de scrutin pratiqués de nos jours, le scrutin à la pluralité des voix, le scrutin majoritaire à deux tours et le scrutin proportionnel.

---

1. *Baker c/Carr*, 369 US.186 (1962), cité *in* É. Zoller, *Grands Arrêts…*, *op. cit.*, p. 625 sq.

1. *Le scrutin à la pluralité des voix*

Le scrutin à la pluralité des voix consiste, dans le cadre d'une élection où un seul siège est à pourvoir, à déclarer élu le candidat qui, à l'issue d'un tour unique, a obtenu *le plus* de voix – et ce, quel que soit le nombre ou le pourcentage des voix qui se sont portées sur son nom. En fait, ne se pose pas ici la question de la « majorité » au sens habituel de majorité absolue : ce qui importe, c'est la majorité *relative*, autrement dit le simple fait d'avoir obtenu plus de suffrages qu'aucun autre candidat.

Ce système est le scrutin traditionnel des pays anglo-saxons : en Grande-Bretagne, il est utilisé depuis l'origine pour les élections à la Chambre des communes; et il en va de même aux États-Unis – à l'exception toutefois de l'élection du Président, auquel la Constitution impose de réunir les voix de la majorité absolue des grands électeurs [1].

Les raisons de cette pérennité dans le monde anglo-saxon tiennent aux avantages pratiques considérables qu'offre ce mode de scrutin. En soi, tout d'abord, il présente l'intérêt de la simplicité et de la lisibilité. Au-delà, il contraint les électeurs à voter utile : à ne pas disperser leurs voix, s'ils veulent se faire entendre et être représentés. Ici, le mécanisme paraît en effet sans appel. Imaginons une circonscription où se présentent quatre candidats, trois à gauche, réunissant l'un 27 %, l'autre 23 %, le troisième 22 % des voix, et un à droite, réunissant à lui seul 28 % des voix : c'est ce dernier qui sera élu, malgré l'écrasante domination de la gauche (72 %). Si les trois candidats de gauche, ou même deux d'entre eux, s'étaient regroupés, ils l'auraient emporté très facilement. On devine les consé-

1. Si aucun candidat ne l'a obtenue, c'est la Chambre des représentants qui sera appelée à le désigner, parmi les trois candidats ayant eu le plus grand nombre de voix.

quences de ce mécanisme : à terme, le scrutin à la pluralité conduit presque automatiquement à une « bipolarisation » de la vie politique – à l'émergence de deux grandes structures partisanes, assurées du quasi-monopole de la représentation et se succédant alternativement au pouvoir (républicains et démocrates aux États-Unis, conservateurs et travaillistes en Grande-Bretagne). Et cette bipolarisation entraîne, à son tour, un certain nombre de conséquences effectivement séduisantes : en particulier, la cohérence et la stabilité des gouvernements, appuyés sur des majorités parlementaires solides et susceptibles de mener à bien la politique pour laquelle ils ont été élus.

Mais à l'inverse, les inconvénients ne manquent pas, sur le plan des *principes*. Les adversaires de ce mode de scrutin soulignent l'injustice criante de ses résultats, qui privent les minoritaires, les petits partis, etc., de toute représentation politique significative. Ainsi, aux élections anglaises de 1992, le parti libéral démocrate, avec 17,8 % des voix, n'obtient que 3,1 % des sièges à la Chambre des communes (20) ; parallèlement, avec 41,9 % des voix, les conservateurs remportent 51,6 % des sièges (336). En outre, ce mode de scrutin risque de fausser le principe majoritaire. En raison du découpage des circonscriptions, il arrive qu'un parti majoritaire en voix soit finalement, sur l'ensemble du pays, minoritaire en sièges : en Grande-Bretagne, aux élections générales de février 1974, le parti conservateur, avec 38 % des voix, n'obtint que 296 sièges, alors que le parti travailliste en eut 301 avec seulement 37 % des voix. À l'élection présidentielle américaine de l'an 2000, le candidat démocrate Al Gore fut battu alors qu'il avait obtenu 539 898 voix de plus que son concurrent George W. Bush. Le mécanisme remet ainsi en cause le fondement égalitaire du vote, un homme, une voix. Ce n'est plus le peuple qui règne, c'est la loi, ou la Constitution, en tant qu'elle établit les modalités de calcul du suffrage : ce qui implique, de la part du corps social, un *fair-play* exceptionnel, et un consensus sans faille autour de cette loi – qui existe bien dans le monde anglo-saxon, mais rarement ailleurs…

Cela dit, ce mode de scrutin, qui a pu séduire certains théoriciens ou politiques français, comme Michel Debré, se trouve de nos jours critiqué jusqu'en Grande-Bretagne – avec des arguments d'ailleurs très classiques : « si l'on admet qu'un Parlement démocratique doit représenter, dans la mesure du possible, les préférences des électeurs, alors ce système est le pire que l'on puisse imaginer [1] ». En 1997, du reste, le parti travailliste fut notamment élu sur la promesse de modifier le mode de scrutin : ce qu'il fit pour certaines élections (en particulier les élections au Parlement européen de 1999), mais pas pour les élections à la Chambre des communes, les seules réellement importantes…

2. *Le scrutin majoritaire*

Le scrutin majoritaire à deux tours, pratiqué en France, vise précisément à réduire cette distorsion tout en conservant certains des avantages pratiques du scrutin à l'anglaise : un relatif regroupement des forces à la faveur du second tour, et donc, la possibilité de former des majorités cohérentes.

Dans ce cas, est élu celui qui, au premier tour, a obtenu la majorité absolue. Si nul ne l'obtient, il y a « ballottage ». Est alors organisé un second tour à l'issue duquel sera élu celui qui a obtenu la majorité relative – avec cette précision que seuls restent alors en compétition les candidats les mieux placés au premier tour : les deux candidats ayant eu le plus de voix dans

1. H. W. R. Wade, *Constitutional Fundamentals*, Londres, Stevens, 1989, p. 9.

le cas de l'élection présidentielle, ou les candidats ayant obtenu un nombre de voix correspondant à 12,5 % des inscrits, pour les élections législatives. Le premier tour permet donc à la fois d'évaluer les forces en présence, d'exprimer assez exactement les tendances de l'opinion publique, et de sélectionner les candidats du second tour. Celui-ci apparaît en un sens plus « sérieux », mais moins démocratique, dans la mesure où les partis entrent alors en scène de façon décisive, par le biais des désistements. Et au fond, c'est bien souvent leur volonté que l'électeur se contentera de ratifier.

Le scrutin majoritaire contrevient cependant, lui aussi, au principe d'égale représentation. Sous la IIIe République, où il est presque constamment appliqué, la majorité parlementaire a toujours correspondu à une minorité électorale. Sous la Ve République, de même, il conduit à sous-représenter certains courants politiques (exemple flagrant, celui du Front national, qui, avec 11,5 % des voix au premier tour des législatives de 2002, n'a aucun député à l'Assemblée), et à l'inverse, à en sur-représenter d'autres, par le jeu des alliances, etc. : au point que certains observateurs vont jusqu'à parler d'un « mode de scrutin malsain [1] ».

3. *Le scrutin proportionnel*

Le scrutin proportionnel assure à chaque courant politique une représentation en rapport avec le nombre de voix qu'il a effectivement recueilli. Imaginons, par exemple, que dans une circonscription comportant cent mille électeurs et cinq sièges à pourvoir, deux partis, A et B, étant en compétition, le premier recueille 60 % des voix, le second 40 %. Si l'on

---

1. T. Philippon, *Le Monde*, 22 mai 2002.

se situe dans l'hypothèse d'un scrutin majoritaire, ou à la pluralité des voix, le parti A obtiendra cinq sièges, le parti B n'en aura aucun; dans l'hypothèse d'un scrutin proportionnel, le parti A recueillera trois sièges, mais le parti B en aura deux.

Le principe avait été développé au XIXe siècle par Stuart Mill, dans un discours à la Chambre des communes : « Dans une démocratie qui applique réellement le principe d'égalité, chaque tendance doit être représentée d'une manière proportionnelle. Une majorité d'électeurs doit toujours avoir une majorité de représentants, mais une minorité d'électeurs doit avoir une minorité de représentants : homme pour homme, ils doivent être aussi pleinement représentés que la majorité. Si cette condition n'est pas remplie, il n'y a pas un gouvernement égal, mais un gouvernement de privilège et d'inégalité [1]. » Le principal argument de la représentation proportionnelle se ramène donc à un principe de justice électorale : il s'agit d'obtenir l'image la plus exacte possible de l'opinion publique. Alors, pourquoi ne pas l'admettre sans discussion? Parce que, dans l'ordre politique, tout est affaire de conciliation : en l'occurrence, entre le principe et la pratique, ou plus exactement, entre la *justice* et l'*efficacité*. Or, du point de vue de l'efficacité, la représentation proportionnelle apparaît très critiquable, notamment si on la compare aux autres modes de scrutin. Dans un pays divisé en de multiples tendances, elle encourage en effet la formation ou le maintien de nombreux partis politiques, en leur permettant d'être représentés au plus haut niveau. Par conséquent, elle conduit à morceler la représentation, et à rendre pratiquement impossible la constitution de majorités stables et cohérentes. Les seules majorités qui peuvent alors se dégager le sont à la suite de trac-

1. Cité *in* G. Burdeau, *Droit constitutionnel*, *op. cit.*, p. 152.

tations entre les partis, après les élections (tractations qui, bien entendu, court-circuitent les électeurs, qui n'ont plus leur mot à dire). Ces majorités sont donc faibles, fragiles, et risquent d'éclater sur des questions délicates ou des choix politiques impopulaires. Elles sont, en outre, à la merci des partis « charnières » qui, même réduits et peu représentatifs, sont indispensables à la constitution de telles majorités, et s'adjugent de ce fait une influence parfois disproportionnée. Enfin, les gouvernements qui prennent appui sur un tel compromis s'avèrent souvent incapables de réaliser les promesses pour lesquelles ils ont été élus.

C'est ce système de représentation proportionnelle « pure » qui a été adopté en Israël : lors de la naissance mouvementée de cet État, il fallait en effet permettre aux nombreuses tendances politiques et aux différents groupes d'immigrants de se sentir représentés, afin de leur faire admettre que les institutions nouvelles étaient également les leurs. Pour ce faire, on fixa donc un seuil de représentation extrêmement bas (1 % seulement des votants, actuellement 1,5 %), les voix étant comptabilisées, non par circonscriptions, mais au niveau national. Chaque liste ayant atteint ou dépassé le seuil requis obtient donc un nombre de sièges à la Knesset proportionnel au nombre de voix obtenues. Le résultat, c'est l'extrême fragmentation de la représentation, et le fait que jamais l'un des deux grands partis (le Likoud, à droite, et le parti travailliste, à gauche) n'est parvenu à obtenir à lui seul la majorité à la Knesset – d'où la nécessité inéluctable de coalitions. De nos jours, cette situation suscite la défiance de la majorité des Israéliens, pour qui elle « est la cause de (presque) tous les maux du pays [1] » : un mal à peu près sans remède, du fait même des petits partis représentés à la Knesset qui, comme on

1. Voir C. Klein, *La Démocratie d'Israël*, Seuil, 1997, p. 153 n.

peut l'imaginer, bloquent systématiquement toute tentative de réforme, qui entraînerait leur disparition immédiate.

Ainsi, ce que l'on ajoute en démocratie d'un côté, on l'enlève de l'autre. Plus généralement, on constate qu'il n'existe pas de solution réellement satisfaisante. Par-delà les questions de justice ou d'efficacité, chaque mode de scrutin finit par conférer aux partis politiques un rôle démesuré – et aboutit ainsi à fausser l'expression de la volonté populaire : le système de la pluralité des voix, en conférant à deux formations un quasi-monopole sur la vie politique ; le système majoritaire à deux tours, en donnant une prime à l'organisation et à l'implantation partisane au *moment* de l'élection (le plus fort remporte tout) ; le système proportionnel, en compensant sa fidélité à la volonté populaire lors de l'élection, par des « trucages » inévitables après celle-ci. Ainsi, le *représenté* se trouve-t-il dans une situation fausse : supposé souverain, ou du moins, instrument d'expression de la souveraineté, le sens et le poids de sa participation à l'élection dépendent très largement d'éléments extérieurs à sa volonté, partis, découpage électoral, mode de scrutin, qui relèvent entièrement des *représentants*.

Sous-section 2

Le représentant

A. La personne

Il faut préciser tout d'abord qu'en vertu de certaines constitutions c'est un *organe* (en général l'Assemblée), qui est *le* représentant. À ce propos, on peut remarquer que, dans les systèmes représentatifs dominés par la notion de souveraineté nationale, s'opère alors un effet de symétrie, la nation, seule représentée, l'étant par l'Assemblée nationale, unique représentante. Dans d'autres systèmes, en revanche, suivant la logique de la souveraineté populaire, on reconnaît la qualité de représentants aux individus élus. Il en va ainsi des Constitutions françaises de 1946 et 1958, et c'est à cette hypothèse que l'on se bornera.

Selon l'angle d'observation adopté, ou la discipline pratiquée (droit, science politique, sociologie électorale), on privilégiera tel ou tel aspect. Ainsi, la science politique envisagera le représentant comme « gouvernant », par opposition aux « gouvernés », ou comme « dirigeant politique », distinct des « électeurs » ou des simples militants, et l'intégrera éventuellement dans une catégorie bien particulière, la « classe politique », définie comme une oligarchie plus ou moins étroite, homogène et close. Le droit constitutionnel (ou le droit administratif, dont relève le contentieux des élections locales), en revanche, l'envisagera essentiellement en tant que *candidat*, puis en tant qu'*élu*, deux catégories appréhendées et déterminées par le droit positif.

Candidat, le (futur) représentant sera soumis à un certain nombre de règles (durée de la campagne, moyens de propagande utilisables, moyens financiers autorisés), qui se ramènent en gros à trois principes : l'égalité, au moins approximative, entre les candidats, la neutralité de l'administration à leur égard, et la loyauté minimale des procédés de propagande. Ces règles doivent être respectées sous peine de sanction, et, éventuellement, d'annulation des résultats du scrutin.

Pour être élu, il devra en outre satisfaire personnellement à un certain nombre de conditions légales : d'une part, l'éligibilité (le candidat n'est-il pas inéligible du fait de son âge, de sa nationalité, de sa profession, de son état mental, ou encore, d'une sanction pénale ?), d'autre part, l'absence d'incompatibilités (qui pourraient, le cas échéant, l'obliger à choisir entre le mandat qu'il vient d'obtenir par l'élection, et un mandat ou une fonction qu'il détenait déjà, que la loi déclare incompatible avec le premier). Ce n'est qu'une fois ces conditions satisfaites qu'il pourra enfin assurer sa fonction de représentation.

B. Le parti

Mais ce représentant, candidat puis élu, ne se conçoit plus, dans le cadre des systèmes représentatifs modernes, abstraitement du parti auquel il appartient : c'est pourquoi on ne peut se dispenser d'évoquer brièvement ce dernier phénomène. Pour ce qui est de sa description précise (notion, fonctions, typologie, etc.), on renverra aux enseignements de science politique. Ce que l'on se bornera à souligner ici, c'est que la vie politique démocratique paraît de nos jours entièrement structurée et dominée par les partis politiques, auxquels les constitutions accordent désormais bien souvent un véritable statut juridique [1].

1. *Une structure inévitable ?*

Pour en revenir aux représentants, on notera d'abord que les candidats indépendants sont à l'heure actuelle pratiquement assurés d'être battus, même s'ils sont sortants, connus et appréciés depuis longtemps par l'électorat de leur circonscription : seuls des candidats d'une envergure hors du commun peuvent de nos jours se passer du soutien d'un parti. À cette exception près, c'est donc moins pour des personnes que pour des structures partisanes, que les électeurs vont se prononcer.

---

1. Cf. C. Boutin, F. Rouvillois (dir.), *Partis et démocratie*, F.-X. de Guibert, 2004.

Pour des partis, plus encore que pour des idéologies ou des programmes : la fidélité de l'électeur à un parti semble fréquemment survivre aux évolutions, voire aux retournements doctrinaux de celui-ci [1].

Une fois rappelé ce fait, il convient de s'arrêter sur la situation très paradoxale du parti politique, au regard de la pratique et de la théorie démocratique.

D'un côté, en effet, les partis paraissent nécessaires à la vie publique contemporaine, organisée par et pour eux : la démocratie moderne, notait ainsi Hans Kelsen, « repose entièrement sur les partis politiques dont l'importance est d'autant plus grande que le principe démocratique reçoit une plus large application. [...] C'est en effet illusion ou hypocrisie de soutenir que la démocratie est possible sans partis politiques. Car il est trop clair que l'individu isolé, ne pouvant acquérir aucune influence réelle sur la formation de la volonté générale, n'a pas, du point de vue politique, d'existence véritable [...]. *La démocratie est donc nécessairement et inévitablement un État de partis.* » [2] La position de Kelsen se rattache notamment à l'idée que le scrutin proportionnel est indispensable à la réalisation de la démocratie, et qu'il suppose une forte organisation partisane; mais aussi, à la volonté d'assurer un contrôle permanent sur les élus, qui doivent se conformer à leurs promesses électorales, contrôle que les partis seraient seuls en mesure d'assurer.

Dans cette perspective, Kelsen va jusqu'à prôner une organisation institutionnelle où les partis se verraient accorder une fonction de premier plan : et où, en définitive, l'électeur voterait moins pour un candidat individuel que pour un parti, lequel pourrait par exemple déléguer au Parlement des représentants

1. Comme le montre par exemple la relative stabilité de l'électorat RPR, malgré le revirement considérable de ce dernier sur certaines questions essentielles, telle la construction européenne.

2. H. Kelsen, *La Démocratie*, *op. cit.*, p. 19, 20 et 21.

qu'il choisirait en fonction des affaires traitées, pour leur compétence technique. Dans le même esprit, le manifeste du parti socialiste de 1944 défendait un système où ne seraient admis comme candidats que les représentants officiels « de partis présentant une certaine importance locale, régionale ou nationale, et capables de le prouver en réunissant avant l'ouverture de la campagne un nombre minimum de signatures [1] ».

Suggestions étonnantes, et restées lettre morte, mais qui au fond correspondent d'assez près à la réalité de la vie politique contemporaine. Les partis paraissent indispensables : et, en même temps, ils s'avèrent dans une certaine mesure incompatibles avec la théorie démocratique classique. Celle-ci suppose en effet que l'individu, au moment de prendre la décision par laquelle il participe à la vie publique, se détermine librement, sans aucune pression extérieure, sans que rien vienne s'interposer entre lui et la chose publique, entre lui et l'État. Dans cette perspective, les partis doivent être condamnés, comme des « corps intermédiaires » qui vont fausser le rapport entre l'*un* (l'individu citoyen) et le *tout* : et qui vont, ce faisant, altérer l'expression de la volonté générale, transformée en une simple collection de « volontés particulières » plus ou moins discordantes [2]. Sur un plan plus sociologique, certains auteurs ont insisté aussi, à la suite des travaux classiques de Robert Michels [3], sur le caractère foncièrement totalitaire de tout parti, même formellement démocratique et pluraliste : et au-delà, sur la dimension « féodale » du *Parteienstaat* kelsénien,

---

1. J. Moch, *Le Parti socialiste au peuple de France*, Éditions de la Liberté, 1945, p. 42.

2. « Leur fonction naturelle, accusait M. Waline, est de fausser la volonté populaire », *Les Partis contre la République*, Rousseau, 1948, p. 109.

3. R. Michels, *Les Partis politiques, essai sur les tendances oligarchiques des démocraties*, trad. S. Jankélévitch, Flammarion, 1971.

chaque parti constituant alors un État dans l'État, qui finirait par court-circuiter la démocratie.

Une fois encore, on se situe donc dans une situation de blocage, de contradiction entre la pratique et le principe... Pourtant, c'est du côté de la première que se rangent les constitutions contemporaines, lorsqu'elles confèrent un statut juridique aux partis politiques.

2. *La reconnaissance constitutionnelle des partis*

Si l'essor des partis modernes coïncide avec l'avènement politique des masses, au tournant du XIXe siècle, c'est surtout au sortir de la Première Guerre mondiale que de nombreuses constitutions nouvelles vont leur attribuer une place et un statut, liés à la reconnaissance de leur rôle. Dans plusieurs États, notamment d'Europe centrale, les partis se voient chargés d'établir des listes de candidats, de surveiller les opérations électorales, d'intervenir dans le contentieux des élections, et même de participer à la nomination des organes parlementaires (comme les commissions[1]) ou juridictionnels (par exemple à la Haute Cour constitutionnelle autrichienne). Mais certaines constitutions vont encore plus loin. C'est ainsi que le tribunal électoral spécial de Tchécoslovaquie se reconnaît compétent pour déchoir de leur mandat les députés ayant cessé d'être membres de leur parti, même quand ceux-ci en ont été exclus pour des raisons purement internes, comme le manquement à la discipline de vote.

Après la Seconde Guerre mondiale, le mouvement de constitutionnalisation se poursuit de plus belle.

1. En France, c'est en 1915 que les groupes parlementaires acquièrent, d'après le règlement des Assemblées, une existence officielle.

L'exemple le plus classique est celui de la République fédérale allemande, dont la loi fondamentale du 23 mai 1949 dispose dans son article 21, alinéa 1er : « les partis concourent à la formation de la volonté politique du peuple. Leur création est libre. Leur organisation intérieure doit être conforme aux principes démocratiques. Ils doivent rendre compte publiquement de l'origine de leurs ressources ». Quant à l'alinéa 2, il précise : « les partis qui, d'après leur programme ou d'après l'attitude de leurs membres, tendent à porter atteinte à l'ordre constitutionnel libéral et démocratique, ou à l'éliminer ou a mettre en péril l'existence de la RFA, sont inconstitutionnels. Il appartient au tribunal constitutionnel fédéral de se prononcer sur la question de leur inconstitutionnalité [1] ». La réglementation implique une double dimension : face positive, les partis sont nécessaires; face négative : il faut empêcher qu'ils ne deviennent dangereux.

Sur un autre plan, on peut citer également, même si le fait ne se traduit pas explicitement dans le texte constitutionnel, l'exemple de la Suisse et de sa « formule magique ». Depuis 1959, en effet, une convention tacite, quasi coutumière, entre les quatre plus grands partis, conduit à leur attribuer des sièges au sein de l'organe exécutif de la fédération, le Conseil fédéral, proportionnellement à leur importance [2]. Même si c'est toujours l'Assemblée fédérale qui décide du choix des membres (et non les partis eux-mêmes), elle le fait néanmoins *dans* ce cadre.

---

1. On note que des dispositions analogues se retrouvent dans les constitutions des différents *Länder*, par exemple, Constitution de la Bavière, 20 septembre 1946, article 15.

2. Voir A. Auer, G. Malinverni et M. Hottelier, *Droit constitutionnel suisse*, *op. cit.*, t. I, p. 47 : 2 sièges au parti radical, 2 au parti démocrate chrétien, 2 au parti socialiste, 1 à l'Union démocratique du centre.

Section II

Les types de régimes représentatifs

La distinction classique entre les régimes représentatifs s'articule, ainsi qu'on l'a déjà signalé, autour de la notion de *séparation des pouvoirs*. On va classer les différents types de démocraties représentatives en fonction du caractère plus ou moins marqué de la séparation entre les pouvoirs, ou les organes, de l'État.

Lorsque la séparation est très faible, sinon inexistante, le jeu politique est normalement dominé par l'organe législatif, regroupant les élus du peuple : on parle alors de régime d'assemblée, ou, de régime « conventionnel », par référence à l'épisode historique de la Convention (1792-1795) où, durant quelques mois, un régime de ce type fut pratiqué, mais aussi théorisé. Lorsque, au contraire, la séparation entre l'exécutif et le législatif est stricte, on parle d'un régime présidentiel, « à l'américaine » – les États-Unis étant considérés comme les inventeurs de ce régime, et peut-être les seuls à l'avoir pratiqué conformément à son principe. Enfin, lorsque la séparation est relative, souple, se traduisant par une collaboration et un certain équilibre des forces entre l'exécutif et le législatif, on parlera d'un régime parlementaire – ou « à l'anglaise », la Grande-Bretagne étant le berceau historique de ce type de gouvernement.

Cette classification, on l'a dit, n'a *a priori* aucune valeur normative, et ne présente qu'une valeur scientifique très faible. Son intérêt est essentiellement didactique, en ce qu'elle permet de décrire assez clairement les principales options offertes à l'organisation institutionnelle des démocraties représentatives. Mais du coup, elle présente également un intérêt historique majeur : une fois établie, vers le dernier tiers du XIXe siècle, elle a été perçue, mais aussi utilisée, comme une véritable règle par des réformateurs et par des constituants. Depuis qu'elle existe, elle a donc inspiré de nombreux systèmes, et alimenté d'innombrables controverses constitutionnelles : en France, on le verra plus loin, elle domine la vie et la réflexion politique depuis l'avènement de la IIIe République. C'est pourquoi on doit s'y intéresser, en examinant successivement les trois modèles, et en essayant d'en apprécier la consistance.

Sous-section 1

Le gouvernement d'assemblée

Le gouvernement d'assemblée constitue sans doute la plus problématique de ces trois formes. Problématique, d'abord, dans la mesure où ce qualificatif même a mauvaise réputation, et qu'à ce titre il a été fréquemment récusé par les principaux intéressés. C'est ainsi, en France, que les rapporteurs du projet constitutionnel d'avril 1946 s'obstinaient, malgré l'évidence, à prétendre que celui-ci n'établissait pas un gouvernement d'assemblée [1]. Ainsi également que la doctrine suisse refuse généralement le qualificatif, en expliquant par exemple que « l'article 148-1 de la Constitution selon lequel l'Assemblée fédérale exerce l'autorité suprême de la Confédération ne fait nullement de la Suisse un régime d'assemblée dans lequel le Parlement dominerait les autres organes [2] ». Au-delà encore, certains vont jusqu'à affirmer le caractère fictif, ou mythique, de cette catégorie [3].

1. Voir P. Bastid, *Le Gouvernement d'assemblée*, Cujas, 1956, p. 334-335.

2. A. Auer, G. Malinverni et M. Hottelier, *Droit constitutionnel suisse*, *op. cit.*, t. I, p. 30 ; *contra*, J. Rohr, « Le grand conseil genevois », *RDP*, 1967, p. 457.

3. Voir B. Mirkine-Guetzévitch, « Le parlementarisme sous la Convention nationale » *RDP*, 1935, p. 671 sq.

Dépassant les polémiques, on pourrait réserver le qualificatif de régime d'assemblée aux systèmes institutionnels où, en droit, l'exécutif émane *directement* de l'organe législatif (par opposition au régime parlementaire, où il n'en procède que de façon indirecte) : ce qui permettrait de délimiter cette catégorie de façon (un peu) plus précise et plus neutre [1]. Toutefois, même alors, cette forme continue de faire difficulté, en raison du paradoxe qu'elle recèle le plus souvent. Si, en principe, le régime conventionnel implique la primauté sans partage d'une assemblée unique, il arrive en effet fréquemment que, dans les faits, il en aille tout autrement, et que derrière l'apparence se cache en réalité la toute-puissance d'un homme ou d'un groupe.

A. L'apparence : la primauté de l'assemblée

Dans ce système, les fonctions sont distinctes, mais nullement séparées, dans la mesure où l'exécutif n'est que le délégué, le « commis » de l'assemblée, un commis simplement chargé d'assurer, sous son contrôle, la mise en œuvre des lois qu'elle établit seule. Ce régime, on l'a dit, tire sa (seconde) dénomination de la période où, en France, il fut théorisé pour la première fois, la Convention nationale (du nom de l'assemblée élue en septembre 1792, qui reste au pouvoir jusqu'en octobre 1795). Avant d'être destitués, en juillet 1794, Robespierre et Saint-Just ont en effet eu le temps de poser le principe de ce type de régime dans la Constitution (jamais appliquée) du 24 juin 1793. Dans son article 39, celle-ci précise ainsi que « le corps législatif est un, indivisible et permanent ». *Un* : la

---

1. Même si certains régimes continuent de faire problème au regard d'une telle définition, et notamment, la IIIe et la IVe République.

toute-puissance ne s'accommode pas, on l'a vu, du bicamérisme, qui n'a pour objectif que de tempérer l'enthousiasme des représentants directs du peuple. *Indivisible*? au même titre que le peuple souverain lui-même. *Permanent* : la souveraineté ne cesse jamais d'être, et la permanence, de même que l'unité et l'indivisibilité, est une condition essentielle de la puissance de l'assemblée, de sa domination sur un exécutif, qui, sinon, risquerait de l'emporter. Le Corps législatif prévaut ainsi sur le « Conseil exécutif » de 24 membres qu'il nomme (art. 63) à partir d'une liste de noms proposés par les Assemblées départementales. Le Conseil, du reste, « ne peut agir qu'en exécution des lois et des décrets du Corps législatif » (art. 65), qui le contrôle en permanence (art. 71) et peut le révoquer à tout moment.

En France, un tel régime a été pratiqué, pour l'essentiel, à des époques de crise révolutionnaire : sous la Convention, avec l'Assemblée constituante de 1848 (de mai à novembre), puis à nouveau avec l'Assemblée nationale de 1871 [1]. À l'étranger, en revanche, il a fonctionné de manière plus durable, conformément à des dispositions constitutionnelles en bonne et due forme, dans certains pays socialistes, ou encore, en Turquie, sous l'empire de la Constitution de 1924. De même, quoique de façon controversée, il fonctionne également en Suisse, de manière traditionnelle et très paisible.

Au premier abord, l'observation de ces différents systèmes semble indiquer une suprématie sans partage de l'assemblée. Mais la réalité peut s'avérer plus nuancée…

---

1. Qui désigne Thiers « chef du pouvoir exécutif de la République française » (décret du 17 février 1871).

B. Une réalité plus complexe

On constate en effet que cette primauté n'est, bien souvent, qu'une façade – derrière laquelle s'abrite en fait un homme, un groupe ou un organe, qui vont exercer la réalité du pouvoir.

Tel fut le cas, en premier lieu, lors des épisodes révolutionnaires qui ont vu fleurir ce type de gouvernement. À ce propos, on peut citer, dans l'Angleterre du XVIIe siècle, le cas de Cromwell et du « Long Parlement », ou encore, en France, la quasi-dictature du général Cavaignac de juin à novembre 1848, ou la domination de Thiers sur l'Assemblée nationale, jusqu'à sa révocation spectaculaire, le 24 mai 1873. Mais on doit surtout signaler, à ce propos, la pratique étrange de la Convention elle-même. Dans un premier temps, celle-ci exerce directement le pouvoir, tout en contrôlant étroitement le « Conseil exécutif provisoire ». Mais peu avant la chute des girondins s'ouvre une seconde phase : la Convention crée un « Comité de Salut public », composé de (9 puis 12) membres de l'Assemblée renouvelés tous les mois, et qui, en son nom, va être investi de prérogatives étendues. Ce Comité va, peu à peu, s'approprier la totalité du pouvoir, se substituant au Conseil exécutif, qu'il finit d'ailleurs par supprimer en avril 1794, mais aussi à la Convention elle-même, à qui il impose le principe du « gouvernement révolutionnaire », puis de la « Grande Terreur ». Au sein du Comité de Salut public, un homme, Robespierre, domine presque sans partage. Le paradoxe de cet épisode, et de ce régime, c'est que le Comité, tout-puissant, apparaît en même temps à la merci d'un simple vote contraire de la Convention, dont il tire au fond toute son autorité. Et c'est ainsi que Robespierre, un jour maître absolu du pays, se trouve, le lendemain, destitué puis condamné à mort – sans qu'il ait été besoin pour cela d'une révolution, ni même d'un coup d'État : par le simple jeu du système institutionnel (27 juillet 1794)...

Mais cette primauté peut être beaucoup plus stable – quand elle se rencontre en dehors des épisodes révolutionnaires, dans le cadre de systèmes constitutionnels stabilisés. On peut évoquer ainsi l'exemple de la Turquie sous la Constitution du 22 avril 1924. En apparence, il existe un pouvoir unique, celui de la « Grande Assemblée nationale de Turquie », seule représentante de la nation au nom de laquelle elle exerce la souveraineté. L'Assemblée dispose de la totalité du pouvoir législatif, mais aussi de l'exécutif, par l'intermédiaire du président de la République qu'elle élit, pour la durée de la législature, parmi ses membres – et qui, fait caractéristique, conserve sa qualité de député. Telles sont les apparences : en réalité, le Président, Mustafa Kemal « Atatürk », fondateur de la Turquie moderne, régulièrement réélu à l'unanimité par la Grande Assemblée nationale, continuera, jusqu'à sa disparition, de lui imposer ses choix et ses décisions, et s'arrogera même, en 1931, le droit d'en exiger la dissolution[1].

Sur un autre mode, la primauté apparente de l'assemblée peut cacher la prépondérance d'un groupe ou d'un organe.

C'est le cas du pouvoir exécutif dans le régime suisse. En droit, on retrouve ce qu'on a admis comme le critère du régime d'assemblée, la désignation directe de l'exécutif par le législatif, puisque le Conseil fédéral émane de l'Assemblée fédérale. Celle-ci, qui réunit le Conseil national et le Conseil des États, nomme ses sept membres pour quatre ans (art. 145), et désigne parmi eux, pour un an, le président et le vice-président

1. Dans le même sens, on peut évoquer les systèmes socialistes d'après guerre, et par exemple, la Constitution de l'Albanie du 15 mars 1946, où la souveraineté de l'Assemblée populaire (art. 38) dissimule mal l'hégémonie du président Enver Hodja.

de la Confédération. Mais en réalité, le Conseil fédéral, qui exerce « l'autorité directoriale et exécutive supérieure de la Confédération » (art. 174), bénéficie d'une extraordinaire stabilité, ses membres pouvant être indéfiniment renouvelés (en 1932, par exemple, le président du Conseil fédéral, G. Motta, en était membre, sans interruption, depuis... 1911, et le vice-président depuis 1912). De là, une crédibilité et une autorité considérables, qui vont bien au-delà de ce que prévoient formellement les textes, et qui en pratique leur donne le pas sur l'assemblée qui les a nommés.

Sous-section 2

Le régime présidentiel

Formalisé dans la Constitution fédérale des États-Unis du 17 septembre 1787, le régime présidentiel apparaît, dans son principe, comme l'exact contraire du précédent – ou du moins, de ce que le précédent semble être. Sur la base d'une séparation stricte des pouvoirs, il entraîne en effet une revalorisation de l'exécutif, et singulièrement, de son chef, le Président, qui représente le souverain au même titre que le Parlement.

A. Les éléments constitutifs

Ce régime présente trois caractéristiques principales. En premier lieu, le Président y est élu par le peuple. Aux États-Unis, il s'agit d'une élection théoriquement indirecte (à deux degrés, les citoyens choisissant des « Grands Électeurs » qui élisent le Président), mais en réalité directe (les « Grands Électeurs » étant désignés pour élire un candidat déterminé, et liés par un mandat impératif). De cette élection quasi directe, le Président tire une autorité politique considérable, qui lui permet d'assurer ses fonctions constitutionnelles de chef de l'État et du gouvernement. C'est à ce titre qu'il nomme et révoque librement ses « ministres », lesquels ne sont responsables que devant lui et doivent se conformer à sa volonté. Il est élu, le plus souvent, pour un temps réduit (quatre ans seulement aux États-Unis, renouvelables une fois), et assisté d'un vice-président.

En second lieu, les deux pouvoirs, exécutif et législatif, ne disposent que de moyens d'action réciproques réduits. Le Congrès américain, formé par la Chambre des représentants et le Sénat, ne peut ainsi contraindre le gouvernement à démissionner, ni lui donner aucun ordre. Le gouvernement ne forme d'ailleurs pas un « Cabinet » : il n'existe qu'en fonction et autour du Président. L'exécutif est donc politiquement irresponsable devant le Congrès. Sa seule responsabilité est d'ordre pénal : c'est l'*impeachment* (art. II, section 4 de la Constitution). Il est vrai que cette procédure se situe à la marge extrême de la responsabilité politique : c'est ainsi qu'en 1868 la procédure est déclenchée contre le président Jackson, le successeur de Lincoln, pour avoir révoqué un ministre sans l'assentiment du Sénat. Jugé par ce dernier sur décision de la Chambre des représentants, il ne manquera qu'une voix pour atteindre la majorité des deux tiers requise pour prononcer la destitution du Président. Un siècle plus tard, l'*impeachment* dirigé contre le président Nixon, suite à l'affaire du Watergate, semble certes relever plus clairement d'une responsabilité pénale. Nixon, du reste, démissionnera avant même que la Chambre des représentants ait pu saisir le Sénat, en août 1974. Cependant, là encore, la dimension politique de l'affaire n'était pas contestable, et notamment, la volonté du Congrès de mettre un terme à l'hégémonie présidentielle brillamment incarnée par Nixon. Enfin, il en ira de même lorsqu'il sera question d'utiliser la même procédure contre le président

Clinton – dans une perspective plus électoraliste que moralisatrice.

Si, à cette exception près [1], le Congrès n'intervient pas dans les affaires exécutives, l'exécutif ne peut, de son côté, dissoudre le Parlement. En outre, il ne dispose pas de l'initiative des lois. Tout ce que le Président peut faire à cet égard, c'est d'*empêcher*, c'est-à-dire de bloquer une loi votée par le Congrès en la renvoyant non signée dans un délai de dix jours après qu'elle lui aura été adressée, en expliquant dans un message les motifs de son refus. Outre ce « veto ordinaire », le Président dispose de ce qu'on appelle le « veto de poche » : il peut ne pas signer les textes qui lui sont transmis par le Congrès dans les dix jours précédant l'ajournement de celui-ci – sans même avoir à les rejeter en bonne et due forme, ni à motiver son refus. Le simple jeu des délais suffira à anéantir le projet, sans conflit ouvert ni recours possible. À ce propos, il faut noter que ce pouvoir de veto, considéré à l'origine comme un recours exceptionnel, fut peu utilisé jusqu'à la fin du XIXe siècle, mais que, depuis, il l'a été de manière systématique [2].

Enfin, le dernier trait caractéristique du régime présidentiel vient de ce qu'il entraîne, en principe et en pratique, une revalorisation du pouvoir judiciaire – conçu comme « un pouvoir à part entière [3] », et non, comme en France, comme une simple « autorité judiciaire ». Revalorisation qui tient moins à ses origines

1. À quoi il faut ajouter, entre autres, le fait que le Sénat intervient notamment dans le mécanisme de nomination, par exemple, des membres de la Cour suprême, ou plus directement encore, en matière d'affaires étrangères, en approuvant les traités signés par le Président.

2. 684 vetos sous les présidences de Cleveland (1884-1888 et 1892-1896), 531 vetos émis par J. D. Roosevelt, dont seulement 9 purent être surmontés par un vote des deux tiers, 250 émis par Truman, et 161 par Eisenhower.

3. Ph. Lauvaux, *Les Grandes Démocraties contemporaines*, PUF, Droit fondamental, 2e éd., 1998, p. 241.

(juges souvent élus, pratique systématique du jury), qu'aux fonctions qui lui sont dévolues dans ce cadre : assurer le respect de la Constitution, à travers le contrôle de constitutionnalité des lois, mais aussi opérer, par ce biais, un arbitrage entre les deux pouvoirs séparés que sont l'exécutif et le législatif.

Ainsi, dans ce système, les *fonctions* (législatives, exécutives et judiciaires) et les *organes* (Congrès, Président, appareil judiciaire) coïncident à peu près – même si c'est de manière moins rigide que l'a parfois affirmé la doctrine française. Au total, l'ensemble est supposé garantir un équilibre entre des pouvoirs séparés, indépendants les uns des autres, et procédant (pour ce qui est du Congrès et du Président) de l'élection populaire. Pourtant, cette solution n'est pas sans poser certaines difficultés d'ordre pratique.

B. Les difficultés pratiques

En premier lieu, la réalité de la distribution et de l'exercice du pouvoir s'avère moins simple qu'il n'y paraît, dépendant largement des circonstances, ou encore de la personnalité plus ou moins dominatrice du Président. Durant la majeure partie du XIXe siècle, les États-Unis vivent une période paisible, avec pour conséquence une présidence faible, et une domination du Congrès qui conduit certains à parler d'un « gouvernement congressionnel ». La seule discordance majeure a lieu pendant la guerre de Sécession, qui se traduit au contraire par une quasi-dictature du Président. Au XXe siècle, en revanche, la multiplication des interventions militaires, des crises, etc., va donner une prime considérable à l'exécutif. On parle alors de gouvernement présidentiel, et même, avec Nixon, d'une « présidence impériale ». Pourtant, parallèlement à ce premier mouvement, on évoque aussi, durant la première moitié du siècle, un « gouvernement des juges », imposant leur philosophie conservatrice aux autres pouvoirs. Tout ce que l'on peut en déduire, c'est que le droit inscrit dans la Constitution ne suffit pas, à lui seul, à déterminer dans sa totalité une réalité décidément mobile et complexe.

Sur un autre plan, il faut noter que le régime présidentiel, dans la mesure où il n'offre pas, ou peu, de solutions pour résoudre d'éventuels conflits entre les pouvoirs, risque, en cas de désaccord majeur, de conduire à un blocage. Tel est, observait René Capitant, « le principal défaut de la Constitution américaine [1] ». En réalité, cette menace se trouve partiellement exorcisée, dans le cas particulier des États-Unis, par la structure spécifique des deux grands partis – qui, pour l'essentiel, ne sont que des coalitions électorales, dépourvues d'homogénéité et de réelle discipline. Ces partis ne forment pas, au Congrès, de groupes soudés et rigides, susceptibles de refuser durablement tout accord avec l'exécutif : il y a toujours moyen de s'entendre avec certains membres d'une majorité théoriquement hostile, et l'indiscipline des partis a ainsi pour effet d'empêcher tout blocage irrémédiable entre le Congrès et le Président. En revanche, dans d'autres pays, où les partis politiques correspondent à des options politiques marquées et exigent de leurs membres une stricte discipline, un tel blocage serait certain, et presque insoluble.

Telle est l'une des raisons pour lesquelles le régime présidentiel n'a jamais pu faire l'objet d'une transposition sérieuse en France – même dans le cadre de la Constitution du 14 janvier 1852, qui à certains égards s'en rapproche, même si l'on utilise plutôt pour la décrire le terme (contesté) de « présidentialisme [2] ». En

1. R. Capitant, *RPP*, février 1964, p. 16.

2. Terme désignant « tout régime combinant élection présidentielle au suffrage universel et absence de responsabilité parlementaire ministérielle, mais fonctionnant d'une manière différente du régime américain », et, à ce titre, jugé « non conforme à un

revanche, le régime présidentiel apparaît dans l'histoire constitutionnelle comme une tentation permanente pour les réformistes et les contestataires. Sous la IIIe puis sous la IVe République, il est invoqué comme un modèle que l'on oppose, surtout à droite, à l'impuissance gouvernementale et à l'omnipotence brouillonne des assemblées. Sous la Ve République, au contraire, ce sont les partisans d'une restauration du Parlement, hostiles à ce qu'ils jugent être une dérive « présidentialiste » du régime né en 1958, qui vont devenir les principaux promoteurs d'une telle réforme [1] – tablant sur le fait qu'une séparation stricte des pouvoirs poserait des limites infranchissables à l'interventionnisme présidentiel et garantirait un champ d'action propre au Parlement.

Sous-section 3

Le régime parlementaire

La seule présence d'un Parlement ne suffit pas, bien entendu, à faire qualifier un système politique de « régime parlementaire », au sens technique du terme. Celui-ci se définit comme un régime d'équilibre où la direction des affaires publiques résulte d'une collaboration entre un Parlement susceptible d'être dissous, et un chef de l'État irresponsable, par l'intermédiaire d'un cabinet (ou d'un gouvernement) politiquement responsable.

---

schéma présidentiel orthodoxe » (R. Moulin, *Le Présidentialisme et la Classification des régimes politiques*, LGDJ, 1978, p. 47). Sur ce point, voir Ph. Lauvaux, *Destins du présidentialisme*, PUF, Béhémoth, 2002.

1. F. Rouvillois, « La VIe République et le mythe du régime présidentiel », *RDP*, n° 1, 2002, sp. p. 141 à 144.

Alors que le régime présidentiel, en tant que catégorie constitutionnelle, a été conçu à partir de la pratique institutionnelle américaine, le régime parlementaire renvoie forcément au modèle britannique qui l'a inspiré à l'origine – à partir du XVIIIe siècle. Mais alors que la date de naissance du régime présidentiel ne fait aucun doute, coïncidant avec l'adoption de la Constitution fédérale de 1787, celle du régime parlementaire anglais s'étale dans le temps. L'accouchement ne fait que débuter lorsque en 1734, Voltaire, enthousiaste, décrit « ce mélange heureux dans le gouvernement d'Angleterre, ce concert entre les Communes, les Lords et le roi [1] », puis lorsque Montesquieu, non moins admiratif, évoque un Corps législatif lié « par la puissance exécutrice, qui le sera elle-même par la législative » (*Esprit des lois*, livre XI, chap. VI). En fait, depuis 1715, l'avènement d'une dynastie étrangère, les Hanovre, peu au fait des affaires publiques, a permis d'accentuer le rôle des ministres, et notamment du Premier ministre. En 1729, Walpole « réalise la structure du régime parlementaire dit classique en s'assurant [...] aux Communes de la majorité constituée par le parti dont il va ainsi apparaître le chef [2] ». En 1742, sa responsabilité se concrétise, quand Walpole démissionne pour éviter la mise en œuvre de la procédure d'*impeachment*, rendue possible par le fait qu'il ne dispose plus du soutien de la majorité. Mais le mécanisme de la responsabilité gouvernementale n'est acquis que lorsque lord North, en 1782, démissionne avec l'ensemble de son Cabinet suite au désaveu des Communes. Et il faudra encore un certain temps pour la stabiliser et lui donner la consistance d'une conven-

1. Voltaire, *Lettres anglaises* [1734], Pauvert, 1964, p. 53.
2. Ph. Lauvaux, *Les Grandes Démocraties...*, *op. cit.*, p. 163. Sur cette question, D. Baranger, *Parlementarisme des origines*, PUF, Léviathan, 1999.

tion de la Constitution[1]. Cette formation progressive est du reste caractéristique d'une constitution souple, non écrite, susceptible d'intégrer petit à petit des transformations parfois considérables. Dès la première moitié du XIXe siècle, ce mécanisme sera d'ailleurs repris par un certain nombre de constitutions écrites, de la Constitution espagnole de 1812 à la Constitution belge de 1831.

Pourtant, alors que le schéma élaboré à partir de sa pratique commence à se diffuser jusqu'à devenir le modèle dominant en Europe occidentale, la Constitution britannique ne cesse d'évoluer – et ainsi, dans une certaine mesure, de s'éloigner de ce schéma initial, même si elle en conserve les traits principaux. C'est à ce cas particulier qu'il importe de s'arrêter ici.

A. Les institutions du parlementarisme anglais

Le régime parlementaire anglais repose d'abord sur des institutions : en particulier, le Parlement, le Premier ministre et son Cabinet, et le « *two Party System* ».

En Grande-Bretagne, le terme de Parlement s'entend de l'ensemble constitué par le monarque et les deux assemblées, Chambre des lords et Chambre des communes. C'est lui, en principe, qui est souverain, et qui peut à tout moment modifier la Constitution. Si l'on distingue ses composantes, on constate en premier lieu que la couronne dispose encore d'un nombre considérable de pouvoirs : c'est ce que l'on nomme la « prérogative royale », qui inclut la nomination des ministres et des principaux agents publics, le commandement des forces armées, le droit de déclarer la guerre ou de reconnaître des États, le droit de convoquer, de dissoudre, de proroger les Chambres, le droit de sanctionner et de promulguer la loi, le droit de grâce, etc.

---

1. Voir A. V. Dicey, *Introduction…, op. cit.*, p. 23-24.

En fait, ces pouvoirs sont, en vertu des conventions constitutionnelles, exercés non par le monarque, mais par son Premier ministre et par le Cabinet, politiquement responsables devant la Chambre des communes. Cette dernière représente l'élément démocratique du système, étant composée de députés élus pour cinq ans au scrutin majoritaire uninominal à un tour. Présidée par le « speaker », elle est divisée en un certain nombre de commissions parlementaires permanentes mais non spécialisées – afin de ne pas concurrencer l'exécutif –, les « *Standing Comitees* ». La Chambre des communes partage le pouvoir législatif avec la Chambre des lords, sauf en matière financière où, depuis 1911, elle en dispose seule. Cependant, soulignait Laski à la veille de la Seconde Guerre mondiale, sa fonction est « avant tout de constituer un gouvernement à qui, tant qu'elle lui conserve sa confiance, elle est prête à confier [1] » l'initiative législative.

C'est donc le Cabinet, dominé par le Premier ministre, qui forme le rouage essentiel du système parlementaire britannique : c'est lui qui gouverne, assumant les pouvoirs appartenant théoriquement à la couronne et bénéficiant pour ce faire de l'appui de la majorité aux Communes – au point que certains ont parlé jadis d'une « dictature du Cabinet », et qu'on a pris depuis l'habitude de qualifier le Premier ministre de « monarque élu ». Un monarque, dans la mesure où c'est de lui que dépendent en fait la constitution du Cabinet, ses remaniements, ainsi que le droit de dissoudre la Chambre. Mais un monarque *élu* (presque) directement lors des élections législatives, souvent décrites comme un « plébiscite » en faveur d'un Premier ministre particulier, les électeurs se prononçant en effet, par-delà le candidat qu'ils élisent, pour un parti, pour son programme, et surtout pour son chef, appelé en cas de victoire à devenir Premier ministre.

---

1. H. Laski, *Le Gouvernement parlementaire…, op. cit.*, p. 97.

Si les électeurs peuvent désigner, de manière quasi directe, le futur Premier ministre, c'est parce qu'il n'existe que deux principaux partis en compétition. Au XIXe siècle, Bagehot écrivait déjà que les partis constituent « l'élément vital du régime [1] ». Mais encore faut-il qu'il n'y en ait que *deux*, et qu'ils soient suffisamment disciplinés – afin de permettre aux électeurs un choix clair, puis d'assurer au chef du parti victorieux une majorité stable aux Communes. À l'inverse, un système multipartisan conduirait à transférer le choix du Premier ministre, du peuple lui-même, à la Chambre : puisque celle-ci, par le biais de coalitions et d'accords, aurait alors le pouvoir de le désigner et, le cas échéant, de le remplacer [2]. Mais ce bipartisme, on l'a vu plus haut, résulte presque automatiquement du mode de scrutin traditionnel, majoritaire à un tour, qui élimine les « tiers partis » à travers le mécanisme du vote utile. « S'il permet à trois partis de coexister pour un temps, il ne tarde pas à faire disparaître le moins fort [3] » des trois, comme ce fut le cas du parti libéral de 1918 à 1935, peu à peu concurrencé, supplanté, puis finalement éliminé par le parti travailliste. Rapidement, la logique du mode de scrutin permet de revenir à l'indispensable bipartisme.

B. Les mécanismes du régime

C'est sur cette base que vont donc fonctionner les mécanismes du régime parlementaire : la responsabilité, la dissolution et la collaboration des pouvoirs.

« La responsabilité collective du Cabinet, écrivait Laski, forme [...] le centre de toute la structure de

1. W. Bagehot, *La Constitution anglaise*, *op. cit.*, p. 209.
2. Voir H. Laski, *Le Gouvernement parlementaire...*, *op. cit.*, p. 47.
3. J. Cadart, *Régime électoral et régime parlementaire en Grande-Bretagne*, Cahiers de la FNSP, A. Colin, 1948, p. 171.

notre système parlementaire[1]. » Elle le distingue du régime présidentiel, mais aussi du régime d'assemblée, où l'exécutif, simple commis du Corps législatif, ne se trouve pas vis-à-vis de lui dans un rapport de responsabilité, mais de subordination. Dans le régime anglais, cette responsabilité peut être mise en œuvre par la motion de censure, par le rejet du budget, ou encore par le vote d'un amendement à l'adresse. Cependant, cette procédure formelle est devenue marginale : alors que le gouvernement a souvent été mis en minorité sans pour autant démissionner, il n'a fait l'objet, au XXe siècle, que de deux motions de censure, en 1924 et en 1979.

Dans la théorie du régime parlementaire, la dissolution est décrite comme le pendant de la motion de censure : en Angleterre, elle est à la disposition du Premier ministre, qui en use en toute liberté, et d'ailleurs très fréquemment. À cet égard, il faut toutefois souligner que la dissolution n'est pas perçue, ainsi qu'en France, comme une *arme* dirigée *contre* la représentation parlementaire dans le contexte d'un conflit entre l'exécutif et le législatif[2]; mais essentiellement comme le moyen, pour le gouvernement, de profiter d'une conjoncture politique favorable pour provoquer de nouvelles élections générales. L'une des conséquences de cette conception « dédramatisée » de la dissolution, c'est qu'il est très rare qu'une législature parvienne jusqu'à son terme.

La mise en jeu de la responsabilité étant devenue exceptionnelle, le régime parlementaire britannique, structuré par le bipartisme et conforté par une tradition de consensus, se caractérise finalement par la *collaboration* entre les pouvoirs. Collaboration, d'abord, du gouvernement à la fonction législative, où il intervient de manière très active, puisqu'il dispose prati-

---

1. H. Laski, *Le Gouvernement parlementaire…, op. cit.*, p. 166.
2. La dissolution de 1841 est la dernière de ce type.

quement du monopole de l'initiative, et qu'en outre le Premier ministre, en tant que *leader* du parti majoritaire, peut déterminer l'ordre du jour de la Chambre des communes[1]. Au point que celle-ci, déplorait d'ailleurs Laski, « s'est transformée en un organe d'enregistrement de la volonté du Cabinet[2] ». Mais à l'inverse, la collaboration est également celle du Parlement à la fonction exécutive, par le biais des différents mécanismes de contrôle mis à sa disposition. Parmi ces derniers, on peut évoquer la procédure des questions au gouvernement (lors de la *Question time*, séance hebdomadaire réservée aux questions posées aux ministres et au Premier ministre, moitié par l'opposition, moitié par la majorité) ; l'existence des (14) commissions spéciales (*Select Comitees*), créées en 1979 afin d'examiner « les dépenses, l'administration et la politique au sein des principaux départements ministériels et des autres organismes publics[3] » ; ou encore, l'établissement des « *Special standing comitees* », chargés d'examiner les projets de loi. D'où l'impression, depuis la fin des années 1970, d'une certaine revalorisation du Parlement, et en un sens, d'un retour à une forme plus classique de parlementarisme – dont il importe toutefois de souligner qu'il ne constitue pas un type simple ni figé, ainsi qu'on l'a constaté, et comme on va le voir maintenant, en décrivant son application, en France, depuis la IIIe République.

1. Mécanismes qui ne sont pas sans rappeler ceux que mettront en place les (très anglophiles) rédacteurs de la Constitution de 1958.

2. H. Laski, *Le Gouvernement parlementaire...*, *op. cit.*, p. 18.

3. Cité *in* Ph. Lauvaux, *Les Grandes Démocraties...*, *op. cit.*, p. 352.

Chapitre III

PRATIQUES FRANÇAISES DU PARLEMENTARISME

Il reste maintenant à voir la manière dont ce régime parlementaire a pu fonctionner en France, durant le siècle qui précède la naissance de la Ve République. Les réponses ne sont pas indubitablement probantes, puisque l'on va passer de la IIIe République, République des paradoxes, à la IVe, République des déceptions, sans réellement trouver la formule satisfaisante qui permettrait de combiner à peu près le respect des libertés publiques et l'efficacité de l'État. C'est du reste cette déficience qui explique, au premier chef, l'échec de ces régimes, et l'apparition de la Constitution de 1958 (voir *Droit constitutionnel. La Ve République*).

Section I

La IIIe, République des paradoxes

Ce qui, d'emblée, caractérise cette République fondée par des royalistes, c'est son côté paradoxal. Expressément conçue comme provisoire, elle sera, de 1875 à 1940, le plus durable des régimes qu'ait connu la France depuis la Révolution. Instaurant un équilibre entre les pouvoirs exécutifs et législatifs, elle apparaît, dès le départ, dans une situation de déséquilibre permanent, d'abord au profit du Parlement, puis, à la faveur de la guerre, au bénéfice du gouvernement. Proclamant son attachement au libéralisme, elle s'avère au fond moins respectueuse des libertés que ne l'affirme une pieuse légende, et ne les garantit que dans la mesure où elles confortent l'intérêt du régime[1]. En bref, ce que l'on constate, c'est une césure très nette entre la « Constitution de 1875 », et le fonctionnement effectif de la IIIe République.

Sous-section 1

La Constitution de 1875

Comme on l'a souvent noté, il n'y a pas, au sens propre, de « Constitution de 1875 », mais trois lois constitutionnelles distinctes, celle du 24 février relative au Sénat, celle du 25 février, consacrée à l'organisation des pouvoirs publics, et celle du 16 juillet « sur les rapports des pouvoirs publics » : trois lois qui témoignent de l'intention des constituants, et éclairent un certain nombre de traits caractéristiques du régime.

A. L'élaboration des lois constitutionnelles

1. *L'échec de la Restauration*

La nouvelle de la capitulation de Napoléon III à Sedan, le 2 septembre 1870, avait entraîné la formation à Paris, dès le 4 septembre, du « gouvernement de la Défense nationale », présidé par le général Trochu, qui se substitue au Second Empire. Du moins, qui le remplace en fait, parce qu'il a « pris » un pouvoir laissé

1. Voir J.-P. Machelon, *Les Restrictions aux libertés publiques sous la IIIe République (1879-1914)*, thèse, 1973.

vacant. Mais ce gouvernement n'a aucune légitimité propre : c'est pourquoi, dès le 8 septembre, il convoque les électeurs afin d'élire une Assemblée nationale. En raison de la guerre, celle-ci ne sera élue que le 8 février 1871, mais elle restera en place jusqu'en mars 1876.

La composition de cette Assemblée reflète la situation politique du moment : d'une part, les régimes antérieurs, l'Empire bien sûr, mais aussi la IIe République, sont déconsidérés ; d'autre part, alors que les républicains se montrent favorables à la poursuite de la guerre, les monarchistes sont partisans d'un retour à l'ordre et à la paix. C'est pourquoi ils obtiennent lors de ces élections une très large majorité, 500 députés sur 750. Dans ces conditions, le retour à la monarchie semble inéluctable. Pourtant, il ne se fera pas.

L'échec de la Restauration est dû, en premier lieu, à des querelles intestines : les monarchistes sont divisés sur la personne du prétendant, division qui recouvre en réalité des dissensions politiques plus profondes : à droite, les légitimistes, partisans du comte de Chambord, petit-fils de Charles X, militent pour le retour à une royauté traditionnelle, dans ses institutions comme dans ses valeurs. Au centre droit, les orléanistes, partisans du comte de Paris, fils de Louis-Philippe, sont favorables à une monarchie parlementaire à l'anglaise, où « le roi règne mais ne gouverne pas ». Cette division interdit d'abord toute solution rapide au problème constitutionnel. En août 1873, l'obstacle semble pourtant levé, avec la fusion des deux partis. Mais une nouvelle difficulté apparaît aussitôt : dans une lettre publique, le comte de Chambord refuse de transiger avec les principes de la Révolution, mais aussi avec son symbole, le drapeau tricolore. Malgré les tentatives de conciliation, il ne cédera pas sur le drapeau blanc, alors que, de l'autre côté, l'armée et les orléanistes font du maintien des trois couleurs une question de principe. Dans ces conditions, la seule solution consiste donc à attendre. C'est pourquoi l'Assemblée nationale, qui, après le départ de Thiers, avait nommé Mac-Mahon président de la République, adopte la loi du 20 novembre 1873, qui lui confie le pouvoir exécutif pour sept ans – jusqu'à son éventuel remplacement par un monarque. Parallèlement, l'article 2 de la loi nomme une commission de trente membres « pour l'examen des lois constitutionnelles ». Les députés royalistes, en attribuant au Président le pouvoir exécutif pour sept ans, estiment qu'en 1880, au plus tard, le comte de Chambord, âgé et sans enfant, sera mort et remplacé par son cousin, le comte de Paris. Bref, que la situation sera définitivement débloquée.

Mais, ce faisant, ils négligent le mouvement de fond qui se dessine dans l'opinion en faveur de la République. Sitôt levée la crainte de la guerre, les positions de la droite ont en effet commencé à reculer. Les républicains ne font plus peur, d'autant qu'ils ont modéré leur discours, et que la Commune de Paris, qu'ils ont réprimée, en 1871, leur sert de repoussoir. Cette tendance trouve d'ailleurs un écho au sein même de l'Assemblée : Thiers, ancien proche de Louis-Philippe, est ainsi désigné « président de la République française » par la loi constitutionnelle du 31 août 1871. Même si ce titre est expressément provisoire, même si l'on n'est pas vraiment en République, il n'en paraît pas moins significatif d'un certain état d'esprit. Du reste, Thiers lui-même finit par se rallier à l'hypothèse d'une constitution républicaine, dans un message du 13 novembre 1872. C'est notamment pour cela qu'il est mis en minorité le 24 mai 1873, et aussitôt remplacé par le très royaliste maréchal de Mac-Mahon. Mais, quoi qu'il en soit, la tendance générale va dans le sens des républicains qui, même s'ils sont minoritaires à l'Assemblée, demeurent plus unis que les monarchistes, et prêts à négocier un compromis dont ils savent qu'il finira, à brève échéance, par jouer à leur profit. Et c'est ainsi, la politique ayant horreur du vide, que la solution républicaine va être de plus en plus fréquemment évoquée au sein d'une Assemblée qui manifeste une impatience grandissante. Le 30 janvier 1875, une astuce de rédaction et une série de hasards permettent à l'amendement déposé par l'historien Henri Wallon de l'emporter par 353 voix contre 352 : la République est proclamée à une voix de majorité.

2. *Les lois de 1875*

Les auteurs royalistes de la Constitution de 1875, affirme Clemenceau en 1881, « se sont appliqués à faire une Constitution d'un fonctionnement impossible, des institutions monarchistes dans une Constitution républicaine [1] ». Des institutions monarchistes, ou plutôt, orléanistes : la majorité de l'Assemblée va en effet établir un régime parlementaire largement inspiré du modèle britannique – mais en décalage profond avec la « tradition républicaine » héritée de la Révolution, favorable à une subordination de l'exécutif à une Assemblée unique, toute-puissante et permanente.

Selon la loi du 25 février 1875, en effet, « le pouvoir législatif s'exerce par deux Assemblées : la Chambre des députés et le Sénat » (art. 1er), qui a en la matière des pouvoirs identiques à ceux de la Chambre. Le président de la République, élu pour sept ans par les deux Chambres, dispose en principe de compétences considérables : initiative, promulgation et exécution des lois, direction de la force armée, nomination aux emplois civils et militaires. Mais tous ces actes doivent

1. Cité *in* J. Barthélémy, *Précis de droit constitutionnel*, Dalloz, 1936, p. 30.

être contresignés par un ministre – de sorte que le Président, politiquement irresponsable (art. 6), puisse demeurer un « pouvoir neutre » au-dessus des jeux politiques quotidiens. De même, il peut dissoudre la Chambre, mais à condition d'obtenir l'accord (« l'avis conforme ») du Sénat (art. 5). Entre le Président et le Parlement, enfin, « les ministres sont solidairement responsables devant les Chambres de la politique générale du gouvernement, et individuellement de leurs actes personnels » (art. 6). Le gouvernement assume ainsi, sous le contrôle du Parlement, la réalité du pouvoir exécutif. Il s'agit donc, au total, d'un système parlementaire – système qui, jusqu'alors, n'avait jamais été appliqué dans le cadre d'une république, et qui paraît, aux partisans les plus radicaux de celle-ci, incompatible avec ses principes fondamentaux.

« Acceptée avec tristesse par les républicains [1] », adoptée en silence par des monarchistes résignés, la Constitution de 1875 a donc été conçue, par les uns et par les autres, comme une étape transitoire : d'où sa forme, qui ne ressemble en rien aux codes majestueux que sont les constitutions françaises depuis 1791, mais aussi la facilité avec laquelle elle peut être révisée – chacun espérant bientôt pouvoir le faire dans son sens. Selon l'article 8 de la loi du 25 février, il suffit en effet que les deux Chambres, à l'initiative de l'une d'entre elles ou du Président, décident qu'il y a lieu de réviser les lois constitutionnelles, pour qu'elles se réunissent en « Assemblée nationale » afin de procéder à la révision. Celle-ci, pouvant porter sur la totalité des dispositions constitutionnelles, devra seulement « être prise à la majorité absolue des membres composant l'Assemblée nationale », sans exigence de délais ni de majorités qualifiées.

---

1. Cité *in* J. Barthélémy, *op. cit.*, p. 31.

B. Les caractères de la Constitution

De ces origines, la Constitution de 1875 tire un certain nombre de traits caractéristiques. Le premier, on l'a dit, est sa remarquable concision, qui contraste avec la prolixité des constitutions républicaines : alors que la Constitution de 1795 comptait 377 articles, les lois de 1875 n'en contiennent que 27. Détail formel, mais que l'on peut rapprocher d'autres traits plus fondamentaux, comme l'absence de tout dogmatisme : de même qu'elle se soucie peu de son ordonnancement logique, la Constitution de 1875 renonce aux principes et aux déclarations. Elle est idéologiquement neutre.

De là, sa remarquable souplesse. Non seulement elle sera facilement révisable (la première révision a lieu dès 1879), mais elle ménage, en dehors des procédures prévues, une place considérable aux « usages », qui vont altérer, de manière parfois déterminante, les équilibres initialement mis en place. La doctrine s'est longtemps interrogée sur la nature juridique de ces usages : simples faits sans valeur normative ou véritables coutumes constitutionnelles ? (voir deuxième partie, chapitre I). Toujours est-il que le résultat est le même : la Constitution va se trouver complétée, sur de nombreux points qu'elle avait négligé de régler, mais aussi transformée – d'autant plus facilement qu'il n'existe pas d'organe chargé de contrôler la conformité des lois à la Constitution. « Aucune constitution écrite n'a été plus déformée à l'usage que celle-là [1]. »

Mais cette souplesse, si elle offre peu de résistance à la déformation, confère aussi au système une grande capacité d'adaptation. Or, l'histoire montre que la durée des constitutions est inversement proportionnelle à leur rigidité : plus un texte est intouchable, et

---

1. M. Duverger, *Les Constitutions françaises*, *op. cit.*, p. 94.

moins il dure, l'exemple caricatural étant celui de la Constitution du 3 septembre 1791 qui, incapable de s'adapter à l'accélération de l'Histoire, disparaît corps et biens le 10 août 1792. À l'inverse, la plus provisoire de nos constitutions est celle qui a duré le plus longtemps – la Constitution de 1958 venant (pour l'instant) au second rang, pour des raisons en partie analogues.

Si la Constitution de 1875 finit par apparaître à ses contemporains comme un miracle de stabilité, c'est précisément parce qu'elle est instable. Instable dans sa pratique, avec des gouvernements qui se succèdent au rythme moyen d'un tous les huit mois et demi; instable également dans ses orientations, ce qui fit dire qu'elle eut « successivement plusieurs naissances et plusieurs morts [1] ».

Sous-section 2

Le fonctionnement de la IIIe République

De fait, l'histoire de la IIIe République se ramène à deux périodes successives, caractérisées par des orientations opposées : de 1875 à 1914, la tendance est à l'extension des pouvoirs du Parlement, au point qu'on parle de régime d'assemblée; mais de la Première Guerre mondiale à la Seconde, c'est la tendance contraire qui semble dominer, même si elle se combine, sur un mode conflictuel, avec la puissance acquise par les Chambres.

---

1. J. Roche, *Centenaire de la IIIe République*, Éditions universitaires, 1975, p. 46.

A. L'hégémonie du Parlement (1875-1914)

1. *La mise au pas de l'exécutif*

En 1875, la majorité orléaniste de l'Assemblée pense créer, en attendant des jours meilleurs, une République libérale et parlementaire dont l'équilibre est garanti par un double verrou : le Président, élu en 1873 pour sept ans, et le Sénat, composé de manière à assurer son orientation conservatrice. Mais ces deux verrous, conçus pour fonctionner de concert face à une Chambre des députés plus « progressiste », ne résisteront pas longtemps.

Dès 1876, le conflit est ouvert entre le président Mac-Mahon et une Chambre désormais majoritairement républicaine. La rupture, bientôt consommée, conduit le Président, le 16 mai 1877, à dissoudre la Chambre, et à demander l'arbitrage du peuple. En octobre, la réponse des électeurs, qui renvoient à la Chambre 326 républicains (sur les 363 anciennement en place), est interprétée par la majorité de gauche comme un désaveu du Président – et, en outre, comme la condamnation implicite du mécanisme de dissolution.

C'est pour cette raison que le 16 mai 1877, loin d'être une péripétie anecdotique, fut souvent considéré comme le vrai point de départ de la IIIe. La dissolution, bien que parfaitement conforme à la Constitution, va être ressentie par les républicains comme un véritable coup d'État : un attentat contre les élus du peuple, et donc contre le peuple lui-même, et contre le principe démocratique. Son demi-échec va permettre de rappeler l'un des points forts de la doctrine républicaine, la défiance de principe envers l'exécutif, et surtout, envers le chef de l'État, symboliquement identifié à un monarque. La présidence sort donc discréditée des suites du 16 mai, d'autant que Mac-Mahon, homme d'État de bonne volonté mais de piètre envergure, en prend acte, d'abord en se soumettant à la nouvelle majorité (décembre 1877), puis en se démettant de ses fonctions (janvier 1879). Son successeur, Jules Grévy, républicain fervent, assure quant à lui qu'il n'utilisera jamais l'arme de la dissolution contre les élus du peuple. Le procédé, essentiel à l'équilibre des pouvoirs en régime parlementaire, ne sera plus jamais utilisé sous la IIIe République – en raison du refus du Sénat de donner un avis conforme.

Le second verrou imaginé par les conservateurs en 1875 a en effet sauté neuf ans plus tard, avec la révision du 14 août 1884, qui tout en posant le caractère irrévocable de la forme républicaine du gouvernement, modifie la composition du Sénat. Celui-ci, désormais ancré à gauche, devient ainsi l'allié politique de la Chambre, et non plus le soutien du Président. Le Sénat refusant dorénavant par principe toute dissolution, cette dernière tombe en désuétude – et entraîne du coup le déclin irrémédiable de la fonction présidentielle.

Cette défiance du Parlement à l'égard de l'exécutif se manifeste en plus par sa volonté de n'élire à la présidence que des personnages secondaires, effacés, qui ne risquent pas de lui disputer le pouvoir : on préférera donc Grévy à Gambetta, ou Sadi Carnot à Jules Ferry... Lorsqu'un homme de caractère est élu, comme Casimir-Perier en 1894, il est rapidement conduit à démissionner, ou contraint de se résigner à l'impuissance, comme Poincaré en 1913. Privé de l'arme décisive de la dissolution, le Président ne peut en effet plus rien contre la Chambre, assurée d'aller jusqu'au terme de la législature. Il est forcé d'accepter docilement les gouvernements qui disposent de sa confiance, mais qui n'exerceront leurs pouvoirs que d'une manière subordonnée, sous la menace quotidienne d'un changement de majorité qui les contraindrait à la démission.

Car l'un des traits notables de la IIIe République, c'est précisément l'absence de majorités parlementaires claires, cohérentes et stables – due notamment au mode de scrutin, qui ne favorise pas la création de grands partis organisés, et à l'indiscipline des élus. Dans ce contexte, ce sont souvent des groupes charnières, réduits mais bien placés, qui font et défont les majorités, et donc les ministères. D'où l'extrême fragilité des gouvernements, qui contribuera puissamment au discrédit du régime.

2. *Le souverain captif*

Mais le Parlement ne domine pas seulement sur l'exécutif, auquel il peut opposer sa légitimité démocratique : il l'emporte aussi sur le peuple, « souverain captif » qui a pour unique fonction d'élire les représentants de la nation. Une fois élus, ces derniers n'ont aucun compte à lui rendre, jusqu'aux élections suivantes.

Cette confiscation de la souveraineté se traduit par la désinvolture avec laquelle la classe politique va interpréter la volonté populaire exprimée lors des élections. Même lorsque le « verdict des urnes » semble clair, comme en 1936, ce sont souvent des intrigues de couloir et des tractations d'état-major qui vont déterminer les changements de majorité, de gouvernement ou de président du Conseil. Mais la confiscation se manifeste également par le rejet de tout ce qui pourrait rendre la parole au peuple : la dissolution, d'abord, qui lui permettrait d'arbitrer un conflit entre le Président et la Chambre, mais aussi le référendum, assimilé à la pratique bonapartiste du plébiscite, l'appel au peuple, condamné pour les mêmes raisons dans les années 1930, ou encore, la possibilité de candidatures multiples[1].

1. Interdites par la loi du 18 juillet 1889 afin de faire barrage à un raz-de-marée électoral en faveur du général Boulanger, qui projetait de se porter candidat dans toutes les circonscriptions.

Ce « parlementarisme absolu », bénéficiant d'une longue période de calme et de prospérité, va entreprendre, avec un certain succès, de « républicaniser le pays ». Il assure le triomphe des classes moyennes, parvient à réguler globalement l'accès des masses à la vie politique, et réussit à peu près à surmonter les « affaires » qui se succèdent à intervalles réguliers (Wilson, Panama, Dreyfus, etc.). Mais le « régime d'assemblée » ne survivra pas à la Grande Guerre.

B. Vers un renforcement de l'exécutif (1914-1940)

Sur un plan constitutionnel, cette seconde période est encore plus intéressante que la première, parce qu'elle est plus complexe : la IIIe République vieillissante apparaît écartelée dans des directions contradictoires qui donnent à tous, acteurs et observateurs, le sentiment d'une crise profonde du régime parlementaire. Ce qu'ils constatent, c'est un essor certain du pouvoir exécutif, mais un essor contrarié par la force d'inertie du Parlement.

1. *L'essor de l'exécutif*

D'une manière presque mécanique, toute crise politique importante entraîne un renforcement de l'exécutif. Durant les premières décennies de son existence, la IIIe République avait connu un certain nombre de ces crises, résolues chaque fois par des sursauts d'énergie du gouvernement (contre Boulanger en 1889, contre les anarchistes en 1893, contre les nationalistes en 1899, plus tard contre les grèves ouvrières, etc.). Mais, chaque fois, la fin de la crise entraînait un recul de l'exécutif, qui retombait dans sa subordination initiale. La guerre de 1914, nécessitant au plus haut degré la concentration du pouvoir, va par sa durée même transformer cet état de fait en accoutumant la classe politique à la primauté de l'exécutif. Les principaux éléments de ce renforcement, qui marque désormais la vie publique, trouvent leur origine dans les pratiques initiées durant la guerre.

Le plus visible d'entre eux, c'est le développement des pouvoirs du président du Conseil. Cette fonction, on l'a dit, n'était même pas évoquée par les lois constitutionnelles de 1875. C'est donc en marge de la Constitution, mais conformément à la logique du régime parlementaire, que cette fonction était apparue dès 1876 (nomination de Dufaure, 10 mars 1876). Pourtant, jusqu'en 1914, et à quelques exceptions près, le président du Conseil n'était pas réellement considéré comme le chef du gouvernement. Il n'était que le premier des ministres, se trouvant par ailleurs en charge d'un département ministériel particulier qui ne lui laissait pas réellement le loisir de diriger ses collègues. Ce n'est qu'avec la guerre qu'apparaissent enfin des présidents du Conseil « sans portefeuille », susceptibles de se consacrer entièrement à la direction du gouvernement. Parallèlement, on commence alors à organiser les services de la présidence du Conseil, en la dotant d'une véritable administration. Et c'est à la faveur d'une autre crise, celle de février 1934, que la loi du 3 décembre 1934, officialisant son existence, attribuera au président du Conseil des locaux particuliers, aujourd'hui encore occupés par le Premier ministre, l'hôtel Matignon.

C'est également au cours de la guerre (loi du 10 février 1918 sur le ravitaillement) qu'est initiée la pratique des « décrets-loi », par lesquels le gouvernement est habilité par le Parlement à prendre dans certains domaines des décrets ayant force de loi – et donc susceptibles de modifier ou d'abroger des lois antérieures. Sur ce point, la France suit d'ailleurs, non sans réticences, l'exemple de ses alliés. À partir de 1924 (loi Poincaré du 22 mars 1924), et surtout 1926 (loi du 3 août 1926), le décret-loi tend à devenir, sur fond de crise économique, un procédé normal de gouvernement – le Parlement préférant abandonner à l'exécutif la responsabilité de décisions trop techniques, ou trop impopulaires. Or, même si ce pouvoir nécessite une habilitation législative, et même s'il reste soumis après coup au contrôle du Parlement, il n'en est pas moins contraire à la Constitution, qui attribue exclusivement aux Chambres la compétence législative. Usage fâcheux donc, puisque incontestablement illicite, mais pratique salutaire, car conforme à l'intérêt public qui conduit tous les pays occidentaux à attribuer à l'exécutif des compétences accrues. En France comme en Angleterre, la plupart des lois votées par le Parlement résultent, dans les années trente, de l'initiative gouvernementale : signe supplémentaire d'un renforcement inéluctable, qui apparaît de plus en plus nécessaire face à la persistance des crises et à la montée des périls.

2. *Un essor contrarié*

Pourtant, à bien des égards, cet essor demeure contrarié. Si le président du Conseil a bien fini par devenir un « monarque », celui-ci, précise Léon Blum, demeure « temporaire, et révocable[1] » par des Chambres toujours jalouses de leurs prérogatives.

Le renforcement de l'État exigerait des gouvernements plus stables qu'autrefois. Or, c'est exactement le contraire qui se produit : la valse des ministères s'accélère paradoxalement à mesure que le pouvoir se concentre. Paul-Boncour, dans sa déclaration ministérielle du 22 décembre 1934, déclare que « la restauration de l'autorité de l'État dans une démocratie [...]

1. L. Blum, *La Réforme gouvernementale*, Grasset, 1936, p. 28.

sera le premier et essentiel article de notre programme[1] ». Il est renversé un mois plus tard, par l'un de ces changements de majorité qui se succèdent de plus en plus rapidement.

Cette situation contradictoire profite surtout à l'administration, dont la compétence technique et la permanence contrastent avec l'incompétence et l'instabilité chronique des gouvernements. « La France républicaine, écrit Daniel Halévy en 1931, a deux constitutions : l'une, celle de 1875, officielle, visible, [...] et parlementaire ; l'autre, secrète, silencieuse, qui remet aux corps administratifs la direction du pays [...] ; l'État, ce sont donc les fonctionnaires[2]. » Le règne des experts commence, favorisé par la désorganisation du système politique.

Celle-ci apparaît d'autant plus inquiétante que les tentatives de réforme, qui se multiplient, se soldent non seulement par des échecs retentissants, mais aussi par le suicide politique de leurs initiateurs : Millerand en 1924, Doumergue en 1934. La révision constitutionnelle paraît aussi impossible qu'elle semble urgente. C'est dans ce contexte dramatique que les futurs auteurs de la Constitution de 1958 s'initient à la politique, de Gaulle auprès de Tardieu, Michel Debré dans le cabinet de Paul Reynaud : expériences qui, pour l'un comme pour l'autre, auront des conséquences sur la manière dont ils conçoivent l'État, son rôle et son organisation.

1. Cité *in* E. Giraud, *La Crise de la démocratie et le Renforcement du pouvoir exécutif*, Sirey, 1939, p. 73.

2. D. Halévy, *Décadence de la liberté*, Grasset, 1931, p. 95.

Section II

La crise constitutionnelle

Affaiblie et discréditée, la IIIe République, née de la défaite de Sedan en 1870, s'écroule à la suite d'un désastre militaire qu'elle a été incapable de prévoir. Par un décret du 6 juillet 1940, le maréchal Pétain, qui préside un ministère régulièrement formé le 16 juin, convoque les Chambres en session extraordinaire. Le 9 juillet, la Chambre des députés, saisie à cet effet par le gouvernement, adopte à la quasi-unanimité (395 voix contre 3) une résolution favorable à la révision constitutionnelle. Le même jour, le Sénat, à l'unanimité moins une voix, lui emboîte le pas. Le 10 juillet, les Chambres réunies en Assemblée nationale adoptent, conformément aux dispositions de l'article 8 de la loi du 25 juillet 1875, le projet de révision à la majorité de 596 voix contre 80. La loi constitutionnelle du 10 juillet 1940 donne « tous pouvoirs au gouvernement de la République, sous l'autorité et la signature du maréchal Pétain », afin de promulguer « une nouvelle Constitution de l'État français », qui « sera ratifiée par la Nation ». Même si les opinions divergent sur la régularité formelle et sur la portée juridique de la loi du 10 juillet, il est incontestable qu'elle met un point final à la IIIe République. Ce faisant, elle ouvre une ère de crise qui ne s'achèvera qu'avec l'adoption de la Constitution du 27 octobre 1946.

Sous-section 1

Les gouvernements de fait

Durant la plus grande partie de cette période, deux « gouvernements » concurrents s'affrontent, verbalement d'abord, puis physiquement : le gouvernement de Vichy, et celui que dirige le général de Gaulle, à Londres d'abord, puis à Alger.

A. Le gouvernement de Vichy

La loi du 10 juillet 1940 investit le maréchal Pétain de « tous pouvoirs » pour établir une nouvelle Constitution, dont il est seulement précisé qu'elle devra « garantir les droits du travail, de la famille et de la Patrie », et prévoir « des Assemblées » chargées de la mettre en œuvre. En réalité, l'acte constitutionnel n° 3 du 11 juillet 1940 ajourne, jusqu'à nouvel ordre, le Sénat et la Chambre, « qui ne pourront désormais se réunir que sur convocation du chef de l'État ». Avant l'adoption d'une nouvelle Constitution, celui-ci doit avoir les mains libres : attitude qui manifeste la volonté de concentrer, désormais, l'essentiel des pouvoirs de décision entre les mains de l'exécutif. En même temps, l'acte constitutionnel n° 1 du 11 juillet confère au maréchal Pétain « la fonction de chef de l'État français », au sens fort du terme, celui-ci étant investi d'une autorité quasiment absolue en vertu de l'acte constitutionnel n° 2 qui précise qu'il a « la plénitude du pouvoir gouvernemental », sans contreseing ministériel. Le chef de l'État exerce ainsi les attributions de président de la République et celles de président du Conseil. En outre, l'acte n° 2 ajoute qu'il « nomme et révoque les ministres [...] *qui ne sont responsables que devant lui* ». Rompant avec soixante-dix ans de parlementarisme, les actes constitutionnels du 11 juillet semblent s'inspirer du modèle présidentiel à l'américaine – qui, durant l'entre-deux-guerres, avait effectivement séduit une grande partie de la droite. Toutefois, le rapprochement n'est que partiel : alors que le régime présidentiel implique une assez stricte séparation des pouvoirs, le chef de l'État français se voit attribuer un pouvoir réglementaire très étendu, certains de ses décrets ayant la valeur et même la nature de lois.

Du reste, ce rapprochement sera rapidement démenti par les faits. Après une brève période où le maréchal Pétain concentre effectivement l'essentiel de l'autorité politique, l'acte constitutionnel n° 11 du 18 avril 1942, imposé par les forces d'occupation, instaure une dyarchie au sommet de l'exécutif – au bénéfice de Pierre Laval, chef du gouvernement, à qui appartient désormais la réalité du pouvoir. Sept mois plus tard, après l'invasion de la « zone libre », un acte constitutionnel n° 12 *bis* du 26 novembre 1942 lui confère même le pouvoir législatif, concurremment à celui dont dispose le chef de l'État – situation qui serait juridiquement aberrante, si elle ne traduisait la primauté de fait du nouvel homme fort, soutenu par les Allemands, dans le cadre de ce qui n'est de toute façon qu'un théâtre d'ombres.

Le pouvoir constituant, en revanche, continue de relever exclusivement du chef de l'État, qui va profiter de son inaction forcée pour mettre au point un projet de Constitution pouvant « concilier le principe de la souveraineté nationale et le droit de libre suffrage des citoyens avec la nécessité d'assurer la stabilité de l'État [1] ». Le résultat, c'est une situation intermédiaire entre régime présidentiel et régime parlementaire, n'excluant pas formellement la responsabilité des ministres devant l'Assemblée et accordant au Président le pouvoir de dissoudre la Chambre des députés. L'innovation la plus marquante, elle aussi inspirée du modèle américain, est la création d'une Cour suprême de justice chargée de garantir le maintien des droits et d'assurer la sauvegarde de la Constitution en statuant par voie d'exception sur les recours

---

1. Message du 12 novembre 1943, cité *in* J. Laferrière, *Manuel de droit constitutionnel*, Domat-Montchrestien, 1943 p. 858.

en inconstitutionnalité de la loi (sur ce point, voir, dans *Droit constitutionnel. La Vᵉ République, Exception d'inconstitutionnalité*, p. 313).

De manière générale, on devine donc que l'influence de ce régime sur la Vᵉ République n'a pas été exclusivement négative : si les principes et la rhétorique de la « Révolution nationale » furent solennellement condamnés par les futurs constituants de 1958, certaines de ses solutions techniques n'en ont pas moins été discrètement récupérées.

B. Les gouvernements de la France libre

Le 18 juin 1940, alors que le maréchal Pétain vient d'être investi à la tête du gouvernement, le général de Gaulle lance, de Londres, un appel à la résistance. Dix jours plus tard, reconnu par la Grande-Bretagne comme le « chef de tous les Français libres », il devient titulaire d'une autorité au moins virtuelle. Par la suite, « le régime de la résistance et de la libération se résume dans la personne du chef suscité par les circonstances, progressivement reconnu comme guide par des éléments de plus en plus étendus, et rassemblant pour finir autour de lui une écrasante majorité[1] » : ce que de Gaulle lui-même appellera une « *espèce de monarchie* [...] confirmée [par] le consentement général[2] ».

Pour qu'il existe un État, encore faut-il que le pouvoir s'exerce sur une population située sur un certain territoire (voir première partie, chapitre I). Mais, très vite, ces éléments sont réunis, grâce au ralliement d'un certain nombre de colonies d'Afrique et d'Océanie au « Comité de la France libre ». Dès le

---

1. M. Prélot, *Institutions politiques et droit constitutionnel*, Dalloz, 1963, 3ᵉ éd., p. 493.
2. Ch. de Gaulle, *Mémoires de guerre*, Plon, Livre de Poche, 1959, t. III, p. 277.

27 octobre 1940, de Gaulle crée un embryon de structure gouvernementale en établissant le Conseil de défense de l'Empire, bientôt remplacé par le Comité national français (24 septembre 1941). Celui-ci, composé de commissaires exerçant des attributions de type ministériel, est présidé et dominé par le général de Gaulle, qui en nomme et en révoque les membres, assume les relations diplomatiques, signe et promulgue les ordonnances. En juin 1943, après la fusion avec le commandement en chef civil et militaire dirigé à Alger par le général Giraud, il devient le « Comité français de libération nationale », où de Gaulle impose rapidement son autorité. Mais l'innovation la plus notable tient à la création d'une Assemblée consultative provisoire (ordonnance du 17 septembre 1943), qui marque la volonté de renouer avec des formes classiques de représentation en même temps que le désir de s'affirmer comme un recours politique crédible, techniquement capable et démocratiquement irréprochable. Le 3 juin 1944, un an après sa création, le CFLN se transforme en Gouvernement provisoire de la République française (GPRF). Le 26 août, le général de Gaulle entre triomphalement dans Paris.

Une fois assuré le retour en métropole, les structures du GPRF se transforment moins que sa composition, où entrent plusieurs dirigeants de la Résistance. Mais il reste dominé par de Gaulle, qui dirige et coordonne l'action gouvernementale, et qui décide en particulier qu'on ne reviendra pas purement et simplement à la Constitution de 1875, qu'il juge largement responsable de la défaite.

Si l'ordonnance du 9 août 1944, qui prononce la nullité de la loi constitutionnelle du 10 juillet 1940, rétablit la « légalité républicaine », elle ne restaure pas pour autant la IIIe République. À cet égard, l'ordonnance du 21 avril 1944, *portant organisation des pouvoirs publics après la Libération*, avait déjà stipulé dans son article 1er : « le peuple français décidera souverainement de ses futures institutions. À cet effet, une Assemblée nationale constituante sera convoquée dès que les circonstances permettront de procéder à des élections régulières ». Car pour rendre la parole au peuple, il faut que celui-ci soit en mesure de la prendre. Ce ne sera le cas qu'après la fin de la guerre : le 21 octobre 1945, le corps électoral, étendu pour la première fois aux femmes et aux militaires, est appelé à se prononcer par référendum sur les pouvoirs de l'Assemblée constituante. Une énorme majorité se prononce contre le retour à la IIIe, et pour conférer un pouvoir constituant à l'Assemblée (plus de 96 % des suffrages), mais refuse que celle-ci soit dotée de pleins pouvoirs jusqu'à l'adoption de la nouvelle Constitution. Le projet adopté le 21 octobre, et promulgué le 2 novembre 1945, fixe donc le régime transitoire de la République française, suivant un schéma inhabituel qui reflète les tendances dominantes de l'opinion : si certains aspects rappellent le parlementarisme classique, d'autres évoquent plutôt le régime conventionnel (avec un chef du gouvernement élu par l'Assemblée unique).

Or, les élus de la gauche socialo-communiste, qui détiennent la majorité absolue à la Constituante, vont la faire pencher du côté d'un tel régime. Et c'est ainsi que le général de Gaulle, élu chef du gouvernement le 13 novembre, se trouve rapidement confronté à une façon de concevoir les rapports entre les pouvoirs qui lui est aussi étrangère qu'insupportable. Après plusieurs escarmouches, l'épreuve de force a lieu en décembre, à l'occasion des débats budgétaires relatifs aux crédits militaires ; l'Assemblée adopte alors des positions qui placent le gouvernement dans la situation d'un organe subordonné, dépourvu d'initiative et d'autonomie. Contre cette évolution vers le régime d'assemblée, le Général réaffirme sa vision d'un gouvernement collaborant avec le pouvoir législatif, mais libre de déterminer sa ligne politique. Pourtant, il ne parvient pas à imposer sa conception. Refusant de n'être qu'un jouet docile entre les mains d'une assemblée souveraine, de Gaulle démissionne le 21 janvier 1946. Ayant assumé le pouvoir pendant plus de cinq ans, il est persuadé qu'on le rappellera bientôt, et qu'il pourra alors dicter ses conditions. Le purgatoire durera douze ans.

Sous-section 2

Naissance de la IVe République

A. Le projet du 19 avril 1946

Élue à la proportionnelle le 21 octobre 1945, l'Assemblée constituante, composée de 586 membres, est dominée par trois groupes, les communistes (159 membres), les socialistes (146 membres) et les démocrates-chrétiens du MRP (150 membres). Les deux premiers, on l'a vu, sont plutôt favorables à un régime conventionnel, subordonnant l'exécutif au Corps législatif, seul représentant du peuple et unique détenteur de l'autorité. Le projet de Constitution mis au point, dans ce cadre, par la « Commission de la Constitution », se prononce donc en faveur d'une Assemblée unique qui se voit déléguer la souveraineté, le gouvernement n'étant que l'exécutant de ses volontés : « ou bien, explique alors le député communiste Étienne Fajon, on est partisan de la séparation des pouvoirs, ou bien [...] on croit que tous les pouvoirs émanent d'une source unique, le peuple, et alors, on ne peut admettre la désignation des organes de l'exécutif, quel qu'il soit, que par l'Assemblée nationale, élue du suffrage universel ». De « la souveraineté totale de l'Assemblée [...] découle pour celle-ci le droit d'élire le gouvernement »[1], mais aussi l'impossibilité

1. Assemblée nationale constituante, compte rendu analytique, p. 85 et 87.

de la dissoudre. Résultant de l'accord entre les deux grands partis de gauche, le projet définitif entend ainsi renouer avec la tradition des constitutions révolutionnaires. À cet effet, il comprend deux parties distinctes, une Déclaration des droits de l'homme (art. 1 à 39), d'abord, à laquelle font suite les règles organisant la structure et le fonctionnement des pouvoirs publics. La Déclaration affiche sa fidélité « aux principes de 1789 », mais elle en élimine certains (la séparation des pouvoirs), et en relativise d'autres, comme la propriété, qui ne vaut que dans la mesure où elle est garantie par la loi et qui « ne saurait être exercée contrairement à l'utilité sociale », également déterminée par le législateur. En outre, elle se trouve confrontée à un certain nombre de « droits économiques et sociaux », parmi lesquels le droit à obtenir un emploi, le droit de grève ou le principe de l'appropriation collective des biens ou des entreprises « dont l'exploitation a ou acquiert les caractères d'un service public national ou d'un monopole de fait » (art. 36 al. 2).

L'organisation des pouvoirs obéit à la même logique. L'article 47 prévoit que « le peuple français exerce sa souveraineté par ses députés à l'Assemblée nationale ». Cette souveraineté étant une et indivisible, les institutions sont structurées en conséquence : Assemblée unique, fusion et non séparation des pouvoirs, président de la République quasiment privé de fonctions politiques, dissolution pratiquement impossible, élection du président du Conseil par l'Assemblée elle-même. Adopté à la Constituante le 19 avril 1946, ce projet, soumis au peuple par voie de référendum le 5 mai 1946, va finalement être rejeté (par environ 10 580 000 non contre 9 450 000 oui). Tout est à refaire...

B. La Constitution du 27 octobre 1946

Les résultats du référendum vont entraîner, le 2 juin 1946, l'élection d'une nouvelle Assemblée constituante. L'équilibre politique n'y est pas substantiellement différent de la précédente. Si le MRP est désormais le premier parti (165 membres), communistes et socialistes conservent, avec leurs alliés, une majorité à l'Assemblée. Ce qui va sortir des débats manifeste cependant ce relatif recentrage : le MRP parvient cette fois à se faire entendre, même si le projet du 19 avril demeure la base de la discussion, et bien que son esprit se retrouve en grande partie dans le texte définitif. En outre, ce dernier est déterminé en partie par réaction à un événement extérieur, mais capital pour l'avenir : les positions très critiques affichées par le général de Gaulle dans son discours de Bayeux, le 16 juin 1946.

De Gaulle, s'il a démissionné en janvier, n'a pas pour autant abandonné la vie politique. Le 16 juin, après l'échec du référendum du 5 mai, il expose les grandes lignes de son programme, dans un discours qui s'oppose, point par point, à ce qu'avaient élaboré les constituants d'avril 1946.

Après avoir rappelé que, dans l'ordre politique, il importe avant tout d'établir un État légitime, souverain, capable de rendre à la France son unité et sa grandeur, le Général va s'interroger sur les moyens institutionnels d'un tel redressement. À ce propos, il réaffirme d'abord la nécessité d'une séparation des pouvoirs, qu'exigent « tous les principes et toutes les expériences » : il faut que « les pouvoirs publics, législatif, exécutif, judiciaire, soient nettement séparés et fortement équilibrés ». Dans le même sens et pour les mêmes raisons, de Gaulle se prononce en faveur du bicamérisme. Enfin, contrairement au projet d'avril 1946, il réaffirme la nécessité d'un exécutif responsable, certes, mais indépendant du Parlement, et ne procédant pas de la seule volonté de celui-ci. N'étant les délégués ni du Parlement, ni des partis, le gouvernement et son Premier ministre ne peuvent être désignés que par le chef de l'État, lui-même situé « au-dessus des contingences politiques » et des allégeances partisanes. Cet « arbitre national », incarnant « la continuité au milieu des combinaisons », domine ainsi l'édifice constitutionnel, conformément à la figure du « monarque républicain » évoqué à la même époque par Michel Debré.

Pourtant, cette entrée en campagne du Général n'aura pas les effets escomptés : elle amène les communistes de l'Assemblée à se rallier au projet de compromis élaboré par les socialistes et les démocrates-chrétiens (29 septembre 1946). Malgré la condamnation formelle du Général, les Français, résignés, adoptent ce projet par référendum le 13 octobre. La nouvelle Constitution sera promulguée le 27 octobre.

La IVe République ne naît donc pas dans la ferveur et l'enthousiasme. Le jour du référendum, les abstentionnistes seront presque aussi nombreux que les partisans du oui. Quant au MRP, le premier parti de la coalition, il fait approuver le projet sous ce slogan paradoxal : « votez la Constitution afin de la réformer »...

Section III

La IVe, République des déceptions

Lors du référendum du 21 octobre 1945, la nation, raconte de Gaulle, avait condamné unanimement « le régime sans tête et, partant, sans volonté et sans autorité, qui avait fait faillite dans le désastre [1] ». Elle avait

1. Ch. de Gaulle, *Mémoires de guerre*, *op. cit.*, t. III, p. 315.

alors mis tous ses espoirs dans cette « IVe République pure et dure » dont la Résistance avait fait un mythe et un idéal. Un an plus tard, la nouvelle Constitution promulguée le 27 octobre 1946 ne répond que très imparfaitement à ce désir de rénovation profonde de la vie politique. La rupture avec l'ancien système s'avère en effet superficielle : pour l'essentiel, rien n'a changé, et les adversaires du régime ne tardent pas à proclamer, sur le mode du calembour, que la IVe n'est que *la IIIe en pire.*

Sous-section 1

Les innovations de la IVe République

La rupture apparente avec la IIIe se traduit surtout sur un plan *formel.* À l'inverse des lois constitutionnelles de 1875, la Constitution de 1946 renoue en effet avec la systématicité et le dogmatisme des constitutions révolutionnaires. Après un long préambule, qui en énonce les principes, elle comporte douze « titres » successifs, logiquement articulés (au titre 1er, « De la souveraineté », succède ainsi un titre 2, « Du Parlement », consacré à l'organe chargé d'exercer cette souveraineté), et qui ne laissent rien au hasard. La forme est ici révélatrice d'un esprit qui entend *constitutionnaliser* les rapports entre les pouvoirs afin de les *rationaliser.*

A. Constitutionnaliser

Cette première ambition se manifeste par la formulation constitutionnelle de toute une série de questions que les constituants de 1875 avaient laissées dans l'ombre.

1. *Les principes*

Les auteurs du projet d'avril 1946 avaient voulu, à la suite des constituants révolutionnaires, « lancer au monde une nouvelle déclaration des droits [1] ». L'échec du référendum de mai va ramener à des vues plus modestes. La Constitution du 27 octobre ne comporte en effet qu'un Préambule, qui « réaffirme solennellement les droits et les libertés de l'homme et du citoyen consacrés par la Déclaration des droits de 1789 », mais qui ajoute à ceux-ci deux nouvelles séries de principes : d'une part, les « principes fondamentaux reconnus par les lois de la République », dont le contenu n'est pas précisé, qui visent à saluer les acquis libéraux de la IIIe République [2]; d'autre part, des « principes politiques, économiques et sociaux », déclarés « particulièrement nécessaires à notre temps ». Ces derniers, d'inspiration socialiste, se rattachent à l'idée que les hommes ont tous les mêmes droits, y compris sur un plan social (égalité des sexes, droit à la santé, au repos, aux loisirs, à l'instruction et à la culture), économique (droit à l'emploi, droit de grève, liberté syndicale, participation à la gestion des entreprises) et politique (droit d'asile, droit à l'autodétermination...).

Au total, l'ensemble des principes énoncés dans le Préambule constitue donc une masse imposante, quoique d'une cohérence assez relative et d'une valeur juridique incertaine : s'agit-il de règles constitutionnelles véritables, ou de simples vœux pieux? À l'époque, on considère d'abord que, parmi ces principes, seuls ceux qui apparaissent suffisamment précis

1. M. Zaksas, 7 mars 1946, *JOANC*, déb., p. 606.

2. À l'époque, la doctrine les jugera obscurs et insignifiants : ce n'est que sous la Ve République, avec la décision du Conseil constitutionnel du 16 juillet 1971, qu'ils vont acquérir une valeur juridique et une importance de premier plan.

et rigoureux ont une valeur juridique : et que, par suite, l'Assemblée nationale *devrait*, le cas échéant, refuser d'adopter des lois contraires à ces quelques principes. Mais on constate aussi que la Constitution de 1946 (art. 92 al. 3) exclut expressément le contrôle de la conformité des lois aux dispositions du Préambule, y compris celles qui paraissent dotées d'une valeur juridique. Ce qui signifie que rien, sinon son hypothétique bon vouloir, ne saurait interdire à l'Assemblée de voter une loi contraire à ces dispositions.

2. *Les structures*

Contrairement aux lois constitutionnelles de 1875, la Constitution de 1946 proclame, dès l'article 1er, que « la France est une république indivisible, laïque, démocratique et sociale » avant de préciser, dans son dernier article (art. 95), que « la forme républicaine du gouvernement ne peut faire l'objet d'une proposition de révision. Enfin, l'alinéa 3 conforte ces affirmations en disposant que « la souveraineté nationale appartient au peuple français ».

Dans ce cadre, le processus de constitutionnalisation des structures et des pouvoirs vise à réglementer ce qui, sous la IIIe, restait abandonné aux hasards de la coutume. Ainsi, par réaction à la pratique des décrets-lois, la Constitution de 1946 énonce que « l'Assemblée nationale vote seule la loi. Elle ne peut déléguer ce droit » (art. 13) : ce qui, par principe, exclut tout partage du pouvoir législatif. Parallèlement, la Constitution confère une existence juridique à la fonction de président du Conseil. Les articles 45 et 46 établissent un mécanisme assez complexe de nomination, entre tradition parlementaire et régime conventionnel. Au début de chaque législature, le président du Conseil est d'abord désigné par le président de la République, puis, après avoir soumis son programme et sa politique à l'Assemblée nationale, il est investi par celle-ci avec son Cabinet. Et ce n'est qu'alors qu'il pourra enfin, avec ses ministres, être nommé par décret du président de la République. La Constitution officialise, par ailleurs, la primauté du président du Conseil au sein de l'exécutif : c'est désormais lui qui assure l'exécution des lois, nomme aux emplois civils et militaires et assure la direction des forces armées. C'est lui encore qui peut décider de la dissolution de l'Assemblée prévue par l'article 51. Quant au président de la République, élu par le Parlement (art. 29), il ne peut agir, pour l'essentiel, qu'à condition d'obtenir le contreseing du président du Conseil ; ses compétences sont d'ailleurs d'une importance réduite, essentiellement protocolaires ou symboliques.

B. Rationaliser

Mais la Constitution de 1946 ne se borne pas à formaliser des structures et des principes. Elle s'attache à rationaliser le parlementarisme, c'est-à-dire à régler les rapports entre les pouvoirs – supposant que c'est à l'absence de telles règles qu'étaient imputables les dysfonctionnements de la défunte IIIe République (voir *Rationalisation*, p. 315).

En particulier, la volonté de remédier à l'instabilité ministérielle apparaît dans les articles 49 à 52, qui réglementent minutieusement la question de confiance et la motion de censure : celles-ci n'entraînent l'obligation de démissionner du gouvernement que sous certaines conditions, à la majorité absolue ; et si elles se répètent au cours d'une même période de 18 mois, elles entraînent la possibilité d'une dissolution de l'Assemblée (art. 51). Il s'agit d'une amélioration sensible par rapport à la IIIe, où une crise ministérielle pouvait intervenir à tout moment et pour la raison la plus futile. Dans le nouveau système, on pense assurer la stabilité du président du Conseil, sauf hypothèse exceptionnelle, pendant toute la législature.

Enfin, dernier élément de cette rationalisation, les articles 91 à 93 mettent en place un « comité constitutionnel » présidé par le président de la République et chargé, le cas échéant, d'examiner avant leur promulgation la conformité des lois à la Constitution (voir deuxième partie, chapitre I).

À première vue, l'édifice constitutionnel mis en place en octobre 1946 paraît donc conforme à la volonté de changement manifestée par le référendum du 21 octobre 1945. Mais le fonctionnement du régime va très vite s'avérer décevant.

Sous-section 2

La IIIe République en pire ?

Car les apparences sont trompeuses. D'une part, la rationalisation affichée dissimule un esprit de compromis qui résulte notamment du mode d'élaboration de la Constitution. À plusieurs reprises, note ainsi Georges Vedel, « on a compliqué certaines formules [...] pour satisfaire les partisans de deux thèses opposées, en amalgamant celles-ci [1] ». Il en va ainsi de l'article 3, combinant souveraineté nationale et populaire ; de l'article 45, associant l'investiture du président du Conseil et sa nomination par le Président ; et bien entendu, des dispositions du Préambule. Mais plus fondamentalement, c'est l'orientation générale du régime qui s'avère incertaine, entre régime d'assemblée et parlementarisme classique – et qui va progressivement conduire à la paralysie de l'État.

1. G. Vedel, *Manuel élémentaire de droit constitutionnel*, *op. cit.*, p. 313.

A. L'hégémonie de l'Assemblée

Au départ, c'est la première tendance qui prend le dessus, sous l'impulsion de la majorité de gauche. Dans ce contexte, les savantes dispositions du parlementarisme rationalisé s'avèrent rapidement inutiles (on peut citer l'exemple du gouvernement Schumann, en septembre 1948, qui montre que l'investiture d'un gouvernement à la majorité absolue n'empêche pas sa chute immédiate), ou se trouvent neutralisées dans les faits. Ainsi, la confiance est souvent refusée, ou la motion de censure adoptée, à la majorité *simple*, alors que la Constitution exigeait une majorité absolue : dix-neuf gouvernements tomberont à la suite de tels votes, alors que leur démission n'était pas *juridiquement* obligatoire.

Sans doute un usage résolu de la dissolution aurait-il pu mettre un terme à cette instabilité chronique. Mais il n'est prévu que lorsque se sont succédé, dans un délai de dix-huit mois, deux crises ministérielles « régulières », conformes aux dispositions des articles 49 et 50. Or, la plupart du temps, les crises se produisent en marge de ces textes. Du reste, le souvenir du 16 mai 1877 continue de peser sur la procédure de dissolution, qui demeure suspecte à la majorité de la classe politique. Elle ne sera employée qu'une seule fois, en décembre 1955, par le président du Conseil Edgar Faure, qui, aussitôt après, sera sanctionné par son exclusion du parti radical.

La conséquence la plus visible de cette hégémonie, c'est donc une instabilité ministérielle encore plus grave que sous la IIIe République. La IVe verra se succéder vingt-cinq ministères en douze ans, et des crises à la fois plus fréquentes et plus longues : l'absence de majorité rend plus aisée la chute d'un gouvernement, et plus difficile la constitution du suivant. Les pouvoirs resteront ainsi vacants jusqu'à trente-huit jours de suite (mai-juin 1953). Quant à la conséquence, elle est inévitable : ce qu'Edgar Faure appellera un « gouvernement à secousses » ne gouverne plus, ou fort mal.

B. La paralysie de l'État

En face, l'Assemblée paraît donc toute-puissante, conformément aux vœux des rédacteurs de la Constitution. Pourtant, elle s'avère bientôt incapable d'assumer cette omnipotence : ce que constatent les observateurs, qui décrivent « un mélange désordonné d'intrusion parlementaire dans les divers détails administratifs, et d'abdication parlementaire sur des points essentiels ».

L'un de ces points résulte sans doute de l'apparition de partis puissants et structurés, qui vont coloniser le jeu parlementaire et perturber le fonctionnement de l'État. « Les partis, reprend S. Hoffman, ne gouvernent pas, ils occupent le pouvoir. Ils ne conçoivent pas la nécessité d'un exécutif véritable : ils veulent un droit de veto sur leurs alliés et sur leurs rivaux »[1]. Car ces partis, s'ils disposent d'une capacité de blocage réelle – ils sont la cause majeure de l'instabilité ministérielle –, ne paraissent pas en mesure de faire fonctionner la machine politique. D'autant qu'à partir de 1947, la marginalisation du parti communiste et l'essor du mouvement gaulliste, le RPF, interdisent la constitution de majorités véritables au sein d'une Assemblée fragmentée en quatorze groupes distincts.

C'est d'ailleurs à cette époque que l'Assemblée se résigne, en dépit des termes impératifs de l'article 13 de la Constitution, à revenir à la pratique des décrets-lois – comme l'avaient d'ailleurs prévu, dès 1946, les politiques et les observateurs les plus lucides[2]. En

---

1. S. Hoffman, *Esprit*, décembre 1957, p. 813-814.
2. Par exemple, Paul Reynaud, et parmi les seconds, G. Liet-Veaux, *RPP*, août 1946, p. 110.

effet, les causes techniques d'un recours à la législation déléguée n'ont pas disparu, et la fragile barrière juridique ne peut empêcher son retour. C'est ainsi que la loi du 17 août 1948, visant à « assurer le redressement économique et financier », attribue à cette fin au gouvernement des pouvoirs exceptionnels et temporaires, mais définit aussi un domaine réglementaire dans lequel il pourra, par simple décret, modifier, abroger ou remplacer des dispositions législatives existantes. Par la suite, quatre autres lois (de 1953 à 1956) lui délégueront ce pouvoir, consacrant « l'incapacité du Parlement à jouer le rôle qu'il avait revendiqué de législateur universel et permanent [1] ».

Sur un autre plan, la rupture avec le PCF va conduire les gouvernants de la IVe République à opérer un recentrage, qui se traduit par un certain retour au régime parlementaire classique. Ainsi, une loi organique du 23 septembre 1948 rend au Conseil de la République, qui avait remplacé en 1946 le Sénat de la IIIe, sa base électorale traditionnelle et une part de son prestige. Mais c'est surtout la révision constitutionnelle du 7 décembre 1954 qui va apparaître aux observateurs comme un rétablissement caractérisé de la IIIe République. En particulier, le Conseil de la République se voit alors confier, en matière législative, des pouvoirs comparables à ceux de l'Assemblée, « tout projet ou proposition de loi (devant être) examiné successivement par les deux chambres du Parlement en vue de parvenir à l'adoption d'un texte identique » (art. 20). En décembre 1953, déjà, le Congrès avait consacré cette renaissance de la seconde Chambre en élisant un sénateur, René Coty, président de la République. Choix d'autant plus significatif que la présidence avait retrouvé, durant le septennat de l'énergique Vincent Auriol, une part de son lustre et de son importance.

---

1. M. Prélot, *Institutions politiques et droit constitutionnel*, *op. cit.*, p. 539.

Pourtant, si intéressantes soient-elles en théorie, ces transformations ne sont perçues par l'opinion publique que comme des « réformettes », incapables de mettre un terme à la paralysie de l'État qui résulte de la combinaison de l'impuissance législative et de l'instabilité ministérielle. Avant comme après la révision du 7 décembre 1954, c'est le sentiment d'un blocage qui domine, sans qu'apparemment aucun accord ne soit possible sur les moyens et les buts d'une réforme pourtant nécessaire. L'apparente accélération des choses au début de l'année 1958 ne suffit plus à masquer l'évidence. « Un régime ne mue pas [1] », écrit alors Michel Debré, qui conclut qu'il faut en changer, si l'on entend rompre avec une logique qui « mène à la catastrophe ».

1. M. Debré, *Ces princes qui nous gouvernent*, Plon, 1957, p. 69.

GLOSSAIRE CRITIQUE

Abstention

Le taux spectaculaire d'abstention au deuxième tour des législatives, le 16 juin 2002 (près de 40 %), faisant suite à d'autres records historiques, celui du premier tour des présidentielles, le 21 avril 2002 (plus de 28 %), et celui du référendum de septembre 2000 (près de 70 %), a conduit les commentateurs politiques à s'interroger sur les *conséquences* d'un tel phénomène.

Sur un plan strictement juridique, l'abstention n'en a pratiquement aucune. Il n'y a pas, du moins pour être *élu*, de conditions relatives au *chiffre* de participation. Les seules conditions prévues sont celles qu'exige le code électoral dans deux cas : pour être élu au premier tour d'une élection législative, sénatoriale ou cantonale, il faut avoir réuni un quart des inscrits, ce qui suppose qu'au moins 25 % de ceux-ci ont voté ; et pour pouvoir se présenter au deuxième tour d'une élection législative, il faut avoir réuni 12,5 % des électeurs inscrits, ou 10 % au deuxième tour d'une élection cantonale ou municipale – sauf si aucun ou un seul candidat remplit ces conditions, auquel cas le ou les mieux placés pourront se maintenir. La philosophie d'ensemble de ces règles est claire : il faut, impérieusement, que quelqu'un soit élu, quel que soit le nombre de voix qui se sont exprimées. L'abstention, même massive, ne saurait bloquer la machine politique. Quant aux règles existantes, elles n'ont qu'un objectif pratique, éviter que plus de deux ou trois candidats ne demeurent en compétition au second tour.

Rien, néanmoins, en droit, n'empêcherait qu'un président de la République ne soit élu par la majorité d'une minorité – dans l'hypothèse où le chiffre des abstentionnistes dépasserait celui des votants. Par ailleurs, on sait qu'une révision constitutionnelle adoptée par un référendum auquel n'ont participé qu'à peine 30 % des inscrits est tout aussi valide que si 90 % des électeurs s'étaient exprimés. Au regard du droit constitutionnel, seule importe la *majorité*, quelle que soit la participation effective. De ce point de vue, le taux d'abstention n'a donc qu'un intérêt anecdotique. Au sens strict, il suffirait, pour élire le chef de l'État ou pour modifier la constitution par référendum, que trois personnes participent au scrutin, et que deux d'entre elles s'accordent contre la troisième.

Ce que l'on devine, en poussant ainsi le raisonnement à l'absurde, c'est qu'à côté du droit strict, et par-dessus ce dernier, le phénomène de l'abstention relève d'une autre perspective. Ce qu'il intéresse, ce n'est point la légalité, mais la *légitimité* du pouvoir démocratique. En vertu du principe démocratique, le pouvoir se fonde sur une légitimité formelle, ou *a priori*. Il est légitime dans la mesure où il procède et où il est exercé par les sujets eux-mêmes, qui forment le peuple ou la nation : lorsqu'il est le « pouvoir du peuple, par le peuple », comme le rappelle la Constitution du 4 octobre 1958. En ce qui concerne l'exercice du pouvoir politique, la théorie démocratique, du moins dans ses versions les plus radicales, n'admet qu'avec réticence que le peuple soit représenté. Mais pour ce qui est de son origine, elle refuse toute exception : l'autorité ne saurait procéder que du peuple, et nul n'a aucun titre à gouverner, si ce n'est la volonté de ceux qu'il dirige – volonté qui se manifeste par l'élection ou par le référendum.

Dans cette perspective, la démocratie coïncide donc avec la *participation* du peuple à la politique. Une participation qui doit être active, et effective : la volonté populaire n'existe que pour autant qu'elle s'extériorise. Réciproquement, on ne saurait considérer que le silence vaut expression, ni que l'absence de participation est une forme de participation valide et satisfaisante : toute abstention est foncièrement problématique, dès lors que la loi et le pouvoir sont supposés résulter de la volonté de tous, et ne doivent être obéis et respectés que dans cette mesure. Puisqu'une participation unanime n'est jamais possible (même lorsque le vote est juridiquement obligatoire comme en Belgique, il subsiste forcément un « abstentionnisme de force majeure »), on devra parfois faire *comme si* les abstentionnistes avaient voté. Mais lorsque cette abstention se creuse jusqu'à atteindre des taux considérables, la fiction devient de moins en moins admissible – sans qu'il soit du reste possible de déterminer précisément à partir de quel niveau d'abstention elle ne l'est plus du tout : la notion de légitimité, on le sait, échappe aux critères et aux catégories rigides.

L'un des moyens de s'en tirer consiste à affirmer que l'abstention doit s'analyser comme un *acquiescement* – à la règle ou à la personne soumise au choix. Qui ne dit mot consent : si l'on approuve sans faire l'effort de le dire expressément, c'est parce qu'on perçoit le système comme globalement satisfaisant, ne nécessitant aucune transformation fondamentale. Dans cette hypothèse, l'abstention ne serait que l'un des effets du consensus (portant sur les structures et les valeurs de la démocratie libérale), l'une des conséquences de l'apaisement, de la maturité atteinte par des sociétés adultes. Ainsi, l'abstention, censée manifester le consentement d'une partie des gouvernés, contribuerait, au même titre que le vote des autres, à fonder la légitimité du système.

Mais cette explication rassurante peut être contestée de deux manières. D'abord, la sociologie électorale indique que l'abstention ne correspond pas, du moins en France, à un tel acquiescement. Si l'on s'abstient, dans une société où la participation au vote est un élément essentiel de la culture politique, ce n'est point par excès de satisfaction, c'est soit par indifférence, soit pour protester. Par indifférence, lorsqu'on a le sentiment que les questions véritables n'ont pas été posées, ou que les réponses à ces questions ne relèvent plus du politique (du peuple souverain ou de ses représentants), mais d'autres instances, économiques, financières, internationales, qui échappent à l'élection et sont donc dépourvues de légitimité démocratique. Par protestation, ensuite, lorsqu'on veut manifester le refus d'un système que l'on juge incapable de satisfaire aux attentes des gouvernés, et que l'on perçoit donc comme illégitime. Mais cette vision rassurante est aussi critiquable sur le plan des principes. Car, au fond, l'abstention est au mieux assimilable à un acquiescement, et non à une participation véritable. Or, ce qui caractérise la légitimité démocratique (par rapport à la légitimité monarchique, par exemple), c'est précisément que le consentement ne suffit pas. Le peuple n'a pas seulement à consentir, et même, au fond, il n'a pas à le faire, puisque c'est lui-même qui possède et exerce le pouvoir, et qu'on ne saurait consentir à sa propre volonté. Ce qui fonde cette légitimité, c'est la participation en tant que telle. C'est pourquoi l'abstention doit être envisagée comme un problème majeur, en ce qu'il sape le fondement même du système démocratique.

► Bibliographie

C. Boutin et F. Rouvillois (dir.), *L'Abstention électorale, apaisement ou épuisement ?*, F.-X. de Guibert, 2002.

R. Capitant, *Démocratie et participation politique*, Bordas, 1972.

Constitution écrite

On s'est souvent interrogé sur les origines et les premières manifestations du constitutionnalisme écrit : jusqu'où faire remonter cette pratique ? Esmein évoque à ce propos l'*Instrument of Government* promulgué par Cromwell en 1654, « texte organisant de toutes pièces et dans son ensemble une nouvelle forme d'État et de gouvernement, créant ou confiant tous les principaux organes de la souveraineté, déterminant leurs attributions respectives et leurs mutuelles relations. En même temps, ce texte était conçu et présenté comme supérieur aux lois ordinaires, qui ne pouvaient l'abroger ou le modifier, tandis qu'il limitait au contraire, à certains égards, le domaine de la puissance législative établie par lui. Il était enfin donné comme immuable, ou du moins comme ne pouvant être modifié que d'une manière tout à fait particulière, différente de la procédure suivant laquelle se faisaient les lois » (« Les constitutions du Protectorat de Cromwell », *RDP*, t. XII, 1899, p. 194). Constitution matérielle dotée de caractéristiques formelles lui conférant une rigidité juridique marquée, l'*Instrument* apparaît d'emblée en rupture avec la tradition constitutionnelle britannique. Il s'agirait de « la première constitution écrite qu'aient connu les temps modernes » (*ibid.*, p. 193), affirme encore Esmein, qui cependant ne s'étonne guère de ce météore constitutionnel mystérieusement tombé dans un milieu hostile.

Dans un passionnant effort d'élucidation, Stéphane Rials a tenté, de son côté, de décrypter les différentes dynamiques du constitutionnalisme écrit. Il en discerne trois : une dynamique de l'Alliance, d'abord, liée à la tradition puritaine, à laquelle se rattachent les pèlerins du Mayflower, puis les « Fundamental orders » du Connecticut de 1634, « la première constitution écrite au sens strict » ; une dynamique des droits acquis, ensuite, *a priori* beaucoup plus conservatrice, qu'il repère en particulier dans les projets du libéralisme aristocratique français de la fin du règne de Louis XIV et, par exemple, dans les fameuses « Tables de Chaulnes » inspirées par Fénelon ; enfin « une dynamique fort radicale et philosophique, partie intégrante du rationalisme constitutionnel moderne » (S. Rials, « Aux origines du constitutionnalisme écrit, réflexions aux marges d'un projet constitutionnel de la Ligue [1588] », *RHFD*, n° 8, 1989, p. 195 et p. 203). Mais à ces dynamiques apparemment antagonistes, on est tenté d'en ajouter une quatrième, qui, dans une certaine mesure, paraît susceptible d'établir des passerelles entre elles. Cette dynamique, c'est celle de la pensée utopique, qui forme, du XVIe à la fin du XVIIIe siècle, l'avant-garde de la modernité radicale. En effet, les cités idéales que les utopies mettent en scène apparaissent souvent, et même le plus souvent, comme des *nomocraties*, organisées jusqu'au moindre détail et au plus infime rouage par une *loi fondamentale* : une constitution, au sens le plus fort du terme, qui, afin d'être connue de tous et parfaitement respectée, est écrite, publiée et parfois même, symboliquement, reproduite sur les murs de la cité. Ce genre littéraire, apparu en 1516 avec la publication par Thomas More du livre qui lui donnera son nom, sera d'une remarquable fécondité ; mais tout aussi remarquable semble être la stabilité des thématiques utilisées, et en particulier celle de la loi, qui doit être écrite parce qu'elle se veut omniprésente et toute-puissante – sa forme étant la condition de sa fonction, mais également de sa pérennité (sur cette question, voir la présentation faite *in* Frédéric Rouvillois, *L'Utopie*, Flammarion, GF-Corpus, 1998, p. 67 sq.).

En quoi cette remarque intéresse-t-elle une réflexion sur le constitutionnalisme écrit ? Elle lui importe, en premier lieu, dans la mesure où les faiseurs de constitutions n'ignorent évidemment pas ces projets de « Républiques parfaites ». Ils en ont parfois rédigé eux-mêmes, comme Fénelon ou Saint-Just, ils en ont parfois inspiré (parue en 1656, la *République d'Oceana* de James Harrington n'est qu'une transposition utopique du régime mis en place par Cromwell, lui-même dépeint sous les traits de « Milord Archon »), et il est en tout cas très probable qu'ils les ont lus et médités. Mais le principal, c'est ce qui peut constituer un dénominateur commun entre les différentes dynamiques du constitutionnalisme écrit : le fait que l'utopie, comme on l'a dit, est essentiellement moderne, incarnant, notamment sur ce plan, l'offensive de l'art contre la nature, de la raison contre l'habitude, de la loi écrite contre la coutume, du progrès contre la tradition.

Le projet d'*écrire la constitution* relève fondamentalement de la même logique. Il repose sur l'idée que tous les rouages de l'État, conçu comme une machine et non plus comme un organisme vivant, peuvent et doivent être mis à jour, et décrits, pour être correctement utilisés. L'utopie et le constitutionnalisme écrit se rattachent ainsi à une même idéologie de la transparence et de l'évidence, que l'on retrouvera chez Sieyès, le grand faiseur de constitutions de l'époque révolutionnaire, sous le nom d'« Art politique », un art qui se donne lui-même pour une science. Peu importe à cet égard le contenu de ce que ces constitutions proposent, retour au passé ou grand saut dans l'avenir : il existe bien des utopies conservatrices... L'essentiel, ici, c'est la structure, et l'idée que la constitution n'est jamais que le mode d'emploi de l'État machine, un mode d'emploi qui n'est pas correct si, comme l'écrira Thomas Paine, « il ne tient pas dans la poche ». À cette philosophie de la modernité constitutionnelle se rattachent au fond, fût-ce de manière inavouée, les trois dynamiques dénombrées par Stéphane Rials.

Cette dimension spécifiquement moderne du constitutionnalisme écrit en général se confirme d'ailleurs, *a contrario*, lorsqu'on le rapproche des thèses qui le récusent et qui relèvent toujours d'une pensée qui, elle, se veut expressément anti-moderne. L'adversaire le plus résolu du constitutionnalisme, écrit Joseph de Maistre, se fonde sur la « constitution naturelle » de la France (*Considérations sur la France*, suivi de l'*Essai sur le principe générateur des constitutions...*, Bruxelles, Complexe, 1988, p. 84) et sur « la véritable constitution anglaise » pour le condamner : « ce qui est écrit, n'est rien » (*Principe...*, p. 217). Rien ? D'abord, parce que les constitutions écrites s'avèrent foncièrement dangereuses, menaçant d'altérer les bases de l'ordre social : « Il y a dans chaque constitution quelque chose qui ne peut être écrit, et qu'il faut laisser dans un nuage sombre et vénérable, sous peine de renverser l'État [...]. Plus on écrit, et plus l'institution est faible » (*Considérations...*, p. 82). « La faiblesse et la fragilité d'une constitution, ajoute-t-il, est précisément en liaison directe de la multiplicité des articles constitutionnels écrits ». Or, ce qui doit demeurer caché, c'est justement le principal : « ce qu'il y a de plus essentiel, de plus intrinsèquement constitutionnel et de véritablement fondamental, n'est jamais écrit ». C'est ainsi par exemple que l'Angleterre « est gouvernée par un corps (le conseil privé) que la constitution ignore » (*Principe...*, p. 219 et 216) : leçon dont se souviendra peut-être de Gaulle, probable lecteur de Maistre, lorsqu'il déclarera, le 31 janvier 1964, qu'une constitution, ce ne sont pas seulement les institutions, susceptibles d'être déterminées par écrit, mais aussi et surtout un esprit, et une pratique.

Au rationalisme des modernes, qui implique logiquement le constitutionnalisme écrit, l'anti-rationalisme des anciens oppose donc une approche plus complexe, mais aussi plus globale du politique, dont ils reconnaissent qu'elle ne saurait se réduire au droit, surtout écrit, et où le secret, l'opacité, le mythe conservent une place de choix.

Cycles constitutionnels

Comment admettre le désordre, et surtout celui de l'histoire politique ? À cette question éternelle, les penseurs catholiques, de Bossuet à Joseph de Maistre, avaient une réponse toute trouvée : le désordre n'existe pas, le chaos est illusoire. Par-derrière, en effet, c'est toujours la volonté divine qui intervient. « Il faut *tout* rapporter à la Providence », déclarait donc Bossuet, et Maistre précisait que « plus on examine le jeu de l'action humaine dans la formation des constitutions politiques, et plus on se convaincra qu'elle n'y entre que d'une manière infiniment subordonnée, ou comme simple instrument » du vouloir divin (*Essai sur le principe générateur des constitutions*..., *op. cit.*, p. 218-219). « Lorsque la Providence a décrété la formation plus rapide d'une constitution politique, il paraît un homme revêtu d'une puissance indéfinissable : il parle et il se fait obéir » (*Considérations sur la France*, *op. cit.*, p. 82). À l'inverse, quand la Providence a décidé la chute d'un État, tout conspire à son effondrement, comme ce fut le cas lors de la Révolution française.

Mais les publicistes modernes, qui sont gens sérieux, ne se contentent plus d'explications théologiques. Lorsqu'ils entreprennent de décrire l'histoire constitutionnelle française, et la succession chaotique et confuse des constitutions depuis celle de septembre 1791, il leur reste alors le choix : soit de se résigner au désordre, soit de tenter de découvrir une régularité au sein de ce qui, au premier abord, n'en présente aucune. Ceux qui optent pour cette seconde solution renouent d'ailleurs, ce faisant, avec une tradition encore plus ancienne que le providentialisme, celle de la pensée cyclique. En réalité, affirment-ils, le désordre de l'histoire constitutionnelle a un sens, susceptible d'être découvert. « Une évolution s'y dessine », écrit ainsi Maurice Duverger, « dont l'existence ne semble pas pouvoir être niée » (*Les Constitutions de la France*, p. 48).

Parmi ceux qui ont choisi cette voie, il faut citer d'abord Maurice Hauriou, pour qui l'histoire constitutionnelle depuis la Révolution serait marquée par un mouvement d'oscillations perpétuelles entre des régimes « révolutionnaires », ultra-démocratiques, dominés par des Assemblées toutes-puissantes, et des régimes autoritaires, dominés par un exécutif fort (Consul, Empereur ou Président). Entre les deux extrêmes du balancier, apparaissent des régimes mixtes où le législatif et l'exécutif parviennent à collaborer de manière à peu près équilibrée. Ces régimes se succéderaient donc suivant un ordre déterminé et immuable, produit par réactions successives : on passerait nécessairement de la thèse (le moment révolutionnaire) à l'antithèse (la réaction violente en faveur d'un pouvoir fort), puis à la synthèse (la solution modérée, mixte ou parlementaire). Et une fois le cycle achevé, un nouveau cycle lui succède. Le premier a lieu, explique Hauriou, entre 1789 et 1848, et se découpe en trois phases, de 1789 à 1795 (domination de l'Assemblée), de 1795 à 1814 (retour à un exécutif dictatorial), de 1814 à 1848 (naissance du régime parlementaire). Le second cycle se situe entre 1848 et 1924, l'époque où écrit Maurice Hauriou. Il paraît déjà beaucoup moins convaincant, avec une première phase de 1848 à 1849, une seconde, dominée par Louis-Napoléon Bonaparte, de 1849 à 1870, la troisième commençant à la chute de l'Empire, et se poursuivant jusqu'aux années vingt. Quant au troisième cycle, il paraît encore plus difficile à caractériser. On pourrait imaginer que la phase « régime d'assemblée » dure de 1945 à 1958, la phase « domination de l'exécutif » de 1958 à 1969, ou à 1974, ou encore à 1986 (première cohabitation), et que la phase mixte a commencé depuis. Comme on le constate, la pertinence de l'hypothèse semble de plus en plus réduite à chaque nouveau cycle : comme si Hauriou avait finalement voulu cristalliser et généraliser le schéma, lui-même sujet à caution, qu'il distingue entre 1789 et 1848. En fait, comme le reconnaît d'ailleurs son fils et successeur André Hauriou, il semble difficile « de trouver à ce phénomène une explication unique » (A. Hauriou et J. Gicquel, *Droit constitutionnel*, Montchrestien, 6e éd., 1975, p. 791). Il y a en effet d'innombrables raisons qui conduisent à passer d'un régime, d'une constitution à une autre – la « réaction » n'étant que l'un des motifs possibles. En outre, la typologie des régimes avancée par Hauriou est elle-même assez discutable, et surtout, la volonté de discerner des périodes cohérentes au sein du cycle, indispensable à la cohérence de l'explication, oblige à se contenter d'une approche extrêmement sommaire et à éliminer les périodes « non pertinentes », celles qui ne « rentrent » pas dans le cadre de l'explication : ainsi la dictature robespierriste entre 1793 et 1794, les premières années de la Restauration, l'Empire libéral, ou encore le règne de l'Assemblée nationale, de 1871 à 1875. En définitive, on peut éprouver un sérieux doute sur la réalité de ces cycles, même si l'explication semble ingénieuse, et pédagogiquement utile.

Et l'on pourrait dire la même chose des autres explications de type cyclique, celle de Maurice Deslandres, par exemple, ou encore celle avancée par Julien Laferrière.

Pour Maurice Deslandres (*Histoire constitutionnelle de la France depuis 1789,* 1933-1937), l'histoire constitutionnelle de la France depuis 1789 se découpe en trois « phases constitutionnelles » principales : la période de 1789 à 1814 est caractérisée par une ambiance révolutionnaire chronique et des oppositions radicales, entraînant des oscillations à la fois amples et rapides. La période allant de 1814 à 1870, ensuite, connaît des changements moins rapides et moins sensibles, en raison de l'apparition du pôle d'attraction que représente désormais le régime parlementaire. Et, après 1870, c'est autour de ce régime que l'Histoire va se stabiliser. On passe ainsi d'une phase d'instabilité à une phase de demi-stabilité, puis à une phase de stabilité complète. Pourtant, là encore, l'histoire constitutionnelle du XXe siècle remet totalement en cause la pertinence de cette explication.

Les « périodes constitutionnelles » évoquées par Julien Laferrière (*Manuel de droit constitutionnel*, 1943), reprennent cette idée d'un « pôle dominant », qui serait non point le régime parlementaire, mais la *démocratie*, caractérisée par l'universalité du suffrage et la prédominance des Assemblées. Mais elles sont justiciables des mêmes critiques que la théorie de Deslandres. Quoi qu'on fasse, l'Histoire reste ouverte, et elle échappe à ces tentatives de périodisation – de même qu'elle dément régulièrement ceux qui pensent pouvoir annoncer d'« irréversibles mutations », ou jouer, d'une manière ou d'une autre, avec les chiffres...

Décentralisation

Évoquant la décentralisation, « formidable levier pour enfin réformer l'État », dans sa déclaration de politique générale du 3 juillet 2002, le Premier ministre Jean-Pierre Raffarin précisait qu'à ce propos « il ne faut pas se comparer ni à l'Allemagne, ni à l'Italie, ni à l'Espagne ; dans notre pays, notre organisation territoriale repose sur deux valeurs : l'exigence de cohérence pour que chaque Français, quel que soit le territoire, ait l'égalité des droits, mais aussi une exigence de proximité pour qu'on puisse, au plus près du terrain, décider au plus près du citoyen ».

Ce faisant, le Premier ministre s'inscrit dans un débat qui occupe la vie politique française depuis au moins deux siècles – depuis que la Révolution française a balayé, en quelques semaines, les institutions complexes, sédimentées, immémoriales de la France d'Ancien Régime, pour les ordonner suivant un schéma rationnel et centralisé qui faillit même, sous l'impulsion de Sieyès, se plier strictement à la logique géométrique. De fait, la question de la décentralisation ne se pose pas en France dans les mêmes termes que dans les autres États européens. Ces derniers sont en effet, presque sans exception, des États anciennement fédérés (Allemagne, Pays-Bas), associés (Espagne, Grande-Bretagne) ou indépendants (Italie), souvent assez récents, et où le problème n'a jamais été celui des rapports entre un « centre » unique, qui n'existait pas en tant que tel, et la périphérie – mais celui de l'association d'éléments constitutionnellement et culturellement autonomes, chacun d'eux étant doté d'un « centre » particulier. En France, en revanche – et quels que soient les termes de courtoisie employés sous l'Ancien Régime dans les traités d'union –, la question n'est plus, depuis la fin du XVe siècle, celle d'une coexistence entre États pratiquement égaux, mais celle de la subordination, plus ou moins étroite et complète, des provinces au pouvoir central, dans le cadre d'un État unitaire organisé autour d'un souverain unique. Sous l'Ancien Régime, la centralisation demeure toutefois, par tradition et par principe, relativement lâche et limitée – et ce jusqu'à la fin, quoi qu'en ait dit Tocqueville, qui, dans *L'Ancien Régime et la Révolution*, faisait de la monarchie bourbonienne l'annonciatrice du centralisme jacobin, et des intendants royaux, les précurseurs des préfets. C'est du reste la pratique de la Révolution puis de l'Empire qui fera naître le débat – qui se poursuit jusqu'à nos jours.

De ce débat, on peut dire qu'il a nourri la réflexion politique, sans pour autant la structurer. Le projet décentralisateur, en effet, a toujours transcendé les clivages politiques traditionnels. Au XIXe siècle, on le rencontre à gauche et à l'extrême gauche, en particulier chez Proudhon qui, dans *Du principe fédératif* (1863), en fait une étape historique nécessaire sur la voie de la fédération, laquelle n'est, au fond, qu'une décentralisation radicale et systématique, tendant à attribuer à chaque « province ou commune la plus grande somme de vie, d'activité et d'indépendance » (*La Fédération et l'unité en Italie*, cité in *Du principe fédératif*, édité par Charles-Brun, Bossard, 1921, p. 212). Mais on retrouve aussi ce projet à droite et à l'extrême droite, où il est défendu par l'École contre-révolutionnaire avant d'être récupéré par Maurras. Ce dernier affirmait que « la Constitution de l'Ancienne France était indubitablement fédérative » (cité *ibid.*, p. 217) et se réclamait sur ce point autant « de maîtres révolutionnaires comme Proudhon et Comte » que « de réactionnaires comme Bonald et Le Play » (*Jarres de Biot,* Lanauve de Tartas, 1951, p. 33).

Dépassant la distinction droite-gauche, la thématique décentralisatrice transcende également le clivage libéralisme-autoritarisme. Au cours du XIXe siècle, la décentralisation devient l'un des thèmes fétiches du parti libéral. Dans la lignée de Tocqueville, le programme de Nancy (1866) se résume à un mot d'ordre : « les affaires de la commune à la commune, celles de la région à la région, celles de la nation à l'État », qui correspond très exactement au principe de subsidiarité. Il est signé par tous les grands noms du conservatisme libéral, Broglie, Montalembert, Casimir-Perier, Prévost-Paradol, Berryer, Falloux, Laboulaye… Pourtant, certains libéraux se font, au même moment, les apôtres du centralisme : ainsi, le beau-père du président Carnot, l'économiste Charles Dupont-White, qui voit dans la centralisation l'instrument nécessaire du droit, de l'ordre et du progrès, et dans le pouvoir local, la « tyrannie vicinale » d'« une souveraineté de clocher ». « En démocratie, ajoutait-il, la centralisation, c'est l'élément de justice, la protection du faible, la part et la chance du droit » (*La Centralisation*, Guillaumin, 3e éd., 1876, p. 229-230). Dans le même sens, Joseph-Reinach condamnait l'idée d'une renaissance des provinces, au motif qu'elles « voudront avoir des assemblées régionales qui réclameront, pour se motiver, des attributions de jour en jour plus étendues et qui ne tarderont pas à soulever des conflits avec la représentation nationale » (*Le Matin*, 19 avril 1895).

Ce brouillage idéologique se perpétuera au XXe siècle, où l'on continue de rencontrer, à droite comme à gauche, des partisans et des adversaires de la décentralisation – qui, jumelée ou non avec la notion ambiguë de « fédéralisme », continue ainsi de dessiner une frontière plus complexe mais peut-être plus intéressante que celle qui oppose le « parti de l'ordre » au « parti du mouvement ».

▶ Bibliographie

J.-P. Machelon, F. Monnier (dir.), *Les Communes et le Pouvoir de 1789 à nos jours*, PUF, 2001.

C. Boutin, F. Rouvillois, *Décentraliser en France, Idéologies, histoire et prospective,* F.-X. de Guibert, 2003.

Droit constitutionnel comparé

Le droit constitutionnel comparé présente d'emblée deux difficultés : la première tient au fait qu'il se propose de comparer, la seconde, à l'objet de cette comparaison.

La difficulté du comparatisme, tout d'abord, est d'ordre épistémologique : que peut-on comparer ? Jusqu'où cette démarche demeure-t-elle pertinente ? En théorie, tout semble comparable avec tout : on peut comparer une fraise et un porte-avions, une odeur et une distance, un théorème et un poisson. Mais le résultat risque d'être absurde, dépourvu de sens et d'utilité. Pour que la comparaison soit pertinente, il faut que les objets comparés présentent une certaine identité, certains éléments communs, intéressant le point de vue particulier adopté par celui qui se livre à la comparaison. La question est alors de déterminer le seuil, le degré de similitude en dessous duquel la comparaison perd toute pertinence – pour n'être plus qu'un exercice rhétorique ou poétique.

Pour le droit constitutionnel comparé, certaines comparaisons seront évidemment pertinentes : par exemple, entre les systèmes libéraux démocratiques de la même époque, parvenus à un niveau socio-économique et culturel équivalent, ou encore entre les constitutions des cités grecques rassemblées par Aristote au IVe siècle avant notre ère. À l'inverse, on voit, tout aussi spontanément, quelles comparaisons seront indiscutablement non pertinentes : le *Theatrum legale* de Leibniz, qui rêvait de réunir en un même corps toutes les lois de tous les peuples de toutes les époques, n'est qu'une machinerie métaphysique. En fait, les limites du comparatisme semblent assez rapidement atteintes – sauf à se situer dans une perspective qui apparaît radicalement étrangère à l'art et aux préoccupations du juriste.

Mais si certaines comparaisons sont indiscutablement pertinentes, et certaines visiblement impossibles, d'autres, en revanche, échappent à l'évidence, et suscitent le débat – un débat qui pourra, le cas échéant, jouer un rôle considérable dans la controverse politique. C'est ainsi qu'aux débuts de la

Révolution française, certains députés influents, comme Lally-Tollendal, vont s'acharner à nier toute possibilité de comparaison entre la France, grand État très peuplé et économiquement avancé, et les États-Unis, fédération d'anciennes colonies sans histoire ni tradition : cela afin de combattre les projets visant à transposer à la France, qui est alors à la recherche d'une constitution, certains éléments du modèle imaginé en 1787 par la convention de Philadelphie.

Et l'on distingue ici un second ordre de difficulté, qui tient à l'*objet* de la comparaison : les constitutions, et plus largement les modes d'organisation du pouvoir.

À ce niveau, du reste, le problème se dédouble. Il se situe d'abord sur un plan théorique : l'objet de la comparaison paraît à la fois complexe et instable. Parce qu'il est complexe, il faudra, pour le comparer utilement avec d'autres, commencer par le schématiser : c'est-à-dire, par n'en donner qu'une image simplifiée, tronquée, et donc sciemment fausse, comme celle que Montesquieu offre de l'Angleterre de son temps dans le but d'aider à une réforme de la monarchie française. Dans le même sens, il faudra tenir compte de l'instabilité de toute constitution, qui évolue en permanence, même lorsqu'elle paraît, comme la Constitution anglaise, ancrée dans une tradition immémoriale. Or, on ne peut comparer que des choses *fixes*. On devra donc choisir, de façon arbitraire, un moment déterminé de l'histoire de la constitution – tout en ayant bien conscience, là encore, que ce moment est révolu, et que la réalité constitutionnelle actuelle diffère sans doute déjà, et peut-être de façon considérable, de ce que l'on décrit comme vrai.

Mais la principale difficulté est d'ordre pratique, tenant aux enjeux politiques inhérents à la démarche comparatiste : celle-ci n'est jamais *neutre*, comme on s'en aperçoit lorsqu'on reprend les œuvres fondamentales du comparatisme constitutionnel – qui relèvent toutes, en France, de la réflexion et de l'action politique. On songe ainsi à la *République* de Bodin, qui utilise de manière systématique des exemples étrangers, souvent contemporains (Angleterre, Allemagne, Espagne, Italie, Pologne, Suisse, Scandinavie, royaume de Fès, de Tombut, Empire ottoman) dans le cadre de ses démonstrations les plus fameuses : par exemple, pour prouver l'indivisibilité de la souveraineté et l'impossibilité corrélative des régimes mixtes, ou encore la supériorité de la monarchie sur la république. Le comparatisme est enrôlé, non seulement au service d'une démonstration, mais aussi d'une politique. Et il n'en va pas autrement chez Montesquieu (*Esprit des lois*, 1748), chez Rousseau (*Considérations sur le gouvernement de Pologne et sur sa réformation projetée en avril 1772*), ou chez Tocqueville (*De la démocratie en Amérique*, 1835).

« Le droit constitutionnel comparé, écrivait jadis Boris Mirkine-Guetzévitch, a une tâche positive : l'étude des similitudes, des intersections, des influences mutuelles [...]. Les études du droit constitutionnel comparé apprennent la relativité des textes, des formules et des dogmes » (« Les méthodes d'étude du droit constitutionnel comparé », *RIDC*, n° 4, 1949, p. 405 et 417). Mais cette neutralité, ce relativisme sont généralement illusoires. Le comparatisme n'est que très subsidiairement scientifique. Depuis qu'on s'y adonne, depuis l'Antiquité, il a une fonction essentiellement pratique : soit légitimer le système politique existant en démontrant l'infériorité des autres (ce que font Aristote et Bodin), soit suggérer une réforme du système en vigueur en proposant des modèles alternatifs, dont il s'agit de montrer qu'ils sont supérieurs, mais aussi transposables.

► Bibliographie

J. Szabo, « Comparative constitutional law : its possibility and limits », *Österreichische Zeitschrift für öffentliches Recht*, n° 21, 1971, p. 133-165.

J. Kaiser, « Vergleichung in öffentlichen Recht », *Zeitschrift für öffentliches Recht*, Max Planck Institut, t. XXIV, 1964, p. 391-404.

Rationalisation

La rationalisation du pouvoir apparaît, au XXe siècle, comme l'ultime avatar du constitutionnalisme écrit. Cette tendance, observe alors Mirkine-Guetzévitch, « s'efforce d'enfermer dans le réseau du droit écrit l'ensemble de la vie politique. Ainsi, le politique et le social deviennent juridique [...], la rationalisation du pouvoir tendant à remplacer le fait méta-juridique du pouvoir par les règles du droit écrit [...]. Pour un juriste moderne, *toutes les règles constitutionnelles coutumières non écrites se transforment en règles législatives, voire même constitutionnelles.* La rationalisation du pouvoir dans le droit constitutionnel, c'est la substitution du juridique à l'historique » (*Les Constitutions européennes*, PUF, 1951, t. I, p. 17).

Cette vogue, qui correspond au triomphe d'un progressisme démocrate et optimiste, s'est concrétisée en Europe après la Première, puis après la Seconde Guerre mondiale, alors que l'effondrement des anciennes constitutions autocratiques laissait toute latitude aux expérimentations, souvent inspirées par des théoriciens du droit public. On va donc tenter, le plus souvent, d'importer le modèle parlementaire (celui des vainqueurs...) en le rationalisant, c'est-à-dire en le perfectionnant, en l'épurant et en l'inscrivant dans un certain nombre de principes dogmatiques. « Dans les constitutions d'après 1918, constate encore Mirkine-Guetzévitch, le régime parlementaire reçoit une formule juridique stricte et complète ; elles définissent la règle principale du parlementarisme qui consiste dans la dépendance politique des ministres [...], dans l'obligation juridique, pour le ministère, de se retirer dès qu'il est l'objet d'un vote de méfiance » (*ibid.*, p. 29).

C'est ainsi que l'article 54 de la Constitution allemande de 1919 dispose que « le chancelier du Reich et les ministres du Reich doivent jouir de la confiance du Reichstag. Si le Reichstag retire sa confiance à l'un d'eux par un vote exprès, il doit démissionner ». À l'époque, on retrouve des formules analogues, et tout aussi impératives, dans la Constitution finlandaise de 1919 (§ 36), dans la Constitution autrichienne (article 74), polonaise (article 58), ou dans la

Constitution de la république espagnole, dont l'article 75 précise que « le Président de la République nommera librement le Président du gouvernement et, sur la proposition de ce dernier, les ministres. Il devra nécessairement s'en séparer au cas où le Parlement leur refuserait explicitement sa confiance ».

Derrière ces formules inlassablement répétées, on retrouve une même confiance dans les pouvoirs magiques du droit écrit, mais aussi dans la possibilité de remédier aux défauts du parlementarisme classique tel qu'il est à l'époque appliqué en France, en réglant minutieusement les mécanismes et les procédures. Ainsi, on exige que le Parlement retire *expressément* sa confiance au gouvernement, suivant des procédures spécifiques, afin de confirmer sa volonté ; à l'inverse, on dispose qu'en ce cas le chef de l'État aura une *compétence liée* : il sera obligé de prendre acte de la démission du gouvernement. Rationaliser signifie, ici, faire disparaître le hasard et l'incertitude. Par ce biais, on espère mettre fin à l'instabilité ministérielle chronique, tout en confortant la primauté du Parlement auquel l'exécutif se trouve, en droit, clairement subordonné.

Malheureusement, la réalité politique est rétive à ce type d'encadrement. La plupart des constitutions « rationalisées » seront rapidement transgressées, ou verront naître des pratiques marginales qui en neutraliseront les subtils mécanismes. Comme le reconnaît Mirkine-Guetzévitch à propos de la Constitution républicaine espagnole, « le problème de la stabilité gouvernementale n'est pas un problème constitutionnel, et aucune loi, aucune règle rigide ne peut la réaliser si la vie politique d'un pays ne contient pas les éléments nécessaires à cette stabilité. Les règles constitutionnelles de la procédure parlementaire sont presque inutiles lorsqu'il s'agit d'un gouvernement ayant une forte majorité ; par contre, à un gouvernement de coalition s'appuyant sur une majorité instable, cette procédure ne saura assurer la stabilité gouvernementale » (*ibid.*, p. 33). En fait, le bon fonctionnement du régime parlementaire dépend plus de la structure partisane, du mode de scrutin et, au-delà, de la culture et de la tradition politiques, que de l'agencement savant des normes constitutionnelles.

Pourtant, l'échec cuisant du parlementarisme rationalisé de l'entre-deux-guerres n'empêchera pas les constituants d'après 1945 d'en récupérer les formules : « la force de la logique juridique est telle, que le principe de la même procédure parlementaire est retenu malgré la faillite complète des démocraties qui l'avaient pratiquée. Pourquoi ce retour au passé ? Parce que, vraisemblablement, les techniques constitutionnelles ne disposent pas de beaucoup de moyens. D'autre part, les solutions logiques ont et auront toujours un singulier attrait pour les législateurs, et surtout, pour les constituants » (*ibid.*, p. 55). Enfin, ces constituants qu'obsède l'ordonnancement logique des normes adhèrent sans retenue à l'idéologie qui sous-tend la rationalisation : les problèmes de l'organisation de l'État sont purement techniques et donc susceptibles d'être entièrement résolus, à condition d'établir les règles adéquates. Si le parlementarisme rationalisé d'avant guerre n'a pas bien fonctionné, estiment-ils, c'est uniquement parce que les conditions extérieures l'en ont empêché – sans que cela remette en question la valeur de ses principes...

On va donc retrouver ces derniers dans la Constitution de la IVe République, où ils vont se montrer parfaitement inefficaces – incapables de juguler une instabilité ministérielle encore plus dramatique que sous la IIIe République, en dépit de procédures sophistiquées que les parlementaires apprendront très vite à contourner. Mais on les rencontre également en Italie, où l'article 94 de la Constitution de 1947 organise les modalités précises de mise en jeu de la responsabilité gouvernementale. Certes, « les exigences posées sont minimales : il s'agit du degré zéro de la rationalisation », commente Ph. Lauvaux (*Les Grandes Démocraties contemporaines*, p. 579). De fait, ces règles n'empêcheront pas une instabilité gouvernementale aiguë – la durée de vie moyenne des cabinets étant inférieure à un an. Mais des conditions plus rigoureuses et un degré de rationalisation supérieur n'auraient probablement pas permis de la réduire de façon significative, cette instabilité paraissant due pour l'essentiel, en l'occurrence, au mode de scrutin proportionnel, à la structure partisane éclatée, et donc à l'absence de majorités stables susceptibles de soutenir la politique gouvernementale. À l'inverse, si les procédures du parlementarisme rationalisé semblent avoir donné de meilleurs résultats en Allemagne fédérale, c'est en raison d'un quasi-bipartisme, qui va permettre en général d'éviter les crises, et rendre très exceptionnel le recours aux mécanismes « rationalisés » des articles 67 (une « motion de censure constructive » ne pouvant intervenir qu'à condition que soit trouvé un successeur au Chancelier mis en minorité) et 68 (dissolution du Bundestag en cas de refus par celui-ci d'accorder sa confiance au Chancelier) de la loi fondamentale.

Ainsi, dans tous les cas, c'est finalement à des éléments étrangers aux mécanismes de rationalisation que l'on doit imputer le bon ou le mauvais fonctionnement du système parlementaire.

Souveraineté nationale

La distinction entre souveraineté nationale et souveraineté populaire – qui répond à la question fondamentale : qui, en démocratie, est titulaire du pouvoir suprême ? – constitue depuis la Révolution la colonne vertébrale, l'élément structurant du droit public français. C'est en tout cas ce qu'affirmait Raymond Carré de Malberg au début du XXe siècle, suivi en cela par une large part de la doctrine de son temps. « Le principe fondamental dégagé à cet égard par la Révolution française, écrit-il alors, c'est que la nation seule est souveraine, et par nation, les fondateurs du principe de la souveraineté nationale ont entendu la collectivité "indivisible" des citoyens, c'est-à-dire une entité extra-individuelle, donc aussi un être abstrait, celui-là même en définitive qui trouve en l'État sa personnification. Seule cette personne nationale et étatique est reconnue souveraine » (*Contribution à la théorie générale de l'État*, t. I, p. 87). Selon cette théorie, la souveraineté réside donc « indivisiblement dans la nation tout entière, et non divisément dans la personne, ni davantage, dans aucun groupe, de nationaux ». Or, conclut-il, « selon le droit positif français », ce système est « l'un des principes fondamentaux du droit public et de l'organisation des pouvoirs » (*ibid.*, t. II, p. 167 et 173).

Ces affirmations, et spécialement la dernière, n'intéressent pas seulement l'historien des idées ou l'amateur d'érudition constitutionnelle. Elles importent en ce qu'elles offrent un exemple frappant d'une interprétation purement doctrinale de la Constitution de 1875, et de l'utilisation qui va être faite de celle-ci, tant par les juristes que par les parlementaires, dans le cadre d'une véritable stratégie politique et intellectuelle.

En réalité, en effet, « le principe de la souveraineté nationale » n'a jamais été considéré comme une *règle*, intangible et fondatrice, mais comme un instrument, que l'on utilisait lorsqu'on y trouvait intérêt, et que l'on oubliait dans le cas contraire. Illustration très remarquable de ces jeux de la théorie et de la pratique qui, au fond, caractérisent le droit constitutionnel.

Ainsi, sous la IIIe République, on va se réclamer du « principe » pour condamner un certain nombre de propositions ou d'innovations – en général, celles qui vont à l'encontre de la « souveraineté du Parlement ».

C'est l'argument que l'on invoque, par exemple, pour récuser tout recours à la démocratie directe, plébiscite, appel au peuple ou référendum. En 1904, au moment de la discussion du projet de loi sur l'enseignement congréganiste, un député, M. Lasies, demande l'ajournement afin de prendre l'avis des conseils municipaux, au motif que « les municipalités sont les véritables organes du suffrage universel ; c'est donc à elles qu'incombe le devoir de se prononcer sur la loi que vous allez voter […]. Lorsqu'une assemblée politique suit une pente où elle se trouve entraînée trop rapidement, il est sage pour elle de s'appuyer sur le suffrage universel et de le consulter » (*JO*, CD, déb., 12 mars 1904, p. 530). Cette idée d'un recours au référendum consultatif municipal, si elle avait été admise, aurait bouleversé l'équilibre institutionnel et mis un terme à l'hégémonie du Parlement. Elle sera rejetée sans coup férir, sur le fondement des notions de souveraineté nationale et de représentation politique.

Quelques années plus tôt, cet argument avait été utilisé pour conserver à la Chambre le droit de prononcer la déchéance de ses membres. En 1901, un député de droite, M. de Grandmaison, déclare : « nous tenons du *peuple souverain* notre mandat, et seul le peuple souverain peut nous l'arracher. Il n'appartient ni à un gouvernement, ni à une assemblée de se substituer au suffrage universel pour porter atteinte en quoi que ce soit au mandat dont nous sommes investis et dont nous ne sommes responsables que *vis-à-vis de nos électeurs* » (*JO*, CD, déb., 5 mars 1901, p. 620). Ce disant, il se range donc expressément du côté de la souveraineté populaire. « Mais cette thèse hardie et dangereuse », objecte alors Esmein, repose sur une erreur, puisqu'elle prétend qu'« une circonscription électorale [...] est, quant à son autorité, identique à la souveraineté nationale. Mais cela est manifestement contraire au principe fondamental contenu dans la Déclaration des droits de l'homme et du citoyen de 1789, article 3 : "Le principe de toute souveraineté réside essentiellement dans la nation. Nul corps [...] ne peut exercer d'autorité qui n'en émane expressément" » (*RPP*, t. XXIII, 1901, p. 310). Peu importe que la Déclaration n'ait pas, *a priori*, de valeur positive sous la IIIe République : pour Esmein, le « principe fondamental » qu'elle énonce suffit à invalider toute prétention contraire – et à confirmer, en l'occurrence, les pouvoirs de la Chambre en matière de déchéance.

Parmi d'autres exemples de cette utilisation du principe de souveraineté nationale, on pourrait citer aussi la « désuétude » du droit de dissolution, qui « apparaît surtout comme la conséquence la plus directe du refus de toute subordination des députés à la volonté de leurs électeurs » (G. Bacot, *Carré de Malberg*..., p. 164). Ou encore, les arguments avancés à l'époque contre le suffrage des femmes et des militaires : on invoque à ce propos le principe de la souveraineté nationale, qui permet de les considérer malgré tout comme représentés par des députés à l'élection desquels ils n'ont pas pris part.

Mais l'instrumentalisation du principe ne se révèle pleinement que lorsqu'on s'aperçoit que, dans le même temps, celui-ci est soigneusement mis de côté lorsqu'il risque d'aller à l'encontre de la souveraineté du Parlement, à l'appui duquel on l'invoque par ailleurs.

Première illustration : au cours de la longue bataille du « vote personnel » – dont l'enjeu était l'inscription, dans le règlement des Chambres, de l'obligation faite aux parlementaires de voter eux-mêmes –, on va opposer à la réforme l'idée que « le représentant du peuple a pour mission de défendre les intérêts de la collectivité électorale qui l'a élu [...]. Il faut que chaque circonscription électorale apporte sa pierre à l'édifice législatif sous la forme du bulletin de son député » (Perier du Larsan, *Rapport fait au nom de la Commission du règlement, JO*, CD, doc., 1907, annexe n° 860, p. 244). Ici, c'est un représentant attitré de la classe politique qui tient un raisonnement exactement contraire au principe de la souveraineté nationale, un raisonnement qu'il prétend du reste conforme à la « vérité parlementaire » – afin de préserver une pratique qui conforte la permanence et donc la prééminence du Parlement.

Autre exemple de cette manipulation, la question du programme des députés. Si l'on s'en tenait strictement au principe, ceux-ci seraient les élus de la seule *nation*, la circonscription n'étant que l'instrument technique d'expression de cette dernière. Par suite, les programmes des candidats à la députation devraient se borner à des déclarations générales, concernant la politique nationale. Pourtant, c'est l'inverse qui se produit : « le mode de scrutin d'arrondissement nous conduit à encombrer souvent nos professions de foi de promesses purement locales ou régionales. Quelquefois même, elles y tiennent la place principale » (C. Fouquet, *JO*, CD, doc. 1903, annexe n° 1162, p. 2076). Non seulement il s'agit bien de *promesses* – ce qui implique l'existence d'un rapport personnel entre l'élu et ses électeurs et, au-delà, une certaine forme de mandat impératif, le candidat s'engageant à respecter ses engagements –, mais il s'agit de promesses *locales*. Or ces pratiques, loin d'être officiellement réprouvées, sont pieusement recueillies par une Commission de la Chambre « chargée de réunir et de publier les textes authentiques des programmes et engagements électoraux des députés » – comme s'il s'agissait effectivement d'engagements contractuels, qu'il importerait de publier de façon exacte afin que les « parties », électeurs et élus, puissent s'y référer à l'occasion, et en réclamer l'application...

Comme on le voit, le principe de la souveraineté nationale n'a donc rien, sous la IIIe République, d'une « colonne vertébrale ». Il apparaît plutôt comme une arme, utilisée dans le combat politique pour asseoir et perpétuer la domination du Parlement sur l'ensemble du système politique.

► Bibliographie

G. Bacot, *Carré de Malberg et l'origine de la distinction entre souveraineté du peuple et souveraineté nationale*, CNRS, 1985.

Suffrage universel

C'est en 1848, au lendemain de la révolution qui renverse la monarchie de Juillet, que le suffrage universel est instauré en France. À peine installé à l'Hôtel de Ville de Paris, le 24 février, le gouvernement provisoire s'adresse à deux juristes notoirement républicains, Cormenin et Isambert, qu'il charge d'élaborer un projet de modification de la loi électorale. Examinée le 2 mars, une première version dispose que « le suffrage sera universel direct, sans aucune condition de cens ». Avant toute réflexion sur les modalités techniques, on proclame ainsi la nécessité de rompre avec le suffrage censitaire qui avait caractérisé la monarchie bourgeoise avant d'en provoquer la chute. Les jours suivants, le gouvernement s'intéresse aux détails pratiques : faut-il reprendre le scrutin uninominal ou, au contraire, comme le suggère Marrast, adopter le scrutin de liste départemental ?

Organisera-t-on le scrutin dans chaque commune ou bien au chef-lieu de canton, afin que les électeurs s'y sentent plus libres ? Laissera-t-on les électeurs rédiger eux-mêmes leurs bulletins ou devra-t-on les imprimer à l'avance ? Aucune de ces questions n'est négligeable, car chaque détail peut s'avérer lourd de conséquences. Mais ce qui importe, c'est bien sûr le principe qu'on met en œuvre, le suffrage universel, officiellement reconnu par la loi du 5 mars 1848.

À vrai dire, ce n'est pas la première fois qu'on le proclame. Le 10 août 1792, l'Assemblée législative avait aboli le cens électoral, en vertu duquel seuls les citoyens actifs, payant une contribution directe égale à la valeur de trois journées de travail, avaient le droit de vote, ce qui excluait les citoyens passifs, près de trois millions de personnes sur un total de sept. Ce faisant, l'Assemblée législative se conformait aux vœux de Robespierre qui, un an plus tôt, avait entendu démontrer que la règle instituant le cens allait à l'encontre des dispositions de la Déclaration des droits de l'homme et du citoyen et, notamment, de celle qui précise que « la loi est l'expression de la volonté générale » : c'est pourquoi, concluait Robespierre, cette règle est « donc essentiellement anticonstitutionnelle » (« Sur la nécessité de révoquer le décret sur le marc d'argent », avril 1791, in *Textes choisis*, Éditions sociales, 1956, t. I, p. 66). Par la suite, d'ailleurs, la Constitution jacobine de juin 1793 ira encore plus loin que l'Assemblée législative, en proclamant que « le peuple souverain est l'universalité des citoyens français ».

La chute de Robespierre entraîne sur ce plan un mouvement de reflux, qui culmine à la Restauration, où l'on en revient à un système censitaire très rigoureux. Toutefois, les hommes de 1848 ne se contentent pas de renouer avec le principe révolutionnaire de l'universalité du suffrage. Eux aussi prétendent aller encore plus loin – en admettant sans discussion le droit de vote des domestiques, refusé en 1792, et même celui des militaires en service et des citoyens des colonies. Seules, si l'on peut dire, les femmes restent privées du droit de suffrage – malgré une campagne active pour le leur faire attribuer, relayée au sein même de l'Assemblée par le fourriériste Victor Considérant. En 1848, d'un seul coup, le corps électoral passe donc de 240 000 à près de 10 millions d'électeurs, qui vont participer massivement aux élections d'avril (élection de l'Assemblée constituante), puis à l'élection présidentielle de décembre 1848.

Mais si le principe du suffrage universel, bientôt inscrit dans la Constitution (articles 24, 25 et 26) ne paraît plus susceptible de contestation, ses modalités d'application peuvent être modulées par la loi (en l'occurrence, celle du 15 mars 1849) – éventuellement, dans un sens très restrictif, qui pourrait aller jusqu'à sa neutralisation. Au fond, on pourrait dire que le « suffrage universel » est toujours un mythe, puisqu'il n'est jamais *réellement universel*, jamais attribué à la totalité de la population, sans aucune exception. Le droit de vote est nécessairement réservé à certaines catégories par les règles qui l'organisent : les adultes majeurs à l'exclusion des mineurs, les hommes à l'exclusion des femmes, les nationaux à l'exclusion des étrangers, les civils à l'exclusion des militaires, etc. Par suite, le principe lui-même apparaît toujours incertain, et fragile. C'est ainsi qu'en mai 1850 les succès électoraux de l'extrême gauche vont conduire l'Assemblée à adopter une nouvelle loi électorale, qui exige des titulaires du droit de vote une durée de résidence de trois ans dans le même canton : ce qui élimine les franges les plus pauvres, les plus instables de la population, environ 30 % du corps électoral.

C'est à l'occasion de la discussion de ce qui deviendra la loi du 31 mai 1850 que Victor Hugo prononce à l'Assemblée, le 20 mai, un discours magistral, qui deviendra l'un des bréviaires du catéchisme républicain – quand bien même il dévoile certains arrière-plans où l'on pourrait discerner une forme de duplicité : « le suffrage universel dit à tous, et je ne connais pas de plus admirable formule de la paix publique : "soyez tranquille, vous êtes souverain" ».

Vous êtes souverains : le suffrage universel, déclare Hugo, reprend « à chacun le droit de force, qui est le fait naturel, et lui [rend] en échange la part de souveraineté, qui est le fait social » : le suffrage universel semble n'être qu'un aménagement juridique du droit du plus fort, c'est-à-dire des plus nombreux. Mais ce droit qu'on leur a remis en échange vise surtout à tranquilliser les masses : « le suffrage universel, en donnant un bulletin à ceux qui souffrent, leur ôte le fusil. En leur donnant la puissance, il leur donne le calme ». Le suffrage accorde aux pauvres le droit de participer, mais enlève du même coup toute légitimité à la révolte : « Avez-vous voté ? Oui. Vous avez épuisé votre droit. Quand le vote a parlé, la souveraineté a prononcé. Il n'appartient pas à une fraction de défaire ni de refaire l'œuvre collective [...] ce serait une sottise et ce serait un crime. »

Le suffrage universel présente ainsi une dimension très explicitement conservatrice. On se souvient que, sous la Restauration et la monarchie de Juillet, les légitimistes, appartenant à la frange la plus à droite du parti royaliste, s'en étaient fait les promoteurs passionnés. Ainsi, en février 1831, lors de la discussion de la loi électorale, Berryer avait plaidé pour un suffrage universel à deux degrés, et déposé un amendement disposant que « tout Français jouissant des droits civils et politiques, âgé de 25 ans accomplis et inscrit depuis un an au moins sur les rôles de la contribution foncière, est membre de l'Assemblée primaire de la commune où il a son domicile politique » (cité *in* Berryer, *Discours parlementaires*, Larose et Forcel, 1883, t. I, p. 92). Il a ainsi le droit de nommer des électeurs, dans la proportion de pour deux cents habitants, qui, à leur tour, éliront les députés. Mais de même que l'éloquence de Berryer échouera, en 1831, à convaincre la majorité libérale qui le traitait de « jacobin blanc », de même le talent de Victor Hugo sera sans effet, en 1850, sur un « parti de l'ordre » idéologiquement comparable. Thiers, l'homme clé du mouvement modéré, obtiendra le vote de la loi au motif qu'il faut se garder de « la vile multitude qui a perdu toutes les républiques » (Discours du 24 mai 1850).

Du coup, le suffrage universel va devenir le cheval de bataille du prince-président Louis-Napoléon Bonaparte, et l'une des causes majeures de la chute de la IIe République. Le 2 décembre 1851, le suffrage universel est rétabli à la faveur du coup d'État, qui remet en vigueur la loi électorale du 15 mars 1849 : et c'est paradoxalement sous le Second Empire qu'il va s'enraciner dans la culture politique française.

▶ Bibliographie

R. Huard, « Suffrage universel », *in* P. Perrineau et D. Reynié, *Dictionnaire du vote*, PUF, 2001, p. 881-883.

P. Rosanvallon, *Le Sacre du citoyen, Histoire du suffrage universel en France*, Gallimard, Bibliothèque des histoires, 1992.

Supra-constitutionnalité

En un sens, il paraît difficile d'admettre qu'il n'existe aucune supra-constitutionnalité, aucune règle supérieure à la constitution de l'État : dans la mesure où cela implique que le constituant est en droit de faire ce qu'il veut, sans qu'une limite s'impose à lui, mais aussi que la constitution n'a pas d'autres fondements que sa volonté – et donc, qu'elle ne repose en dernière analyse que sur sa force, puisqu'il n'existe par hypothèse aucune règle supérieure ou antérieure à la constitution, c'est-à-dire à ce qu'il a lui-même instauré en dehors de toute habilitation juridique. Pourtant, cette absence de supra-constitutionnalité est fréquemment affirmée dans les systèmes constitutionnels modernes : on peut citer à ce propos le cas de la France, où le principe de la souveraineté du constituant a été expressément rappelé par le Conseil constitutionnel (92-312 DC, 2 septembre 1992) et où les interdits constitutionnels, comme celui qui figure à l'article 89 alinéa 5, sont forcément relatifs et virtuellement provisoires – puisqu'il suffirait au constituant de supprimer l'article où figure l'interdit pour lever la prohibition. Plus généralement, on sait que l'idée d'une *autolimitation* de l'État n'est pas soutenable. C'est le publiciste allemand G. Jellinek qui voyait dans cette autolimitation (juridique) l'un des caractères de l'État souverain, en même temps que le devoir de celui-ci : il existe, écrivait-il, « une limite que l'État ne doit pas dépasser » (*La Déclaration des droits de l'homme et du citoyen*, trad. G. Fardis,

Fontemoing, 1902, p. 97), qu'il a l'obligation de s'assigner à lui-même, et que lui seul peut s'imposer. Mais la doctrine française aura beau jeu d'objecter à cette théorie qu'on ne peut parler de limitations, dans la mesure où celles-ci dépendent entièrement de la volonté qu'elles limitent.

Pourtant, on ne saurait se résigner à l'idée d'un État au moins virtuellement despotique. D'où la tentation d'affirmer l'existence de règles, et donc de limites, échappant à l'intervention du constituant : de règles situées en dehors de la constitution, mais aussi au-dessus de celle-ci. Et l'on passe alors à un autre problème. Car si l'on admet difficilement qu'il n'y ait rien au-dessus de la Constitution, on conçoit mal, à l'inverse, ce que pourraient être de telles règles. À cet égard, on rencontre deux séries de réponses.

La première consiste à affirmer la possibilité d'une supra-constitutionnalité pleinement juridique, relevant entièrement du droit positif. Cependant, dans la mesure où, par définition, il n'y a personne au-dessus du souverain, susceptible de lui imposer des obligations juridiques, cette supra-constitutionnalité sera nécessairement d'ordre *conventionnel* – résultant d'un accord de volonté entre le souverain et un tiers.

Or, dans l'ordre interne, un tel accord semble *a priori* impossible, du moins lorsqu'on se trouve en démocratie, et que le peuple est souverain : puisque celui-ci ne peut se lier avec lui-même, par le biais d'un contrat. C'est ce que soulignait le juriste allemand Otto Mayer au début du siècle dernier : si le peuple se donne une constitution, « c'est simplement pour déterminer ce qui, jusqu'à nouvel ordre, doit être considéré comme représentant sa volonté ; aussitôt que cette volonté apparaît de nouveau de manière authentique, tout disparaît devant elle. Il n'y a pas pour elle de limite juridique ». Il suffit, écrivait Sieyès, que le peuple veuille : rien, aucune forme, aucune règle ne sauraient le contraindre. En revanche, poursuit Otto Mayer, dans une monarchie, le souverain peut « se lier juridiquement vis-à-vis de la totalité de ses sujets et citoyens, en leur octroyant une constitution », ce dont est incapable « le souverain républicain, étant lui-même cette totalité » (*RDP*, 1904, p. 868). Dans le cadre monarchique, l'accord de volonté dont procède la force juridique de la constitution échappe, en droit, à toute remise en cause par le souverain.

En démocratie, le souverain ne peut donc se lier que sur un plan international, avec d'*autres* souverains. La supra-constitutionnalité positive n'y est donc formée que par des normes internationales. Mais s'agit-il bien de règles supra-constitutionnelles ? C'est ce qu'affirment certains auteurs : « un système constitutionnel unifié est en effet en voie de formation au niveau supra-étatique, sur la base de principes et de valeurs communes, si bien qu'il n'est pas exagéré d'annoncer la fin de l'exclusivité constitutionnelle des États, dans la mesure où le constitutionnalisme a dépassé les frontières étatiques pour régir également le monde des relations internationales ». Le résultat de cette évolution serait, ajoute cet auteur, de « limiter la marge de manœuvre du constituant national. À l'évidence, celui-ci n'est plus souverain, car il se doit de respecter un constitutionnalisme qui s'est formé en amont, et auquel il ne peut déroger » (A. Auer *et al.*, *Droit constitutionnel suisse*, *op. cit.*, t. I., p. 486 et 488-489).

Pourtant, cette supra-constitutionnalité internationale, et son caractère obligatoire, ne se fondent en dernière analyse que sur l'accord de ceux qu'elles obligent. La limite à la souveraineté des États dépend toujours, au fond, de leur bon vouloir. Et l'on retrouve ici ce que Carré de Malberg disait de l'autolimitation : « le droit ne saurait, par ses propres moyens, fournir une semblable sûreté ou garantie ». Plutôt que de vouloir imposer à l'État « sur le terrain juridique des conditions qui sont inconciliables avec sa puissance, on ferait mieux de reconnaître que, parmi les facteurs de limitation de la souveraineté *qui dépendent de l'activité humaine*, [...] le seul qui soit vraiment efficace », c'est « la valeur morale des gouvernants » (*Contribution à la théorie générale de l'État*, *op. cit.*, t. I, p. 242).

Mais comme celle-ci paraît pour le moins aléatoire, on est conduit à évoquer des facteurs de limitation qui, pour reprendre la formule précitée, *ne dépendent pas de l'activité humaine* : et à constater qu'en définitive, les seules règles effectivement supra-constitutionnelles relèvent du *droit naturel*. Or, cette dimension jusnaturaliste relance la controverse de plus belle : d'abord, parce qu'elle suppose une croyance unanimement partagée sur les termes de cette règle – unanimité qui, à son tour, implique l'existence, de plus en plus problématique, d'une véritable culture commune. Ensuite, dans la mesure où le souverain qu'on dépossède ainsi de sa souveraineté en le subordonnant à des principes supérieurs, c'est le peuple – on pourra en déduire que la supra-constitutionnalité, même si elle est d'un côté ressentie comme indispensable, peut aussi, d'un autre côté, être perçue comme attentatoire à la démocratie.

▶ Bibliographie

L. Favoreu et G. Vedel, « Souveraineté et supra-constitutionnalité », *Pouvoirs*, n° 67, 1993, p. 71-98.

S. Rials, « Supra-constitutionnalité et systématicité du droit », *APD*, 1986, p. 57-76.

Vote secret

Le secret du vote apparaît de nos jours comme l'une des conditions les moins contestables du caractère démocratique d'un système politique. Pourtant, cette « évidence » est assez récente, et au fond beaucoup moins certaine qu'il n'y paraît au premier abord, en particulier au regard de la théorie démocratique.

Du côté de l'évidence, on peut observer que ce principe a désormais, en France, valeur constitutionnelle (article 3 alinéa 3 de la Constitution du 4 octobre 1958) et qu'il est aménagé par le code électoral, qui dispose que le vote doit se faire sous enveloppe uniforme (art. L. 60), que l'électeur prend lui-même avant de se rendre dans l'isoloir (art. L. 62). Ce principe est également décliné, au niveau international, dans les différentes conventions relatives aux droits de l'homme, et en particulier dans le Pacte international relatif aux droits civils et politiques du 19 décembre 1966, dont l'article 256 déclare que « chaque citoyen a le droit de voter et d'être élu, au cours d'élections périodiques, honnêtes, au suffrage universel et égal et *au scrutin secret, assurant l'expression libre de la volonté des électeurs* ». Dans cette dernière phrase, on reconnaît ce qui, depuis Condorcet, constitue la justification ordinaire du secret du vote : « les électeurs porteront bien plus religieusement le vœu de leur conscience » si, n'étant pas sous le regard d'autrui, ils ne peuvent « exercer les uns sur les autres ces influences soudaines, si honorables pour l'éloquence, si dangereuses pour la raison » (Condorcet, cité *in* O. Ihl, « Vote public et vote privé », p. 963) – mais aussi, pour la liberté du choix effectué, et finalement, pour l'égalité entre les électeurs, le secret permettant seul aux plus faibles d'échapper à l'influence des plus forts. Sans le secret, écrit en 1880 le député A. Girard, « il est certain que l'indépendance électorale est atteinte [...] pour tout homme qui, à un titre quelconque, dépend d'autrui, vis-à-vis de celui qui possède la faculté de lui nuire » (*Rapport sur la proposition de loi du 23 février 1880 tendant à assurer le secret du vote*). « De l'aveu général, remarque encore le publiciste J. Delpech un quart de siècle plus tard, pour être libre, le vote doit rester secret ; sinon, il y a dérision de l'électeur souverain » (*RDP*, 1904, p. 125).

Née en 1857 en Australie, adoptée dès 1872 par la Grande-Bretagne, et par l'Allemagne en 1903, la technique de l'enveloppe et de l'isoloir, malgré d'innombrables propositions de loi, ne s'imposera en France qu'à la veille de la Première Guerre mondiale, par une loi du 29 juillet 1913. Cette adoption tardive permet du reste de faire rebondir le débat : pourquoi avoir tant attendu ? La réponse se situe sur plusieurs plans parallèles. En premier lieu, on vient de le rappeler, le secret du vote vise à restaurer l'égalité entre électeurs : il faut éviter que certains ne se laissent manipuler par d'autres en empêchant ces derniers de connaître le sens de leur vote. Mais ce faisant, on reconnaît que l'égalité entre citoyens est purement fictive, et que la raison comme le civisme cèdent parfois devant d'autres impératifs, résultant de l'inégalité des conditions économiques, sociales ou intellectuelles. Bref, on laisse entendre que tout citoyen n'est pas nécessairement capable d'exercer correctement son droit de vote, présupposé qui renvoie à la thématique libérale de l'électorat-fonction. Sur un autre plan, le thème du secret introduit dans l'acte de vote l'idée d'une *méfiance* à l'égard des autres citoyens, le sentiment d'une rupture : c'est pour cela que John Stuart Mill stigmatisait, dans ses *Considérations sur le gouvernement représentatif*, l'égoïsme inhérent au « vote privé ». Ce dernier fait en effet du corps social une collection d'individualités soupçonneuses, éventuellement hypocrites, et en tout cas séparées lors de l'acte même qui devrait sceller leur communion : cloîtrées dans leur for intérieur, que symbolise l'enveloppe close dans l'isoloir avant d'être déposée dans une urne fermée.

En juin 1880, à la suite de la proposition Girard tendant à assurer le secret du vote, une contre-proposition est déposée, au motif que le secret serait « une entrave pour le suffrage universel ». C'est dans cette perspective que des systèmes qui se voulaient strictement démocrates ont tenu à conserver la publicité du vote. À Athènes, le vote n'est secret que pour l'ostracisme, parce qu'il s'agit en réalité d'une sorte de jugement. En France, l'article 16 de la Constitution jacobine du 24 juin 1793 dispose que « les élections se font au scrutin, ou à haute voix, au choix de chaque votant ». Mais il va de soi que les vrais patriotes auront à cœur de s'exprimer en public, conformément au vœu de Robespierre : laissez, déclarait l'Incorruptible, « le scrutin secret aux criminels et aux esclaves : les hommes libres veulent avoir le peuple pour témoin de leur pensée » (*Archives parlementaires*, t. LXIV, p. 433). Montesquieu ne disait d'ailleurs pas autre chose lorsqu'il écrivait que la publicité du vote doit être regardée comme « une loi fondamentale de la démocratie » (*Esprit des lois*, livre II, chap. II). Le secret n'est en effet, dans un régime qui a pour idéaux la transparence, l'égalité et la réconciliation, qu'un signe de contradiction, un aveu d'échec en même temps que le moyen d'y remédier.

Dans l'histoire constitutionnelle française, ce sont donc les constitutions libérales qui, par réaction, vont affirmer le secret du vote, de l'article 31 de la Constitution de l'an III à la loi électorale du 29 juin 1820, dont l'article 6 prévoit que « chaque électeur écrit secrètement son vote sur le bureau [...] sur un bulletin qu'il reçoit à cet effet du président ; il remet ce bulletin fermé au président, qui le dépose dans l'urne disposée à cet usage ». Le principe de ces dispositions, repris sous la monarchie de Juillet par la loi électorale du 19 avril 1831, ne sera plus jamais remis en question – même s'il faut attendre 1913, pour lui voir acquérir une réelle effectivité. Derrière le secret du vote se joue donc, on le devine, une controverse majeure sur le sens, les conditions et la consistance de la démocratie.

► Bibliographie

G. Bonnet, *Étude sur le secret du vote et les moyens de l'assurer* (thèse de droit), Paris, L. Boyer, 1901.

A. et F. Demichel, *Droit électoral*, Dalloz, 1973.

O. Ihl, « Vote public et vote privé », *in* P. Perrineau et D. Reynié, *Dictionnaire du vote*, PUF, 2001, p. 960-965.

C. Pinelli, « Secret du vote et apprentissage de la démocratie : les débats et la pratique italienne entre 1848 et 1912 », *RFDC*, n°46, 2001, p. 289-299.

BIBLIOGRAPHIE

I. MANUELS ET OUVRAGES GÉNÉRAUX

En tête d'une bibliographie du droit constitutionnel, il faut commencer par placer – à tout seigneur, tout honneur... – les grands ouvrages écrits en France sous la IIIe République, qui ne fut pas seulement l'âge d'or du droit public en général, mais aussi, plus précisément, celui du droit constitutionnel. Ces sommes, qu'on peut classer suivant un ordre chronologique, n'appellent pas de commentaire particulier – sinon celui qui consiste à rappeler l'intérêt qu'elles continuent de présenter pour la réflexion constitutionnelle contemporaine. On peut noter à ce propos que bon nombre d'entre elles ont été rééditées.

A. SAINT-GIRONS, *Manuel de droit constitutionnel*, Larose et Forcel, 2e éd., 1885.

A. ESMEIN, *Éléments de droit constitutionnel français et comparé*, (1896) Sirey, 4e éd., 1906 (rééd. LGDJ, 2001).

R. CARRÉ DE MALBERG, *Contribution à la théorie générale de l'État*, Sirey, 1922, 2 volumes (rééd. Dalloz, 2003).

L. DUGUIT, *Traité de droit constitutionnel*, De Boccard, 3e éd., 1927-1930, 5 volumes (rééd., 1972).

M. HAURIOU, *Précis de droit constitutionnel*, Sirey, 2e éd., 1929.

J. BARTHÉLÉMY et P. DUEZ, *Traité de droit constitutionnel*, Dalloz, 1933 (rééd. Économica, 1985).

À ces grands ouvrages, on peut ajouter l'*Encyclopédie française* dont le tome X est consacré à « L'État moderne » (Comité de l'Encyclopédie française, 1935). Dirigé par A. DE MONZIE, H. PUGET et P. TISSIER, ce volume relativement méconnu est divisé en trois parties (ce qui constitue et caractérise l'État moderne ; ce que fait l'État et comment il le fait ; par qui et comment est régi l'État). Il bénéficie des contributions des plus éminents représentants de la doctrine de l'époque (Berthélémy, Capitant, Carré de Malberg, Duez, Hauriou, Jèze, Lambert, Le Fur, Mestre), du Conseil d'État et du monde politique (Alibert, Bardoux, Léon Blum, Caillaux) : ce qui en fait à la fois une source de documentation considérable et un document historique de premier plan. Publiée sous le même titre en 1964, sous la direction d'EDGAR FAURE et de LOUIS TROTABAS, la nouvelle édition est en réalité entièrement nouvelle, à la fois dans son plan, dans son esprit et dans ses contributions. Mais comme la précédente, elle fait appel, sur chaque point, aux plus incontestables spécialistes.

Certains des ouvrages écrits par les grands auteurs de l'après-guerre doivent également être signalés et méritent, eux aussi, d'être lus et médités. On signalera, parmi bien d'autres :

G. BURDEAU, *Cours de droit constitutionnel*, LGDJ, 1942. On a utilisé plus spécialement la 19e édition, *Droit constitutionnel et institutions politiques*, LGDJ, 1980.

J. LAFERRIÈRE, *Manuel de droit constitutionnel*, Domat-Montchrestien, 1943 (nouvelle éd., 1947).

M. DUVERGER, *Les Constitutions de la France*, PUF, Que sais-je ?, 1944 (13e éd., 1993). L'originalité de ce petit ouvrage tient à la place considérable qu'il accorde à la Constitution de l'Ancien Régime, et, sur un plan théorique, au rôle de la coutume : « il aurait une vue très fausse d'un régime politique, celui qui se contenterait d'en lire la constitution écrite : sous la pression des faits, la coutume victorieuse impose le plus souvent une application des textes qui en est une déformation » (p. 8).

G. VEDEL, *Manuel élémentaire de droit constitutionnel*, Sirey, 1949 (rééd. Dalloz, 2002).

M. PRÉLOT, *Précis de droit constitutionnel*, Dalloz, 2e éd., 1952.

R. CAPITANT, *Écrits constitutionnels*, CNRS, 1982.

Pour les ouvrages généraux postérieurs, largement consacrés à la Ve République, on se reportera à la bibliographie figurant dans le tome suivant (*Droit constitutionnel. La Ve République*, p. 365-368).

II. MANUELS ET OUVRAGES RELATIFS À LA PRATIQUE CONSTITUTIONNELLE

Parmi les ouvrages consacrés à l'histoire constitutionnelle, on peut signaler notamment :

G. ANTONETTI, *Histoire contemporaine, politique et sociale*, PUF, 6e éd., 1996.

C. BIDEGARAY et C. EMERI, *Histoire constitutionnelle de la France*, A. Colin, 1997.

J.-J. CHEVALLIER, *Histoire des institutions et des régimes politiques de la France de 1789 à nos jours*, Dalloz, 6e éd., 1981. Sous un format relativement réduit, issue d'un enseignement à Sciences-Po, une synthèse classique de l'histoire constitutionnelle française, qui est beaucoup plus qu'un simple point de départ.

M. DESLANDRES, *Histoire constitutionnelle de la France depuis 1789*, A. Colin, 1933-1937, 3 volumes. Un texte classique et difficile à surpasser.

Y. GUCHET, *Histoire constitutionnelle française (1789-1958)*, A. Colin, 1993.

M. DE GUILLENCHMIDT, *Histoire constitutionnelle de la France depuis 1789*, Economica, 2000.

Parmi les monographies récentes consacrées à la question, on peut citer comme particulièrement éclairantes :

J. BOUGRAB, *Aux origines de la Constitution de la IVe République*, Dalloz, 2002.

G. CONAC et J.-P. MACHELON (dir.), *La Constitution de l'an III*, PUF, 1999.

F. FURET et R. HALÉVI, *La Monarchie républicaine, la Constitution de 1791*, Fayard, 1996.

L. JAUME et M. TROPER (dit.), *1789 et l'invention de la Constitution,* LGDJ/Bruylant, 1994.

A. LAQUIÈZE, *Les Origines du régime parlementaire en France (1814-1848),* PUF, Léviathan, 2002.

F. LUCHAIRE, *Naissance d'une constitution : 1848,* Fayard, 1998.

Ou encore, sur un personnage clé de la IIIe, F. SAULNIER, *Joseph-Barthelemy, 1874-1945, La crise du constitutionnalisme libéral sous la IIIe République*, LGDJ, 2004.

Il est impossible de donner ne serait-ce qu'un aperçu sommaire de l'immense bibliographie contemporaine en langue française consacrée aux systèmes étrangers. On renverra donc à celles, déjà fort significatives, qui figurent dans des ouvrages plus directement centrés sur leur étude :

PH. LAUVAUX, *Les Grandes Démocraties contemporaines,* PUF, Droit fondamental, 2e éd., 1998.

É. ZOLLER, *Droit constitutionnel,* PUF, Droit fondamental, 2e éd., 1999.

III. TEXTES ET DOCUMENTS

L. DUGUIT, H. MONNIER et R. BONNARD, *Les Constitutions et les Principales Lois de la France depuis 1789,* LGDJ, 6e éd., 1943.

M. DUVERGER, *Constitutions et documents politiques,* PUF, Thémis, 14e éd., 1996.

C. GREWE et M. OBERDORFF, *Les Constitutions des États de l'Union européenne,* La Documentation française, Retour aux textes, 1999.

B. MIRKINE-GUETZÉVITCH, *Les Constitutions des nations américaines,* Delagrave, 1932.

P. PACTET, *Textes de droit constitutionnel,* LGDJ, 5e éd., 1996.

S. RIALS et D. BARANGER, *Textes constitutionnels étrangers,* PUF, Que sais-je ?, 9e éd., 2000.

M. VERPEAUX, *Textes constitutionnels révolutionnaires français,* PUF, Que sais-je ?, 1998.

IV. REVUES

Mentionnons enfin les revues spécialisées, dont la consultation paraît de fait indispensable à une approche même sommaire du droit constitutionnel, et, plus particulièrement :

L'Annuaire international de justice constitutionnelle (AIJC), publication annuelle consacrée exclusivement à l'étude comparative des juridictions constitutionnelles.

Droits : créée en 1985, cette « Revue française de théorie juridique », comportant deux numéros par an, d'orientation très publiciste, offre fréquemment des articles, et même des numéros, consacrés à la théorie de l'Etat et au droit constitutionnel.

Pouvoirs : chaque numéro de cette (indispensable) revue est consacré à une question particulière, envisagée sous des angles diversifiés : droit constitutionnel, mais aussi histoire, sociologie ou science politique (quatre numéros par an, une centaine de numéros parus depuis 1977).

Revue française de droit constitutionnel (RFDC) : créée en 1990, cette revue s'intéresse particulièrement au droit constitutionnel juridictionnel, sans toutefois renoncer à une approche parfois plus historique ou théorique (quatre numéros par an).

Revue du droit public (RDP) : la doyenne des revues publicistes, fondée par Larnaude en 1894, réunit des études souvent importantes, y compris par leur volume. En dépit d'une rude concurrence, et malgré les hauts et les bas qu'implique une longue histoire, elle demeure la revue de référence.

INDEX DES MATIÈRES

INDEX DES NOMS

INDEX DES CONSTITUTIONS

TABLE

INTRODUCTION

GLOSSAIRE CRITIQUE

Achevé d'imprimer en juillet 2006
sur les presses de l'imprimerie Maury Eurolivres
45300 Manchecourt

N° d'éditeur : FH305403.
Dépôt légal : septembre 2002.
N° d'impression : 06/06/122599.

Imprimé en France